教育游戏的设计与应用研究

Research on the design and application of educational games

张 露 著

中国农业出版社
北 京

图书在版编目（CIP）数据

教育游戏的设计与应用研究 / 张露著 . —北京 ：
中国农业出版社，2024.5
ISBN 978-7-109-31869-4

Ⅰ. ①教…　Ⅱ. ①张…　Ⅲ. ①教育研究　Ⅳ.
①G40-03

中国国家版本馆 CIP 数据核字（2024）第 069300 号

教育游戏的设计与应用研究
JIAOYU YOUXI DE SHEJI YU YINGYONG YANJIU

中国农业出版社出版
地址：北京市朝阳区麦子店街 18 号楼
邮编：100125
责任编辑：郭晨茜　谢志新
版式设计：王　晨　　责任校对：张雯婷
印刷：北京通州皇家印刷厂
版次：2024 年 5 月第 1 版
印次：2024 年 5 月北京第 1 次印刷
发行：新华书店北京发行所
开本：720mm×960mm　1/16
印张：15.25
字数：295 千字
定价：88.00 元

前言

近年来，教育技术的发展为创新学习方式带来了前所未有的机遇，秉承“寓教于乐”理念的游戏化学习备受关注。然而，机遇与挑战并存，虽然游戏化学习是当前教育领域的热点之一，但教育游戏的设计质量严重限制了教育游戏的实践应用，阻碍了教育游戏价值的实现，游戏化学习面临着“后劲不足”的发展困境。因此，如何设计科学、有效、有趣的教育游戏成为教育游戏研究需要回答的关键问题。本研究希望对游戏化学习相关理论进行系统化、一体化建构，结合分数认知理论设计开发一款匹配中国课程标准、符合中国儿童分数认知水平的分数游戏，通过一系列量化研究来检验分数游戏的应用效果，并最终归纳出教育游戏的设计原则，探索游戏化学习促进教育教学的作用机制。

以此为方向，本研究以基础教育领域的核心教育问题之一——分数的认知，作为游戏化学习的切入点，以设计研究为线索，提出了两大研究问题“如何基于游戏化学习、分数认知的相关理论，设计一款科学、有效、有趣的分数游戏?”“相较于常规学习方式，所设计的分数游戏能否有良好的应用效果，为何产生这些效果?”。

围绕问题一，本研究对游戏化学习、分数认知的相关理论进行了全面综述。首先，对游戏化学习相关理论进行系统化建构。通过对理论核心要素的提炼和推演，建构了游戏化学习体验框架，即基于情境的认知体验、基于协作的社会性体验和基于动机的主体性体验。在此框架下，运用理论描述了游戏化学习体验的内容与特征，并借助理论分析了游戏化学习促进认知和主体性发展的原理。在目标知识理论方面，以学习科学的跨学科视角，对分数学习相关研究进行综述。教育学从宏观视角解读了儿童的分数能力发展过程；心理学从微观的符号表征角度分析了分数学习困难的成因；

认知神经科学进一步从人脑的神经活动层面，探索了大脑的分数认知模式。

在理论研究的基础上，为了明确分数游戏的实践需求，本研究对小学生分数学习现状和教学现状进行调研。在学习现状方面，针对300多名小学生开展分数概念性知识水平调研，发现儿童对“部分与整体”的掌握程度较高，对分数的“测量解释”知识的理解程度较低。在教学现状方面，本研究以学习科学的跨学科视角建构了教材分析编码体系，选取我国主流小学教材——北师大版和人教版教材，对分数概念性知识单元讲授性内容涉及的202个分数表征进行逐一编码分析，发现“部分与整体”是分数概念性知识教学的绝对主体。

在理论研究和学习需求分析的基础上，本研究基于Unity 3D平台进行分数游戏Run Fraction的设计开发。该游戏重视分数概念性知识的理解，内容架构与教材匹配，可作为课内教学或课外学习的练习型游戏使用。该游戏的认知内容和游戏化元素设计源于游戏化学习和分数学习的理论研究成果。

围绕问题二，本研究将分数游戏应用于与课堂教学整合和课外学习两大场景中，围绕基于情境的认知体验和基于动机的主体性体验两大范畴，开展了一系列量化研究以检验分数游戏的应用效果。在学习成果方面，运用准实验研究方法将游戏化学习与练习等常规学习方式做对比。针对209名三年级儿童的准实验研究，发现在数学课堂教学的练习环节使用分数游戏Run Fraction，学生的分数概念性知识水平显著提高，同时数学学习焦虑感显著下降，数学学习的内在动机以及自我效能感显著提高。在与教具班和练习班的对比中，发现在课时相同的情况下，游戏班不但在“部分与整体”的测试中实现了与教具班和练习班一致的认知成果，数值理解能力也得到充分发展。针对200名四、五年级小学生的准实验研究，发现在课外学习中，相较于常规做练习题的方式，Run Fraction能够有效提高儿童的分数概念性知识水平，并且保持学生的动机水平。

在运用准实验研究方法评估游戏化学习成果的基础上，本研究运用人工智能表情识别方法，对游戏化学习过程中的学习投入状态进行分析，以检验游戏的过程性应用效果。首先使用人工智能图像识别技术对570万帧表情图像进行全程化、自动化、客观化分析。基于面部表情数据和K-means聚类方法，发现学习者在游戏中主要呈现了三种不同类型的表情状态，即快乐学习型、愤怒紧张型和小心谨慎型。通过综合分析游戏过程中的表情数据、游戏后台数据与结果性的成绩问卷数据，识别三类情绪表达类型儿童在学习投入、学习成果等方面的差异。此外，为探究游戏形式对学习投入的促进作用，将游戏化学习与视频学习进行对比，发现游戏化学习更能促进儿童的认知投入和情感投入。

在回答问题一和问题二的基础上，本研究结合理论研究、量化研究结果，进行教育游戏设计原则的归纳。提炼教育游戏的整体设计、认知内容设计和游戏化元素设计的核心原则，整体设计原则包括“有据可依”“有的放矢”“认知中心”；认知内容设计原则包括“和而不同”“意义建构”“瞻前顾后”“差异辅助”；游戏化元素设计原则包括“多元情绪调动”“多元奖励激励”“多元感官刺激”。

总体来看，在游戏化产品设计方面，本研究为设计科学、有效、有趣的教育游戏提供了一整套解决方案。在游戏化学习评价方面，本研究提供了一套从过程中的学习投入到结束后的学习成果、从基于情境的认知体验到基于动机的主体性体验的多维游戏化学习评价体系，并尝试将人工智能图像识别技术应用于游戏化学习研究中。在游戏化学习理论探索方面，本研究对游戏化学习相关理论进行了系统化的梳理，建构了游戏化学习体验框架，探索了教育游戏的设计原则，并结合实证数据，分析游戏化学习促进教育教学的核心机制，为日后游戏化学习的设计、评价和机制分析提供理论参考。

本研究得到2023年度教育部人文社会科学研究规划青年基金项目“面向汉语二语语篇理解的在线虚拟情境学习体验的模型构建与评价研究”（项目编号：23YJCZH295）的支持。同时感谢陈一丹基金会对本项目的支持。

著　者

2024年1月

目录

第一章 概　　述

在移动互联网等技术深入影响教育教学的时代背景下，当前游戏化学习备受关注。然而，机遇与挑战并存，虽然游戏化学习是当前教育领域的热点之一，但教育游戏的设计质量严重限制了教育游戏的实践应用，阻碍了教育游戏价值的实现，游戏化学习面临着"后劲不足"的发展困境。如何设计科学、有效、有趣的教育游戏成为教育游戏研究需要解决的关键问题。随着基础研究的深入、研究方法的不断创新，学习科学这一跨学科领域得以快速发展，该领域的研究成果和理论发现也为教育游戏的设计提供了崭新的视角。本章将主要从研究背景、研究问题、研究目的与意义、研究内容与方法以及论文结构等五个方面对本研究进行背景和框架描述。

一、研究背景

（一）游戏化学习是当前研究热点

在过去的几十年中，电子游戏产业在全球范围内迅速发展，玩家规模日益扩大（Prato et al.，2014）。平板电脑、智能手机、虚拟现实等技术设备的进步创造了崭新的游戏体验（Tyndale et al.，2016）。无论是出于纯粹的娱乐还是教育目的，玩电子游戏已经成为当今社会普遍存在的现象，甚至成为人类社会化生活的重要组成部分（Kim et al.，2015）。此前有研究预测，到2014年，全球将有超过70%的顶尖企业和机构至少拥有一款游戏化应用程序，游戏化产品将产生16亿美元的利润，而这一预测早已实现（Khan et al.，2017）。

如今，当游戏成为年轻一代生活的一部分，教师也面临着革新教学方式的巨大挑战（Feiertag et al.，2008）。近年来，学校教师和研究人员逐渐意识到游戏化学习的潜在优势，尝试使用游戏作为教学指导和兴趣激发的工具（Liao et al.，2018；Ronimus et al.，2014；Ge，2018）。借助游戏化元素，例如徽章、化身、排行榜等（Alsawaier，2018），儿童的注意力得以持续保持（Ronimus et al.，2014），与传统的学校教育相比，儿童在游戏化学习的过程中更容易集中注意力（Liu，2017；Singaravelu，2008；Chung et al.，2017）。

2019 年 1 月，英国开放大学教育技术研究所联合挪威学习科学与技术中心发布了《创新教学法 2019》，该报告认为游戏化学习是 10 种创新教学法之一。2016 年 9 月，经济合作发展组织（OECD）教育研究与创新中心发布报告《教育创新：数字技术与技能的力量》，认为教育游戏是数字技术促进教学创新的主要表现之一（田铁杰，2018）。2012 年开始，美国新媒体联盟曾连续三年在《地平线报告》中将“游戏化学习和基于游戏的学习”列为未来可能在教育领域中广泛应用的新技术之一（徐杰 等，2018）。随着寓教于乐的教学理念逐渐得到认可，游戏化学习与学校教育进行整合成为其发展趋势（张露 等，2016）。国内外已有学校开始探索将游戏化学习与学校教育进行整合的路径。以美国纽约的一所公立学校 Quest to Learn 为例，该校的教学活动以游戏化的方式开展，注重在游戏化学习过程中发展学生的创新思维，该校的游戏化教学成果已得到广泛关注。

在游戏化学习研究领域，教育游戏激发学习动机（尚俊杰 等，2014；尚俊杰 等，2015）、促进认知发展（Spence et al.，2010）、增加学习参与度（Annetta et al.，2009；Islas Sedano et al.，2014），以及培养学生 21 世纪必备的高阶能力（Romero et al.，2015）等功能得到了诸多研究的支持。在肯定游戏教育价值的基础上，目前国际游戏化学习研究主要聚焦于游戏化资源的设计与开发以及游戏化学习效果评价等方面（徐杰 等，2018）。当前我国教育游戏主流研究内容包括教育游戏的设计与开发研究、教育游戏的理论研究以及应用与效果研究（凡妙然，2018）。可见，国内外游戏化学习研究都高度重视教育游戏的设计与开发研究。究其原因，在游戏化学习研究层面，教育游戏的设计与开发研究是开展游戏化学习评价研究的前提，也是丰富游戏化学习理论的重要方式；在学习实践层面，教育游戏的设计研究也有助于优化学习者的学习体验，发挥教育技术促进教育教学的功能。

（二）教育游戏设计面临的困境

与人工智能等技术的火热程度相比，当前教育游戏似乎面临“后劲不足”的发展困境。较为典型的证据是最近四年的《地平线报告》都未将“游戏或是游戏化”纳入未来可广泛应用的技术列表。在我国，虽然电子教育游戏产业蓬勃发展，市场空间巨大，然而到目前为止，认可程度、普及度较高的电子教育游戏还比较少。国内教育游戏的设计究竟面临着怎样的发展困境？

困境一：教育游戏设计缺少系统性、一体化的理论基础

理论研究是教育游戏设计的基础（恽如伟 等，2008）。在过去的近 20 年间，我国学者尝试运用使用理论进行游戏设计。例如陈俊翰和郑燕林（2013）基于 ARCS 模型进行小学单词教学游戏的设计，李海峰和王炜（2015）尝试基于具身认知理论设计教育游戏，王永固等人（2014）基于心流理论进行特殊儿童言语游戏的设计，王梅艳（2008）使用 Malone 的内在动机理论进行教育游戏的设计与开发。随着技术对教育的冲击加大、实践对教育游戏的标准要求提高，教育游戏需要完成从“游戏化的教育软件”到真正的“教育游戏”的华丽转身，才能真正成为培养 21 世纪人才的有效的教育技术工具。单一的、非系统化的教育游戏的理论基础可能已经无法支撑高质量、高标准的教育游戏的设计与开发。因此，教育游戏研究亟须构建一体化的、跨学科视角的游戏化学习的理论基础框架，作为教育游戏设计开发的基础。

困境二：教育游戏设计的科学性有待提高

教育性是教育游戏的本质属性，教育游戏内容设计是否科学直接决定了游戏的应用效果。以数学学习领域的“20 以内整数的加减法”教育游戏为例，目前大部分教育游戏的质量不佳，在学习方法方面主要以重复练习为主，忽视了儿童对于数学意义的理解，认知方式是否符合人脑的数学认知规律有待商榷（裴蕾丝 等，2019）。此外，由于教育游戏设计容易忽视教材和课程标准对于学科知识的内容要求与课时安排，因此很难真正应用于课堂教学或学生的课外学习活动中。这也引发一线教育工作者和家长对教育游戏持有怀疑态度（周伯华 等，2011）。如何设计科学的教育游戏认知内容，同时匹配教材进度和课标要求，是教育游戏设计面临的又一难题。

困境三：教育游戏需要多维评估体系和量化研究支持

教育游戏实证研究能够检验教育游戏设计的应用效果，并为教育游戏的设计提供研究参考。首先，教育游戏的潜在价值不仅在于知识获得和认知发展，还在于对于儿童情感、态度、价值观的塑造与发展。因此在评估体系方面，需要建立认知成果、动机、情绪等多维的教育游戏评价体系（Hawlitschek et al.，2017）。随着人工智能等技术的发展，国外游戏化学习效果评价方式不断创新，例如借助脑科学研究工具、计算机领域的数据挖掘技术进行游戏化学习的多维评价（Baker et al.，2015）。目前，国内的教育游戏量化研究有待丰富和加强，亟须在常规游戏化学习研究的基础上，借助新兴研究工具，建构游戏化学习结果评价与过程评价的多维评估体系。教育游戏量化研究的开展将有助于教育游戏设计的不断创新。

我国教育游戏设计的质量问题已经严重制约了中国教育游戏产业的发展，限制了教育游戏的实践应用，阻碍了教育游戏价值的实现，甚至影响了游戏化学习量化研究的开展。因此，如何设计科学、有效、有趣的教育游戏成为教育游戏研究需要解决的关键问题。

（三）学习科学为游戏设计提供新视角

随着教育领域基础研究的深入、教育技术的不断创新，学习科学这一跨学科领域得以快速发展。学习科学立足教学实践，在探索“人是如何学习的”这一问题的过程中，以跨学科的视角试图阐释学习的发生机制，分析过程中的学习行为，并借助教育技术进行学习环境的设计。学习科学的发展不但有助于理解人类的学习行为，就教育游戏的设计而言，学习科学的研究成果和理论发现也为教育游戏的设计提供了崭新的视角。

学习科学领域的发展历程体现了其独特的“跨学科”研究特征。20 世纪 50 年代，以“心智及其产生过程”作为主要研究内容的认知革命推动了认知科学的产生；20 多年后，研究者逐渐将心理学、神经科学等六大学科进行整合，认知科学的研究成果被逐渐应用于真实学习的研究中；20 世纪 80 年代初，伴随着计算机技术的发展，研究者将脑科学与教育研究结合在一起，以跨学科的视角探究真实学习环境下的学习（尚俊杰 等，2018）。20 世纪 90 年代，随着认知革命的深入发展，学习科学这一跨学科领域逐渐形成，成为涉及认知科学、计算机科学、教育心理学、人类学、技术设计等学科的综合性交叉研究领域，研究主题不但涉及人类学习的社会性、文化性、认知性的心理学基础，也涉及非正式学习环境、教育技术的设计与研究。

以跨学科的视角，学习科学在学习的基础机制研究方面已经取得了一定进展，其丰硕的研究成果为教育游戏的设计提供了参考。已有学者基于认知神经科学的研究成果进行数学游戏的开发探索。例如，法国著名数学认知科学家 Stanislas Dehaene 教授依据认知神经科学在数字认知方面的研究成果（三重编码理论），结合数量表征模型、游戏动机等理论（Wilson et al.，2006），设计开发了数感游戏 Number Race。研究表明 Number Race 能够有效提高计算障碍儿童的基础数学知识水平（Butterworth et al.，2010）。认知神经科学领域的研究成果不但能够为教育游戏的设计与开发提供理论支持，也为检验游戏的教育功能提供了科学的研究手段。例如，有研究发现玩电子游戏超级玛丽可以增加与工作记忆相关脑区的大脑灰质（Kuhn et al.，2014）；一项基于脑电 ERPs 方法的研究表明，玩第一人称射击游戏能够改变注意力发生的神经过程（Wu et al.，2012）；Spence 和 Feng 曾对电子游戏与空间认知发展的文献进行综述，发现密集的电子游戏行为有可能引发大脑和行为的改变（2010）。

（四）开展游戏化分数学习的必要性

义务教育阶段的数学学习一直是游戏化学习的重要应用领域。在数学认知研究领域，分数学习在儿童的数学发展过程中具有里程碑的意义，分数学习困难也是普遍存在的现象。因此分数学习研究一直是数学认知研究领域的热点之一。

分数是儿童数学学习的重要内容，被视为数学能力发展过程的一个里程碑（Booth et al.，2012）。皮亚杰认为对于比率和比例的理解对于实现从具体运算到形式运算的过渡具有重要作用（Jean et al.，1958）。依据数字发展的整合理论（Integrated Theory of Numerical Development），儿童的数字发展是数字认知范围逐步扩大的过程，在此过程中，学生需要理解数量大小，并对数量进行精确计算，而分数认知则是数字发展的核心内容（Siegler et al.，2011）。分数的学习让儿童的数字认知范围由整数扩展到有理数，为日后小数、百分数和比例的学习奠定了基础，分数的运算规则也是有理数符号运算的基础（Ni et al.，2005）。美国国家数学顾问小组认为分数知识的学习将支持学生日后代数、几何等高阶数学知识的学习（NMAP，2008）。

研究表明，分数能力对日后数学学业成就以及其他学科的发展具有重要影响（Bailey et al.，2012）。根据美国和英国的数据，小学时的分数知识能够预测高中的数学成就（Siegler et al.，2012）。小学六年级学生如果不能对分数数值进行准确比较，将会在未来的数学学习中遇到更多困难（Mazzocco et al.，2008）。另外一项研究发现中学生的分数知识和代数知识呈正相关性（Brown et al.，2007）。同时，分数能力也会对其他学科的学习产生深远影响，如生物、物理、化学、工程、经济、社会学、心理学等（Lortie-Forgues et al.，2015）。由此可见，分数的学习是 STEM（科学、技术、工程以及数学）学科学习的重要基础之一。

虽然分数学习非常重要，但对于很多国家的老师和学生来说，分数学习依然是数学学习过程的重大挑战。在美国，从幼儿园到高中阶段，分数学习困难一直是一个有待解决的问题，分数能力直接影响了高阶数学能力的发展（Martin et al.，2015）。虽然美国政府在数学教育方面给予了足够的重视，但美国学生的分数运算能力依然没有显著地改善。在 1978 年的美国国家教育进展评估中，两万多名八年级学生参与了测试，在一道分数计算题“与 12/13＋7/8 的结果最相近的数值是多少?”，只有 24%的学生给出了正确答案（选项有“1，2，19，21”）（Carpenter et al.，1980）。在 2014 年，该题的正确率也只有 27%。而在这 36 年间，美国经历了很多次教育改革，花费了数亿美元在数学教育和研究领域，但学生的分数计算能力依然没有显著地提高（Lortie-Forgues et al.，2015）。在中国，分数知识是小学数学的重点、难点和易错点，提高学生的分数能力有助于培养学生的思维能力以及提高升学率（山丹，2013）。

（五）游戏化分数学习的初探索

分数认知的重要性以及分数学习困难现象的普遍存在引起了教育技术研究者的兴趣，信息技术的发展也为分数学习创造了更多的可能。近年来，研究者基于心理学、教育学、认知神经科学的相关理论进行技术设计，尝试使用博客、游戏等技术手段辅助分数概念性知识的学习。随着移动设备的普及和游戏技术的进步，教育游戏支持下的分数学习成为一种趋势，备受教育研究者和实践者的关注。

匹兹堡学习科学中心创始人之一、卡耐基梅隆大学 LearnLab 主任 Ken Koedinger 教授的团队开发的游戏 Battleship Numberline 以数轴作为核心认知工具发展儿童的分数数感，该游戏曾获得纽约教育局颁发的优秀教育应用奖。斯坦福大学教育学院研究团队设计了分数游戏 Motion Math，研究者认为这款游戏能够为儿童提供即时反馈和学习支架，能够激发学生的学习动机（Riconscente，2013）。Catch the Monster with Fractions 分数游戏由卡耐基梅隆大学心理系学者设计开发，核心知识内容是将分数与数轴上的点进行匹配。分数游戏 Refraction 吸引了众多研究者的目光，先后有来自斯坦福大学、犹他州州立大学等美国高校及研究机构的学者就其促进分数概念性学习的应用效果进行研究（Martin et al.，2015）。芬兰坦佩雷理工大学的 Kristian Kiili 教授带领团队开发了分数游戏 Semideus，游戏以古典希腊神话作为故事背景，游戏内容模块包括数轴估算、数值比较等分数概念性知识内容。

游戏化分数学习在激发学习动机、辅助分数认知等方面具有一定的优势。首先，分数游戏创建了充满趣味性的虚拟情境，儿童获得了更多接触和使用分数符号的机会。在进行知识建构的游戏化情境中，儿童能够基于游戏体验，深入地理解分数的概念性知识，实现分数知识的意义建构（sense making）。游戏化分数学习也是对学生课堂内容的扩展与补充。目前我国小学教师讲授分数比较大小的主要方法是让学生背诵口诀“分母相同看分子，分子越大分数越大；分子相同看分母，分母越大分数越小”。而“死记硬背”的教学方式可能对学生数学核心素养的形成产生消极影响（孔凡哲 等，2017）。与此同时，情绪也是影响学习结果的重要因素，积极的情绪有助于学习，而负性情绪会导致失败的学习，如果学习环境引发了学生的恐惧感或压力感，学生的认知能力可能会受到影响。分数学习是小学数学学习的重难点，儿童更容易在学习分数知识的过程中兴趣降低，甚至会产生数学学习焦虑。游戏化分数学习的方式为儿童提供一个轻松、有趣的环境，进而有利于克服消极情绪对学习的干扰。

二、研究问题

基于以上研究背景的介绍，可以发现游戏化学习设计研究具有重要价值。教育游戏设计研究不但有助于优化游戏化产品的设计，也是开展游戏化学习评价和游戏化学习理论探讨的基础。然而国内教育游戏设计领域在理论基础、内容设计以及应用评价方面还面临着诸多挑战。借助学习科学领域的跨学科视角及其在学习基础机制的研究探索，将有助于实现更为科学、有效、有趣的教育游戏设计。

分数认知能力是儿童早期数学发展的关键能力，但很多国家的学生在分数学习的过程中面临着很多困难。国际上已经有一些学者尝试以游戏化学习的方式来提高儿童的分数认知水平，虽然这些游戏很难应用于中国课堂，也很难适用于中国学生，但这充分说明了游戏化学习对于促进儿童分数认知的巨大潜力。

因此，考虑到开展教育游戏系统化设计研究的必要性以及分数学习的重要性，本研究的主要目的是对游戏化学习相关理论进行系统化建构，同时基于学习科学领域的相关研究成果，设计开发一款匹配中国课程标准、符合中国儿童分数认知水平的分数游戏，通过开展一系列量化研究来验证分数游戏的应用效果并最终探索出教育游戏的设计原则和游戏化学习促进教育教学的作用机制。基于此目的，本研究有两组研究问题：

第一组：如何基于游戏化学习和分数认知的相关理论，设计一款科学、有效、有趣的分数游戏？

①游戏化学习相关理论纷繁复杂，如何对理论进行系统化建构和梳理，为游戏的整体设计和游戏化元素设计提供参考（保障科学性、趣味性）？

②如何以学习科学的跨学科视角，对教育学、心理学、认知神经科学领域有关分数认知的相关研究进行系统梳理，为分数游戏的内容设计提供参考（保障科学性）？

③分数游戏如何匹配中国数学教材的课程标准和中国儿童的分数认知水平（保障有效性）？

第二组：与常规学习方式相比，本研究设计开发的分数游戏 Run Fraction 能否在与课堂教学整合、课外学习的场景中有良好的应用效果？为何能产生这些效果？

①通过科学、有效的认知内容设计，Run Fraction 能否提高儿童的分数成绩（检验科学性、有效性）？

②通过系统化的游戏化元素设计，Run Fraction 能否优化儿童的动机、情

绪等主体性体验，增加学习投入（检验趣味性）？

③游戏化分数学习为什么能够产生这些效果（机制探究）？

三、研究目的与意义

（一）研究目的

围绕教育游戏的设计研究，本研究在技术设计、应用评价、理论探索方面有如下三方面的研究目的，其中游戏的设计为主要目的，应用评价和理论探索服务于设计研究目的。

第一，在游戏化学习技术设计方面，本研究希望基于游戏化学习相关理论的建构，基于教育学、心理学、认知神经科学在分数学习研究方面的研究成果，设计开发一款适合中国学生的分数游戏。以此满足正式和非正式学习环境对于优质游戏化分数学习资源的需求，并为教育游戏的设计提供一整套流程方案。

第二，在游戏化学习评价方面，本研究希望开展多维游戏化学习评价，横向以时间为轴，检验游戏过程中的学习者投入状态和结束后的学习成果；纵向以学习体验单元为单位，开展认知体验和主体性体验两个维度的评价。在研究方法方面，运用教育学领域的准实验研究方法来检验 Run Fraction 在不同学习场景中，对于提高儿童分数认知水平，降低数学学习焦虑感、提高数学学习内在动机和自我效能感的应用效果。在学习结果检验的基础上，同时结合计算机视觉领域的人工智能表情识别技术，参考游戏后台数据挖掘，从学习过程的角度检验 Run Fraction 对于促进学习投入的应用效果，以此作为游戏整体效果验证的补充。

第三，在游戏化学习理论探索方面，本研究首先希望通过系统化的理论梳理，建构游戏化学习体验的理论框架，为游戏设计、效果评价提供理论基础支持。同时希望通过参考 Run Fraction 的设计开发过程，基于游戏的量化研究结果，探索教育游戏的设计原则。结合实证数据，分析游戏化学习促进教育教学的核心机制，为日后游戏化学习的设计、评价和机制解读提供理论参考。

（二）研究意义

1. 理论价值

本研究的核心理论价值是通过理论研究、游戏设计和量化研究，尝试总结教育游戏的设计原则，并对游戏化学习促进教育教学的机制进行系统性解读和讨论。这不但为游戏化学习的设计提供理论层面的参考，也为分析游戏的教育功能、理解技术辅助教育教学的作用提供参考。

此外，理论研究是设计开发研究的基础。在游戏化学习的理论基础方面，本研究以学习体验为线索，以学习科学的跨学科视角，对游戏化学习的相关理论进行系统综述，为游戏设计建构了系统化、一体化的理论基础框架。在分数学习的理论探索方面，本研究以学习科学的跨学科综合性视角，对教育学、心理学、认知神经科学领域的分数学习研究进行系统综述研究，为从多角度剖析"人是如何学习分数的"提供重要的理论参考。

2. 实践价值

本研究核心的实践价值是以技术设计架起沟通基础理论研究与教育教学实践的桥梁，即基于跨学科的理论研究成果，设计开发一款能够匹配中国小学数学教材、适合中国儿童分数认知水平的分数游戏 Run Fraction。该游戏的开发为探索游戏化学习与课堂教学的整合提供了可能，也为优化课外数学学习体验，提高学习效率提供了优质的游戏化学习资源。同时，在教育游戏的设计与开发方面，本研究在理论研究、学习需求调研、认知内容与游戏化元素融合设计等方面为教育游戏设计者提供了一整套教育游戏设计方案。

此外，就研究促进教育实践的价值而言，在教材设计方面，本研究以学习科学的跨学科视角对教材进行比较分析。结合分数认知的相关研究发现，为小学数学教材的分数知识单元的设计提供了重要参考，跨学科的分析视角也为日后教材的分析研究提供了崭新的思路。在游戏化课程设计方面，本研究的准实验研究结果也为在正式和非正式学习情境中开展游戏化学习提供证据参考。

3. 方法论价值

在研究的方法方面，为了检验分数游戏的应用效果、解析游戏化学习作用机制，在使用量表、问卷等常规量化分析工具的基础上，本研究还尝试将技术上非常成熟的计算机视觉领域的机器学习图像识别技术应用于游戏化学习研究中，对学习者在学习过程中的情绪状态进行分析，进而获得儿童在游戏化学习过程中的学习投入状态信息。并通过聚类分析，判断学习者情绪状态类型，结合学习结果数据和游戏后台过程数据，对不同情绪状态学习者的学习特征进行描述、比较和讨论。在分析过程中，促进结果数据与过程数据的对话，从学习成果、学习投入和游戏表现三个方面获取学习信息。本研究将为游戏化学习研究提供获取从过程到结果、从行为到心理多维信息的研究工具。

四、研究方法

（一）文献研究

为了给分数游戏的设计开发提供系统化的理论依据，本研究使用文献研究法对游戏化学习相关理论和分数学习相关理论进行梳理和讨论。首先，以学习体验为线索，基于理论要素的推演与归纳，概括出学习体验的类型，结合理论对游戏化学习体验的内容与特征进行描述，并运用多学科理论对游戏化学习体验对认知与主体性发展的功能进行原理阐述。基于理论建构的游戏化学习体验框架奠定了全文的研究线索，本研究的游戏设计、游戏效果评估都将据此展开。此外，游戏化学习相关理论的系统归纳将为分数游戏的游戏化元素设计提供理论参考。

在系统综述游戏化学习相关理论的基础上，接下来对学习科学领域的与分数认知相关的研究进行综述，从教育学的视角讨论分数能力发展过程，从心理学视角剖析分数学习困难成因，从认知神经科学视角分析人脑的分数认知机制。此部分理论研究的主要目的是为分数游戏的认知内容设计提供理论依据。

（二）设计研究

设计研究法是教育技术领域的重要研究方法，是本研究使用的主要研究方法。这种研究方法主张在相对自然的情境中探究学习的本质（张文兰 等，2007），依据心理学理论、学习理论等多学科理论设计学习工具开展研究（梁文鑫 等，2006），具有促进理论创新和实践创新的双重功能（祝智庭，2008）。设计研究是具有创新意义的教育研究范式（王文静，2010），研究者需要在实际情境中发现亟待解决的问题，进行干预设计并在真实的学习环境中检测设计的效果（祝智庭，2008）。

借助这种方法，本研究首先对游戏化学习和分数学习的相关理论进行研究，为分数游戏的游戏化元素和认知内容设计提供理论依据；然后对现实教育情境中的游戏化分数学习需求进行调研，对分数学习现状和分数教学现状进行分析，确定游戏开发的定位。基于理论研究和学习需求分析，本研究设计开发了分数游戏 Run Fraction，并将这款游戏应用于正式的学校课堂教育，以及课外学习的学习情境中，然后使用教育学领域的常规评价工具和计算机视觉领域的图像识别分析工具，收集学习者的学习过程和学习结果信息，以评价教育干预的应用效果。

（三）准实验研究

为了评估分数游戏 Run Fraction 对于发展儿童分数认知能力，激发动机、优化情绪等方面的效果，本研究将游戏化分数学习与常规学习方式进行准实验对照研究。并依据基于理论建构的游戏化学习体验框架，从认知体验和主体性体验两个维度检验游戏的应用效果。其中认知体验评价主要包括儿童的分数概念性知识水平测试，主体性体验评价主要采用问卷调查法，对儿童的数学学习焦虑、学习动机、自我效能感等进行调查，并使用 SPSS 20.0 对问卷数据进行统计分析。本研究主要包括两大准实验研究，其一是在三年级学生中开展游戏化学习与课堂教育整合的准实验研究；其二是在四、五年级学生中开展课外学习场景中的游戏化学习准实验研究。

（四）人工智能表情识别

教育领域常规的量表问卷的研究方法能够对学习结果信息进行采集，本研究还希望借助在技术上已经非常成熟的计算机视觉领域的图像识别方法，捕捉儿童在游戏化学习过程中的情绪状态信息，以此分析儿童在游戏化学习中的学习投入状态。并基于过程中和过程后的信息对话，识别游戏化学习过程中的学习者差异。因此，本研究使用电脑摄像头，对儿童在游戏化学习过程中的面部表情进行全程记录，之后使用基于实时卷积神经网络的人工智能表情识别的方法，对儿童的表情状态进行全程化、自动化、客观化识别。并运用 K-means 聚类方法，对儿童在游戏化学习过程中的情绪状态进行分类。表情识别算法主要基于 Python 语言，聚类分析、数据可视化通过 R studio 实现。

五、论文结构

基于以上的研究内容与方法，本研究以设计研究为主线，研究思路流程大致为：理论基础研究、学习需求分析、游戏设计开发、效果评价、机制分析、讨论与结论。研究思路、研究内容和章节安排见图 1－1。

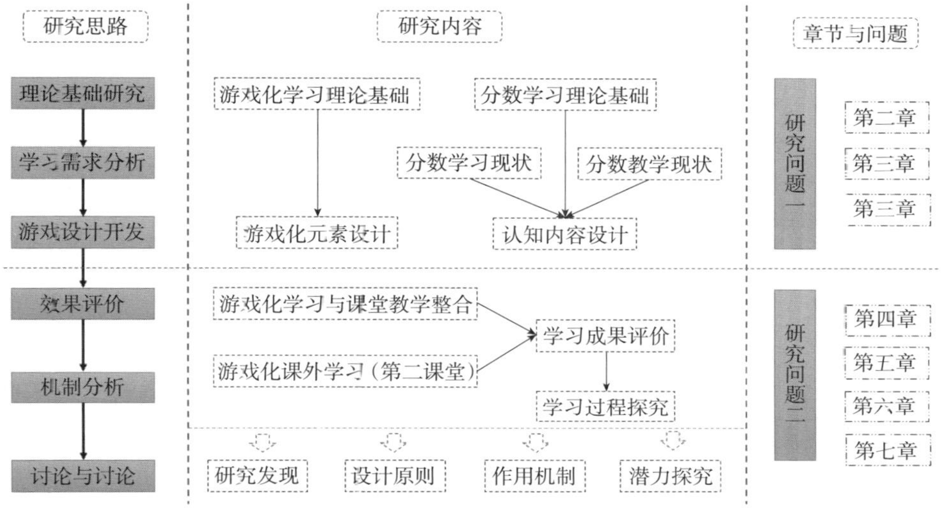

图 1－1　研究框架

具体章节安排如下：

第一章首先介绍了本研究的研究背景，在教育创新的时代背景中，教育游戏设计研究的价值日益凸显，我国教育游戏设计依然面临着理论支撑不足、游戏内容不够科学以及量化研究证据不足的问题。以“人是如何学习的”为核心主题的学习科学领域能够为教育游戏设计提供新视角，本研究以分数学习作为切入点，尝试开发一款科学、有效、有趣的教育游戏。

在第一章研究概述的基础上，第二章首先对本研究涉及的核心概念，包括“教育游戏”“分数学习”和“学习科学”进行更加精准的概念界定，以确定本研究的研究边界。接下来，对游戏化学习理论进行系统性调研，尤其是认知神经科学领域有关游戏化学习的最新进展，试图建构理论层面的游戏化学习体验框架，以此奠定本研究的整体研究框架并为游戏化元素的设计提供理论依据。在对游戏化学习相关理论进行深入文献研究的基础上，本研究继续以学习科学的跨学科视角，对分数学习相关研究进行综述，为游戏的认知内容设计提供理论支撑。从教育学视角审视分数能力的发展过程，从心理学视角剖析分数学习困难的成因，从认知神经科学的视角解读分数的认知机制。在此基础上，对典型的游戏化分数学习案例及研究进行综述。因此，第二章以学习科学的跨学科视角，从教育学、心理学、认知神经科学的角度，对游戏化学习、分数学习进行理论研究，从游戏化元素设计和认知内容设计两个方面，为第三章的游戏的设计开发打下扎实的理论基础。

第三章主要介绍分数游戏 Run Fraction 的设计与开发。为了了解小学阶段的分数学习与教学现状，更好地确定游戏的用户需求与设计定位，本研究首先对小学生的分数概念性知识学习现状进行初步调研，对学生的分数知识水平与知识结构进行判断。与此同时，为了深入理解小学阶段“分数是如何教的”，本研究基于学习科学的视角，对普及度较高的两版小学分数教材进行分析。接下来详细介绍了本研究如何结合相关理论，在整体设计、认知内容设计和游戏化元素设计三个方面，进行分数游戏的设计开发。此外，基于理论框架和游戏设计框架，对评价游戏效果的测量工具进行介绍和信效度检验。

第四章将第三章设计开发的分数游戏应用到真实的教学情境中，主要探究游戏化分数学习与课堂教学整合的应用效果。首先结合学校教育的常规教学安排，确定了游戏化学习与课堂教学整合的路径，进而确定了本研究的实验设计，将游戏化分数学习与教具使用、常规练习进行对比。在研究过程中，主要对儿童的认知体验与主体性体验成果进行测量。综合运用方差分析、配对样本 t 检验、相关分析、回归分析，检验游戏的应用效果，并尝试就游戏化学习中的主体性体验对认知体验的作用机制进行分析。

第五章主要探究分数游戏在课外学习（第二课堂自主探究）场景的应用效

果，从认知体验和主体性体验两个维度，运用准实验研究方法，比较了游戏化学习组、做题组与控制组的认知体验和主体性体验结果，综合运用方差分析、配对样本 t 检验、相关分析、回归分析，检验游戏的应用效果，并试图解读主体性体验对于认知结果的影响机制。

第六章在第五章的基础上，以游戏化学习过程中的学习投入状态作为切入点，检验 Run Fraction 对于促进学习投入的应用效果，识别学习者差异，并分析游戏促进教育教学的作用机制。首先基于人工智能图像识别出的面部表情数据，使用 K-means 方法对学习者在游戏中的情绪状态进行聚类，然后结合成绩、问卷数据，以及游戏后台数据，尝试探索不同情绪表达状态学习者的学习投入特征。接下来比较了游戏化学习与其他技术支持的学习——视频学习，所引发的学习投入的差异，进而检验游戏的技术形式对于学习投入的影响。

第七章对全文进行总结，详细总结了本研究在游戏化学习理论的系统建构、游戏化学习产品的设计开发、游戏化学习效果的测量评价、游戏化分数学习的应用效果方面的研究发现。纵览全文，结合理论研究、游戏设计、量化研究成果对教育游戏的设计原则进行归纳总结，包括为教育游戏提供了一整套设计流程方案，提炼了游戏的整体设计原则、认知内容设计原则和游戏化元素设计原则。与此同时，基于理论讨论和量化研究结果，进一步分析游戏化分数学习对于儿童认知发展与主体性发展的促进机制，结合整体研究对游戏化学习的潜力和局限进行探讨。从基础理论到游戏设计，从应用效果到影响机制，本章将全面总结本研究的研究发现，提炼研究结论，明确研究局限，为未来游戏化学习领域的理论研究、产品设计与游戏化学习评价提供有意义的参考。

第二章　理论基础与文献综述

本章的主要目的是为分数游戏产品设计和游戏化学习评价提供理论框架基础，以此实现更加科学、有趣、有效的游戏设计。首先，以学习体验为线索，综合多元理论建构游戏化学习理论框架，并运用理论对游戏化学习体验的特征和原理进行阐述。游戏化学习理论研究为分数游戏的整体设计提供理论支撑，同时理论体系的搭建也为游戏化学习评价体系的建立提供参考。在游戏化理论梳理的过程中，着重对认知神经科学领域的游戏化学习相关研究成果进行综述。然后，以学习科学的跨学科视角，对教育学、心理学、认知神经科学的分数认知相关理论和研究成果进行梳理，为游戏的认知内容设计提供理论依据。最后，对游戏化分数学习的典型案例与研究进行综述，分析游戏化分数学习的潜在优势。

一、核心概念界定

本研究主要涉及三个概念：教育游戏、学习科学和分数学习。从教育技术设计的角度，本研究的主要技术应用是教育游戏；技术设计的理论视野源自学习科学；技术的最终落脚点是小学阶段的分数学习。

（一）教育游戏

“寓教于乐”的思想缘来已久。孔子曾强调游戏在教育中的重要性，“知之者不如好之者，好之者不如乐之者”，“乐”是学习的最高境界；古希腊哲学家柏拉图也强调游戏与教学的平衡有助于让儿童的身心得到更加和谐的发展；席勒认为“只有当人充分是人的时候，他才游戏；只有当人游戏的时候，他才完全是人”（尚俊杰 等，2015）。20 世纪 60 年代中期，研究者们逐渐意识到视频游戏的价值。20 世纪 80 年代，美国的一些学者开始将“教育游戏”作为一个概念，对电视游戏的教育价值进行研究。随着移动设备的进步、移动互联网的发展，电子游戏在全球范围内迅速普及，已成为人们日常生活的一部分。电子游戏的普及也引发了教育工作者的兴趣，电子游戏的娱乐性、沉浸性的特征有助于吸引玩家的注意力、保持兴趣，并在一定程度上满足玩家的精神需求。因此，在过去的几十年间，教育游戏产业在全球范围内蓬勃发展，“教育游戏”“游戏化学习”的内涵不断拓展。

“教育游戏”“严肃游戏”通常指的是以教育作为主要目的的电子游戏，而不是以娱乐为目的。这些游戏可以被用于学习场景中，能够帮助学习者学习知识、理解概念和发展能力，同时游戏的娱乐性特征能够为学习者带来愉悦的学习体验，并激发学习者的情感参与。“游戏化”（gamification）的理念在2011年前后逐渐兴起（鲍雪莹 等，2015），并发展成一种现象性概念。目前，在教育技术领域，“游戏化学习”是指基于以教育作为主要目的的电子游戏进行的学习（Khan et al.，2017）。此外，游戏化学习的实现方式还包括让学生自主进行游戏的设计，在此过程中培养问题解决能力、编程能力等；同时，使用商业电子游戏，培养一定的认知能力也属于游戏化学习的范畴。本研究使用教育技术领域对于“游戏化学习”的惯常定义，即基于以教育为主要目的的电子游戏进行的学习。

（二）分数学习

一般来说，以 a/b 形式呈现的数字即为分数，a 和 b 需为整数，同时 b 不等于 0。分数知识通常可以划分为两个类别，即概念性知识和程序性知识。概念性知识主要指的是对分数符号含义的理解，在教育学范畴内，主要强调分数符号的两种含义，一种是对部分与整体关系的表达，即分数 a/b 表示一个整体被平均分成 b 份，其中的 a 份与总个数的关系；另外一种含义是指分数 a/b 代表了一个具体的数值，并且可以在数轴上找到对应的点。有研究认为分数的数值知识是分数能力发展的关键（Siegler et al.，2014）。分数的程序性知识主要指的是分数的计算知识，包括加减乘除的运算。与整数的运算法则不同，分数的运算知识更为复杂，涉及更多的认知过程，如分数除法中，需要先将除数的分子分母倒置，再进行乘法运算。充分理解分数的概念性知识是掌握分数程序性知识的前提。

（三）学习科学

学习科学这一研究领域的概念，最早源于 1991 年的美国，涉及认知科学、教育心理学、计算机科学、信息科学、神经科学、教育学、教学设计等多个学科（尚俊杰 等，2015）。国际学习科学领域的知名研究专家索耶教授，在《剑桥学习科学手册》一书中指出，“学习科学是一个研究教和学的跨学科领域。它研究各种情境下的学习，不仅包括学校课堂里的正式学习，也包括发生在家里、工作期间、场馆以及同伴之间的非正式学习。”（索耶，2010）。简而言之，学习科学主要就是研究：“人究竟是怎么学习的，怎样才能促进有效地学习”。

本研究主要体现学习科学领域的两个特征。第一，“跨学科”是学习科学领域的研究视角，本研究在游戏化产品设计方面，力图综合教育学、心理学、认知神经科学等领域的研究成果，在游戏化元素设计和内容设计两个方面，打造一款科学、有趣、有效的分数游戏，同时以跨学科视角，对小学分数教材进行编码分析；在游戏化学习评价方面，本研究尝试将计算机视觉领域的人工智能图像识别的方法，应用于对学习过程的分析，目前自动化视频分析技术已成为学习分析研究的重要工具（王美 等，2018）。第二，学习科学领域始终关注真实情境中的学习，尤其是教育实践中的关键问题（段金菊 等，2013）。为了体现学习科学的这一特征，本研究的游戏设计过程扎根于教学实践，对儿童的分数认知水平进行调研，同时对真实课堂中所使用的数学教材进行系统分析；此外，在开展研究的过程中，力图保障研究的“真实情境”状态，对照实验的任务设计都来源于真实的教学实践。

二、游戏化学习理论研究

本节对游戏化学习基础理论的系统研究主要服务于本研究整体研究的两个方面。第一，就教育游戏的设计而言，随着教育游戏的要求标准不断提高，需要建构系统性的理论基础为游戏的整体设计和趣味性设计提供理论支撑；第二，就研究整体框架而言，游戏的设计体系、评价体系需要围绕理论体系展开，以确保研究逻辑的一致性。

为了建构游戏化学习体验的理论框架，本节首先系统地梳理了体验学习理论等三大教学实践理论的核心内容，通过对理论构成要素的分析与归纳，确定了学习体验的三大范畴，即基于情境的认知体验、基于协作的社会性体验、基于动机的主体性体验。在基于情境的认知体验范畴内，游戏化学习环境可以为学习者提供认知真实性的虚拟学习环境，借助与学习环境的互动与反馈，学习者可以进行知识建构（张露 等，2018）。游戏技术的发展也为创新学习方式提供了可能，例如学习者可以在游戏中进行具身认知，也有助于学习者进行沉浸式的学习体验。基于协作的社会性体验主要包含学习者在游戏化学习过程中收获的协作体验和学习指导。在社会认知理论的主体性视角（agentic perspective）的启发下（Bandura，2001），本研究提出了关注学习者个体的动机、情绪、意愿状态的主体性体验，即基于动机的主体性体验，以此关注游戏化学习所引发的学习者的情绪、动机等状态的变化。为了对游戏化学习相关理论进行系统性建构，本节还结合相关理论对游戏化学习体验促进认知和主体性发展的功能进行原理阐述。

（一）游戏化学习体验框架建构

1. 真实学习环境理论

真实学习与情境认知、合法的边缘参与理论一脉相承，强调将学习任务置于真实的情境中（张露 等，2018）。从杜威最早提倡“做中学”开始，教育实践者和研究者在 19 世纪 70、80 年代开始关注学校教育中的学徒制模式的理论构建；在 20 世纪 90 年代，多媒体学习、模拟学习、基于网络的学习环境快速发展，认知学徒、情境学习理论得以进一步发展（Herrington et al.，2014）。

基于技术的真实学习环境包含强调真实情境、任务以及协作支持等九大特征（Herrington et al.，2014）。真实学习不但可以发生在正式的学校教育中，也可以发生在非正式的学习情境中（刘晓琳 等，2016）。该理论强调应当为学生提供呈现知识应用路径的真实情境，在真实性的学习事件中，学习者可以得到专家的参与支持和同伴的协作互助，多元的视角有助于学习者进行深入的探究；同时真实学习环境还应当关注学生者的反思与表达，为学生提供展示的机会。与物理性真实环境的逼真状态相比，真实学习环境更加注重认知过程的真实性。

概括来讲，真实学习环境包含三大核心要素。第一，强调认知真实性的学习环境、学习任务和学习评定。认知真实性是学习迁移发生的前提，学生需要在学习情境中进行知识体验，在参与的过程中完成学习任务。第二，强调学习环境中的指导与同伴协作。学生在学习过程中需要得到教师的教学支持、同伴之间互动协作，以及其他专家资源的支持。第三，强调学习者的参与、反思与表达。学习者应当拥有更多反思、选择的机会，可以尝试从不同的视角进行探究（张露 等，2018）。

2. 体验学习理论

在杜威、勒温、皮亚杰的教育思想的基础上，Kolb 提出了体验学习的概念。在体验学习理论的语境下，每一个有效的体验学习情境应当包含四大要素：具体的经验、观察和反思、形成抽象的概念、在新情境中检验（Kolb，2014；张露 等，2018）。该理论首先重视了人的经验对学习的影响，强调了人对于经验的反思过程，同时关注了知识获得、应用、检验的循环过程（Morgan，2008）。

概括来讲，体验学习具有三大核心特征（Kolb，2014）。第一，体验学习理论强调学习的过程，而不是学习的结果，这也是体验学习理论区别于其他行为主义学习理论的核心。思维在学习过程中得以塑造，借助经验进行概念性的形成。第二，体验学习理论认为学习是以经验为基础的持续过程，知识在学习体验中进行检验。学习过程不但注重新知识的学习，还应当关注学习者已有的先前知识，学习过程以阐明学习者的知识和理论开始，进行检验和验证，最后与学习者的知识系统进行整合。第三，体验学习理论关注了人与环境的交互过程。对于教育技术的设计而言，体验学习的核心理念具有重要的理论参考价值。

3. 生成性学习理论

美国著名教育心理学家 Merlin C. Wittrock 基于研究发现学生的学习成果并不直接来源于外界的强化，自身的经验也能够对学习产生影响（Lee et al.，2008）。他提出的生成学习模型主要包含四个过程步骤：①认知过程，例如注意力；②动机过程，例如兴趣；③知识与先前形成的概念；④知识生成的过程（Wittrock，1989）。在这个模型中，知识生成来源于两种关联，一种是概念之间的直接关系，另一种是先前知识与新知识的关联（张露 等，2018）。

基于 Hyeon Woo Lee 等人关于生成性学习的综述（Lee et al.，2008），生成性学习的核心特征可以总结为以下三点。第一，生成性学习理论强调学习者个体的偏好、兴趣、对环境中的信息进行选择性注意，并利用旧有的知识结构进行意义建构；兴趣是学习过程中的重要因素，积极的学习参与有助于提高认知能力。第二，学习是学习者主体进行的主动建构，是新知识与旧知识结构的交互过程，建立新旧知识的联系是学习发生的前提。第三，生成性学习理论认为教师和学习者都处于中心位置，教师需要开展有效教学，学习者需要进行积极参与，并在过程中积极思考，以元认知的方式进行自我调节（张露 等，2018）。

4. 三种学习实践理论的比较分析

基于对真实学习环境理论、体验学习理论和生成性学习理论的分析，可以发现三种理论都强调了在学习情境中进行知识建构，知识来源于学习者与学习环境的交互过程，应当为学习者提供认知真实性的任务，并提供进行知识检验与评价的情境（张露 等，2018）。就学习环境中的学习者和教师身份而言，真实学习环境理论和生成性学习理论都重视了两者在学习过程中的重要作用。同时，三种学习理论都关注了学习者的主体性作用，包括元认知、动机、兴趣等因素。因此，依据对这三大学习实践理论核心要素的提炼，归纳了学习体验的三种类型，即基于情境的认知体验、基于协作的社会性体验和基于动机的主体性体验，如图 2-1 所示。

概括来讲，基于情境的认知体验是指游戏化学习环境为学习者提供了认知真实性的学习情境，学习者在游戏化学习环境中进行有效的知识建构。基于协作的社会性体验主要指学习者在游戏中获得指导性信息和开展同伴协作。基于动机的主体性体验主要指学习者主体的兴趣、动机、意愿在学习过程中的重要作用。

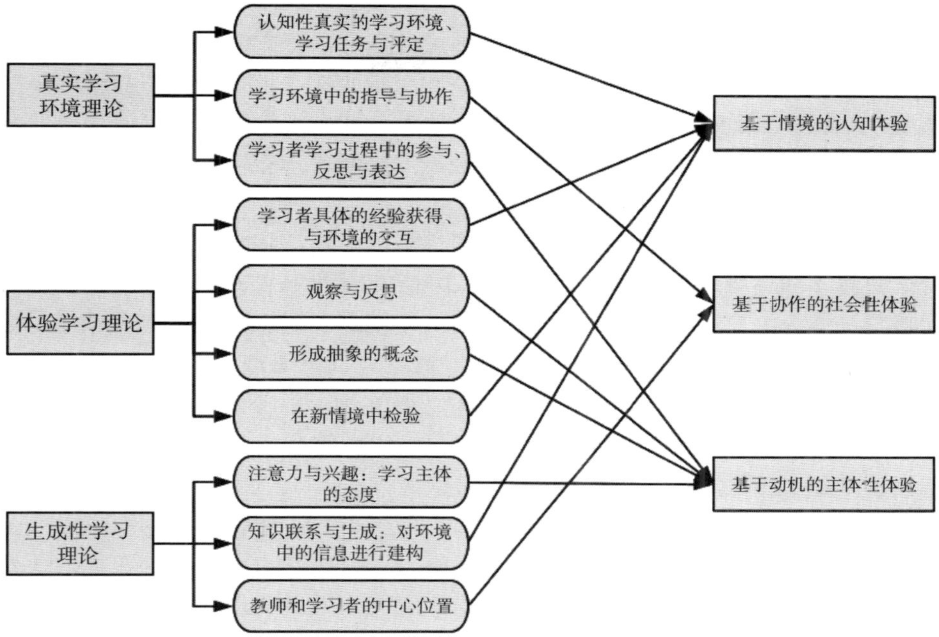

图 2－1　学习体验类型的归纳过程

（二）游戏化学习体验的内容与特征

游戏化学习体验框架的搭建为梳理游戏化学习相关理论提供了线索，下面将借助理论分析游戏化学习体验潜在的内容与特征。由于本研究所设计的分数游戏只涉及基于情境的认知体验和基于动机的主体性体验，因此本节将不涉及基于协作的社会性体验。

1. 基于情境的认知体验

（1）显性知识与隐性知识

波兰尼（Michael Polanyi）划分了人类知识的类型，并提出了隐性知识的概念。一类是可以通过书面文字、数学公式等进行表述的显性知识，另一类是在行动过程中未被表达的知识——隐性知识（闻曙明，2006）。隐性知识的主要特征包括：区别于显性知识，隐性知识难以表述；情境性，隐性知识的获得与情境密切相关，依托于特定的情境和特定的任务；偶然性和随意性，相较于显性知识，隐性知识的获得更为偶然（黄荣怀 等，2007）。

游戏能够为学习者提供获得隐性知识的实践情境。隐性知识是实践的知识，行动的知识（闻曙明，2006）。显性知识可以借助语言文字进行传递，而隐性知识更依赖于情境与任务参与。教育游戏的教育性主要体现在为学习者提供知识建构、实践、反思的情境，让学习者在与游戏环境的交互中获得隐性知识（张露 等，2018）。此外，隐性知识理论还重视认知者的主体性作用，重视人的身体化活动，人的情感等主体性因素也会决定个人的认知方式与过程（闻曙明，2006）。相较于常规的课堂教学和书本学习，教育游戏的娱乐性特征有助于充分调动学习者的情绪，激发情感投入，促进学习投入。

（2）具身认知

Lakoff 和 Johnson（1999）基于认知科学的范式，认为认知科学可分为离身认知科学和具身认知科学。第一代认知科学的典型特征是认为人的抽象思维功能与身体无关；第二代认知科学关注精神与身体，思维与行为，理性与感觉之间的交互，重视"身体"在认知过程中的参与（韦宏霞，2010）。第二代认知科学的典型理念包括具身的、情境的、发展的和动力学的认知。20 世纪 80 年代以来，"具身"得到了认知神经科学、心理学等诸多领域学科的关注，对于人脑"镜像神经元"的发现也为具身认知提供了重要依据（张露 等，2018）。具身认知理论可追溯到法国身体现象学家梅洛·庞蒂的具身哲学思想。身体知觉是行为产生的基础，身体是我们认识世界的中介，头脑、身体与所处的世界密切相关（王靖 等，2012）。身体的感觉体验参与了认知过程，同时，人与世界的参与也涉及人的情绪、实践、想象力（Stolz，2015）。

梅洛·庞蒂认为学习涉及与情境的适应性反馈，学习意味着在不断犯错、更正的过程中进行探索；从教育的视角看，具身学习不但平衡了侧重于抽象与概念知识的教学倾向，更重要的是强调让学生获得一定的身体体验（Stolz，2015）。Wilson（2000）归纳总结了具身认知领域的六大观点，如图 2-2 所示。

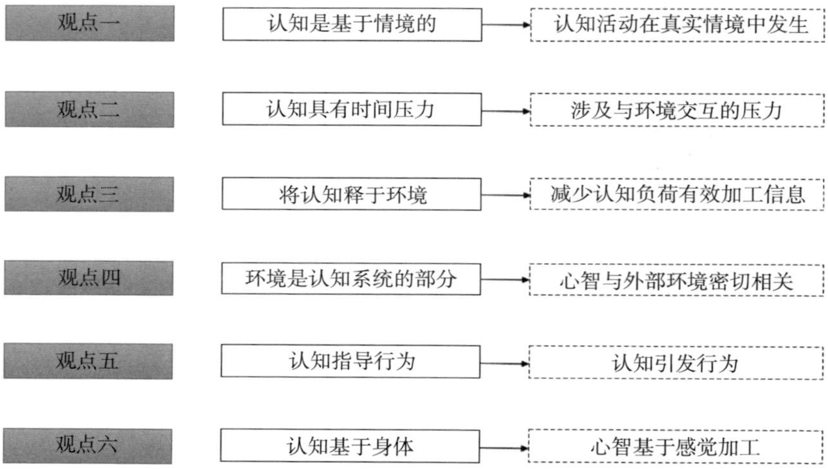

图 2-2　具身认知领域的六大观点

体感技术和可穿戴设备的发展也丰富了教育游戏的体验形式，儿童能够在游戏化学习环境中获得更多的具身体验，游戏的情境设计有助于塑造沉浸感。有研究发现基于游戏的具身认知体验有助于提高学习成绩和发展动机（de Koning-Veenstra et al.，2014）。

(3) 认知真实性

相比于物理真实性，特定学习环境中的认知过程与实践过程的真实性，是确保学习迁移的前提。如果计算机游戏的认知过程与外部任务具有一致性，学习的迁移就会发生（Tobias et al.，2014）。就认知真实性，教育游戏区分为以下三个类型（张露 等，2018）：第一，重复练习型教育游戏。这类游戏是对学习者已习得的内容进行反复练习，进行练习强化。第二，认知模拟型教育游戏。这类游戏着重在虚拟环境中对真实的认知过程进行模拟，如围绕特定知识技能进行认知辅助设计。第三，虚拟仿真型教育游戏。这类游戏主要借助虚拟仿真的方式支持体验式学习（Chapman，2008），强调创造“身临其境”的体验，让学生实现“做中学”（Dawley et al.，2014）。

2. 基于动机的主体性体验

(1) 意愿与动机

生成性学习理论认为，知识生成的过程会受到学习者动机等主体性因素的影响，其中兴趣是动机过程的重要组成要素（Wittrock，1992）。真实学习环境理论和体验学习理论也强调了学习者意愿的重要性。研究表明，媒介的设计特征等外部动机因素，能够引发学习意愿，借助精良的游戏内容设计才能有助于促进学习者的认知投入，激发内部动机（Seel，2008）。

基于模拟的发现学习能促进知识和技能的获得，并会产生学习动机（Graf，2008）。Malone 和 Lepper（1987）提出的内在动机理论是描述教育游戏动机激发特征的重要理论。该理论认为挑战、好奇、控制、幻想能够影响学习者的内在动机；此外，集体动机受到合作、竞争、自尊因素的影响。首先，教育游戏设置了清晰的认知任务目标，依据自身的游戏水平，学习者可以进行认知难度的选择，在自身能力范围内接受游戏挑战。好奇要素主要强调游戏情境设计对于学习者的吸引力，除了游戏化元素设计所引发的感官好奇外，还可以引发学习者对于认知内容的好奇。控制要素主要强调了游戏为学习者提供了持续的反馈，有助于学习者获得对游戏内容的控制感，增强自信心。借助与生活情境不同的场景，游戏有可能激发儿童的幻想，这有可能对内在动机的激发有促进作用。此外，竞争也是激发学习动机的重要因素，通过学习者之间的竞争、排名，学习者的集体动机得以激发。

ARCS 动机模型也是教育游戏设计的重要理论参考，该理论认为人的行为取决于感知到的目标的可能性以及主观价值（柴亚军，2017）。该模型认为影响学生学习动机的因素主要包括“注意”“相关”“信心”和“满足感”四个方面。首先，需要选择学生感兴趣的学习内容引发学生的注意和兴趣，然后帮助学生理解所学习的内容与学生的学习需求和价值取向相关，同时需要让学生建立对于完成学习任务的信心，最后需要让学生获得一定的满足感和成就感（余青兰 等，2015）。基于此模型，游戏化学习需要借助媒体优势，激发学生的学习兴趣，通过合适的内容设计和游戏元素设计，才能充分激发学生的学习动机。2008 年，Keller 在此基础上提出新的理论模型——MVP（动机、意志和绩效）模型（Kim et al.，2014）。与生成性学习理论较为一致的一点是二者都强调了意志在学习过程中的促进作用。

自我决定理论最初由 Edward L. Deci 和 Richard M. Ryan 两位教授提出。基于人本主义，自我决定理论将动机看作一个从无动机、外部动机到内部动机的连续体，其关注的焦点是人类的行为在多大程度上是自愿的和自我决定的（刘丽虹 等，2010）。其中，外部动机可以分为四种状态，包括外部调节、内摄调节、认同调节和整合调节。在外部调节状态下，外部的奖励和惩罚对个体行为产生影响；内摄调节状态下，个体的自尊与自我价值与行为密切相关；在认同调节状态下，个体充分意识到某种行为的重要性，在行动的过程中体验到自由和意志；整合调节是最高程度的外部动机的内化，但鉴于其具有工具性的成分，行动本身还不是终极目标（刘丽虹 等，2010）。自我决定理论在强调人的自主性的同时，也重视了外部环境对动机转化的支持过程，认为三种基本心理的满足有助于动机的转化，包括自主的需要、能力的需要、归属的需要（Deci et al.，2000）。如果环境能够让个体感受到自主性，如个人意志、发表看法等，感觉到自己能够主宰自己的行为，内部动机就得以提高；能力的需要指的是个体对自身的学习行为或行动达到一定的信念水平，便能充分调动个人的积极性；归属的需要意味着个体需要从周围的环境和其他人获得关爱、理解和支持，并体验到归属感（刘丽虹 等，2010）。自我决定理论对于外部动机向内部动机的转化有助于理解游戏化学习中的动机激发过程。教育游戏最初能够通过感官刺激和游戏元素的设计引发外部调节，但内摄调节和认同调节的实现都需要游戏的情境与故事情节匹配儿童的价值观和生活经历，同时需要激发儿童的情感投入，逐渐培养儿童对知识内容的兴趣，才能最终实现外部动机向内部动机的转化。

成就动机理论由美国著名心理学家 David McClelland 和 John William Atkinson 提出。该理论认为，三种动机影响了人的行为，包括成就动机、权力动机和亲和动机（Miner，2011）。成就动机指的是期待通过自身努力获得成功，同时畏惧失败；权力动机是指不受他人控制或控制他人的需要，权力的获得方式也依据阶段而不同；亲和动机指建立良好亲密的人际关系的需要

（Miner，2007）。在游戏化学习和教育游戏设计方面，成就动机理论的第一重功能是解释人对于游戏的偏好，游戏为玩家提供了一个虚拟世界，能够满足在现实世界无法满足的需要；第二重功能是为游戏的情境和奖励机制的设计提供参考依据，虽然玩家类型不同，但如何通过游戏更好地激发学习者的成就动机，是教育游戏开发者需要关注的问题（张露 等，2018）。

（2）元认知体验

元认知主要强调学习者对自身学习过程、认知策略的反思，进而促进认知过程（Winne et al.，2014）。这与真实学习环境理论、生成性学习理论对于学习者反思、表达、自我调节的思想一致。元认知有三种类型，包括对陈述性知识的元认知、对过程性知识的元认知以及对条件性知识的元认知（Winne et al.，2014），各类型知识的特征详见图 2－3。教育游戏可以通过帮助学习者设定学习目标、制定学习计划、追踪目标的实现过程、诊断错误促进自我调节学习（张露 等，2018）。

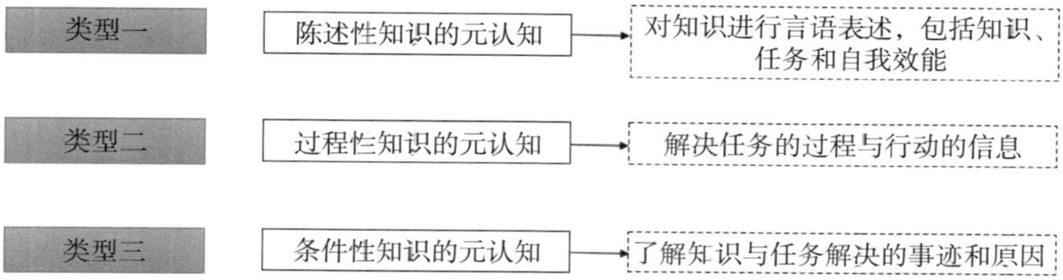

图 2－3　元认知知识的类型及特征

（三）游戏化学习体验的原理阐述

本章“（一）游戏化学习体验框架建构”归纳了游戏化学习体验的三种类型，本章“（二）游戏化学习体验的内容与特征”基于理论描述了游戏化学习体验的内容特征，那么就游戏化学习促进认知和学习者的主体性发展的功能，下面将继续依据理论进行原理阐述。

1. 游戏化学习体验对认知的促进作用

（1）多媒体认知理论

梅耶的多媒体认知理论是在双重编码理论和认知符合理论的基础上提出的。依据双重编码理论，记忆由语言系统和视觉系统构成，记忆可以通过视觉编码和言语编码的联结实现强化，同时呈现视觉信息和言语信息有助于促进记忆（Lohr et al.，2008）。认知负荷主要强调信息加工数量与工作记忆的匹配，具体分为三种负荷：内在负荷，内在负荷与学习者需要理解的教学内容的复杂程度有关；外在负荷是学习中的障碍因素，影响了记忆负荷；关联负荷是对内容进行归类、排序，帮助学习者进行知识理解（Lohr et al.，2008）。

基于双重编码理论和认知符合理论，梅耶认为多媒体有两个路径进行信息加工，一个通道专门处理图像的非言语信息，另一个通道主要对语言进行加工。双通道进行的信息加工有助于提高学习效果，但与此同时，通道能够处理的信息量取决于工作记忆容量，视觉和言语的双重表征有助于提高工作记忆容量（Chapman，2008）。此过程也受到学习者的动机、选择、监测以及元认知的影响（Mayer，2014b）（图 2－4）。

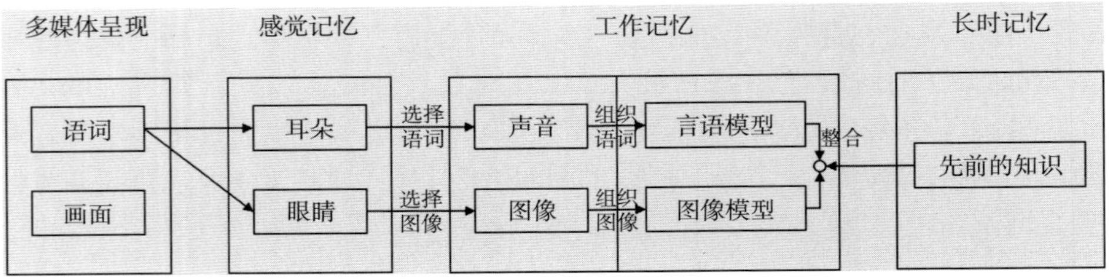

图 2－4　多媒体学习认知理论（Mayer，2014a）

梅耶曾运用多媒体认知理论对游戏中的认知过程进行分析，认为游戏中的信息加工具有三大范畴。第一，外在加工，主要指不佳的教学设计所引发的与学习目标无关的认知过程，例如游戏中的复杂的图形或夸张的特效。第二，必要加工，主要指对于必要信息的加工过程，例如加工游戏中呈现的知识原理，如欧姆定律。第三，生成加工，主要指由动机引发的深层次的理解过程，例如模拟游戏中的角色扮演（Mayer，2014a）。

（2）认知神经科学理论

随着学习科学领域有关学习基础机制研究的开展，教育学与认知神经科学等多领域的跨学科研究增多，游戏化学习也得到了认知神经科学领域的关注（Steinkuehler et al.，2014；尚俊杰 等，2015）。近年来，脑科学研究技术迅速发展，EEG、fNIRS 以及 fMRI 等技术已经应用于针对儿童的实验研究，运用这些技术，研究者能够从生理层面理解认知发生的神经机制。应用这些技术进行的神经科学研究的基础假设是认知任务对大脑提出特定需求，因而导致化学的、电的神经活动的变化（Goswami，2004），进而引发心律、肌肉活动、血压等大量生理反应（Tecce，2007）。

就认知神经科学对游戏化学习的贡献而言，脑科学领域首先建构了脑与学习行为的关系框架，梳理为基因层、神经层、认知层、行为层，学习行为以认知能力为基础（Butterworth et al.，2013）。认知功能包含信息加工、知识发展的一系列能力，包括感知觉、学习与记忆、意识等能力（OECD，2007）。

例如，空间认知能力是儿童成功进行几何学习的基础能力。此外，对于教育研究而言，认知神经科学提供的另一大理论贡献是关于大脑的可塑性的讨论，这是支持教育能够促进认知能力发展的前提（尚俊杰 等，2017）。可塑性是指脑能够根据环境的刺激产生相应的改变，这是大脑的固有属性与核心特征——即可塑性（OECD，2007）。

认知神经科学对于认知能力的强调和可塑性的研究，也促进了基于认知神经科学的游戏化学习研究的开展。研究者开展了一系列有关游戏促进认知能力发展的实证研究。一项针对电子游戏超级玛丽的研究发现，玩游戏可以增加与记忆等认知能力相关的脑区的大脑灰质（Kuhn et al.，2014）。一项运用脑成像技术的研究发现 3D 游戏有助于促进注意力的发展（Wu et al.，2012；Bavelier et al.，2012）。Bavelier 等人（2012a）对学习环境对于大脑的促进作用的相关研究进行综述，认为游戏促进学习的主要机制为培养学习能力。虽然游戏并不进行新知识的呈现与学习，但在游戏情境中，学生的认知能力得以发展，这些认知能力也是学校教育的基础能力。以动作游戏为例，游戏可以发展视觉短期记忆、空间认知等认知能力，其中，空间认知也是学校教育关注的重要能力。

随着认知神经科学有关学习基础机制研究的深入，也有教育游戏研究者试图基于认知神经科学的相关发现进行游戏设计。例如在国际上较为权威的数学认知领域科学家 Stanislas Dehaene 教授依据认知神经科学有关数量表征三重编码模型进行设计的数学游戏，该游戏的设计参考了动机理论、数感与数量表征相关的研究成果（Wilson et al.，2006）。实证研究发现这款游戏能有效提高 7～9 岁数学认知困难儿童的基本计算知识（Wilson et al.，2006）。在法国和芬兰的研究中也发现这款游戏能够帮助数学认知水平较低的儿童发展计算能力（Wilson et al.，2009；Räsänen et al.，2009）。

认知神经科学的研究方法也为研究教育游戏的应用效果提供更多的工具手段。例如教育领域关注的注意力、工作记忆、情绪状态等学习能力和学习状态，也可以借助脑科学研究工具进行分析（McCandliss，2010）。例如 Baker 等人从行为和脑神经反映两个维度分析分数游戏 Refraction 的应用效果，发现游戏引发的神经活动与数学活动相似，相较于空间活动，游戏能够更大程度上激活左右顶叶；与阿拉伯数字处理相比，游戏对右顶叶有更加充分的激活；此外行为数据分析发现，这款游戏能够提高儿童的分数成绩，并且能够实现游戏成果向正式的标准测试的迁移（Baker et al.，2015）。语音意识与儿童的阅读能力发展密切相关（Mourgues et al.，2016），语音游戏 Graphogame 旨在帮助儿童建立字母与声音的对应关系（McCandliss，2010）。基于认知神经科学技术的研究发现游戏干预引发了与字母认知相关的视觉系统的神经活动的变化（Brem et al.，2010）。

(3) 心流理论

心流是对个体完全沉浸在体验中的心理状态的描述（叶新东 等，2011）。20世纪60年代开始，基于对艺术家、运动员的观察，Csikszentmihalay发现他们沉浸状态的共同点来源于高挑战、清晰的目标、持续的反馈、注意力等要素（Csikszentmihalyi，2008）。心流理论的核心是对挑战与技能的平衡关系进行不同的对应，进而分析不同的学习状态。不同程度的挑战与技能的搭配会产生八种状态，包括心流、激发、掌控、厌倦、轻松、冷漠、担心、焦虑，详见图2－5；心流体验的九要素包括：明晰的目标、明确而及时的反馈、应对挑战的适当技巧、行为与意识融为一体、体验本身变得具有目的性等（邓鹏，2006）。任务难度与学习者能力的平衡是心流状态产生的前提。当游戏对于学习者来说难度过高，玩家会感到沮丧、焦虑，同时，如果游戏难度低于学习者的认知水平，玩家会感到无聊，甚至失去兴趣（王永固 等，2014）

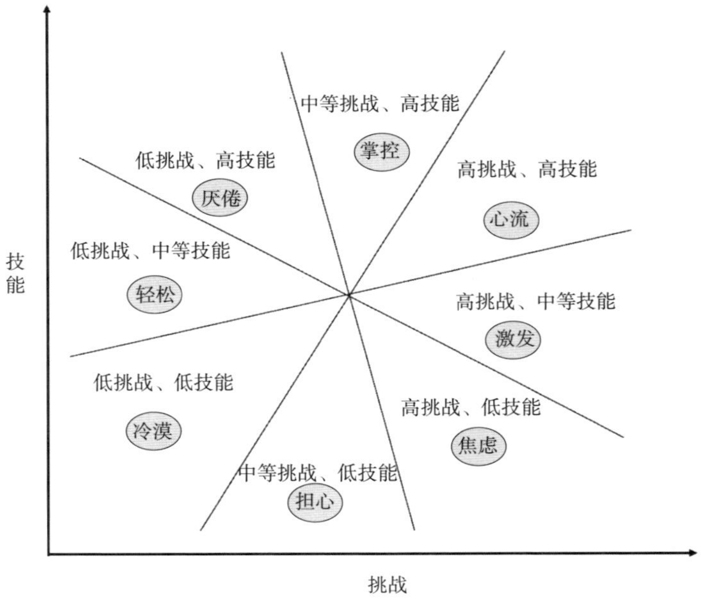

图2－5　心流理论的八种状态

2. 游戏化学习对主体性发展的促进作用

(1) 情绪发展

学习是认知、情绪与生理层面进行多层次交流的过程，这是教育领域与认知神经科学领域研究者达成的共识。学习在很大程度上受到情绪的影响，积极的情绪有助于学习，消极情绪将会对学习带来消极影响，恐惧和压力可能会影响学生的认知能力（OECD，2007）。例如，数学学习焦虑对数学表现能够产生显著的负面影响（Supekar et al.，2015），游戏不但能够改善认知成果，也有助于改善学习者的情绪状态（Núñez Castellar et al.，2014）。

情绪与认知、生理和动机的动态交互过程密切相关，它们之间的相互作用可以从“目标”的视角理解。情绪状态与动机变化密切相关，情绪的变化可以引发目标的设定，影响目标的达成，并最终影响学习和绩效（Kim et al.，2014）。游戏化学习的优势之一就是借助教育游戏的娱乐特征，对学习者的情绪与动机进行优化。通过调动积极的学习情绪来促进动机的提高，促进学习成果的产生。

从认知神经科学的视角看，消极情绪可能会对记忆产生负面影响，例如恐惧和压力感。负性情绪与杏仁核、海马体的调节有关，能够引发心率增加、出汗增加、肾上腺水平上升等身体反应（OECD，2007）。与之对比的是积极的情绪能够促进记忆，例如让实验参与者对照片呈现的愉悦程度进行评价，然后再进行照片内容的回忆，研究发现被试者对带有明显情绪状态的图像有更加清晰的回忆，这说明了情绪参与了记忆过程（Antonenko et al.，2014）。

相较于其他技术支持的学习方式，游戏似乎在情绪调动方面具有一定的优势，其功能也得到了认知神经科学领域的研究支持。研究发现，当大脑感受到额外奖励时，中脑的多巴胺神经元会被激活并释放出多巴胺（李澄宇 等，2016）。一篇发表在 Nature 杂志上的研究发现，人脑的纹状体在游戏的过程中会释放内源性多巴胺，多巴胺能性神经传递与学习、注意、感觉有关（Koepp et al.，1998）。目前，脑际交互设备也可以用于教育游戏中，以检测学习者的情绪状态（Verkijika et al.，2015）。

（2）自我效能感

人们为了目标而采取行动的可能性很大程度上取决于是否相信自己能够实现目标，自我效能感会决定付出的努力、在困难失败面前的坚持，或是在失败中放弃（Bandura，2001）。在自我管理中，自我效能感发挥着重要作用，能够影响人们选择以积极的方式还是消极的方式思考，在强烈的自我效能感的驱使下，人在压力面前会更加坚韧，减少失落感（Bandura，2001）。此外，自我效能感还会影响人的健康状况、自我发展和社会融入（Seel，2008）。

自我效能感与情绪状态密切相关。依据建构主义理论，人处理新资料的方式会受到情绪状态的影响，焦虑降低兴趣提高时，这种动机有助于学习者在虚拟环境中获得自我效能感（Seel，2008）。游戏中的反馈机制是游戏提高自我效能感的重要机制（张露 等，2018）。由于反馈将任务结果进行可视化表达，能够为解决问题提供持续的反馈信息，让学习者能够获得一定的成功体验（Narciss，2008）。对于学业成绩表现不佳的学生而言，形成性评估反馈显得更为重要，这是激发学生认知投入，提高自我效能感的重要方式（Shute et al.，2014）。提供即时、有效、准确的反馈，是游戏促进学习者提升自我效能感的重要特征，相比传统的学习方式，游戏技术能够让学习者的努力、进步、成就进行可视化表达。

（3）马斯洛的需求层次理论

马斯洛在《动机与人格》一书中系统地阐述了需求层次理论，对人的不同层次的需求进行描述，分别为生理需要、安全需要、爱与归属的需要、自尊需要和自我实现需要。与教育游戏关系最为密切的两种需求是自尊需要和自我实现需要。自尊需要是一种对自尊、自重和来自他人的尊重的需要和欲望；自我实现的需要是一个人对于自我发挥和自我完善的欲望，使自身的潜力得以实现的倾向（马斯洛，1987）。这两种需要都与儿童在游戏中获得的自我满足感有关。其中，游戏将学习者的游戏成就进行可视化呈现，例如借助排行榜，儿童可以展示自己的成就，获得尊重；对于那些在学校教育中很难获得认可的儿童，他们可以在游戏中获得与现实身份完全不同的虚拟身份，可以在新的环境中与他人获得相对平等的体验权力，游戏的持续反馈有助于满足他们自我实现的需要。

（4）社会认知理论的主体性视角

对自然以及生活质量进行控制是人性的根本（Bandura，2001）。2001 年，社会认知理论的提出者班杜拉教授在公开发表的一篇文章中，讨论了人的主体性视角，强调了意识觉知在行为和认知中的重要价值，人的主体性特征涵盖意愿与前瞻，通过自我反应实现的自我管理，以及对自我能力、生命质量、生活追求的价值与目的的自我反思。（Bandura，2001）。从主体性的视角，虽然认知能力能够影响人的认知行为，但行为的发展依然与人的信念、目标、期待等主体性因素有关（Bandura，2001）。

人类主体性包括以下四大核心特征（Bandura，2001）：

①意向。意向植根于能够对未来行动产生影响的自我动机。我们无法获知某一计划的结果，但对意愿的强调并不在于最终结果，而在于计划本身的行为。在目标意愿设定后，需要在计划实施的过程中不断进行调整，需要主体的自我管理来实现，同时我们的追求需要其他主体的参与，大家需要认同并协调行动目标。

②前瞻。前瞻为个人生活赋予了价值与方向。基于当下的认知，对未来的事件的期待可以转化为动机，并对行为加以规范。通过自我监督，行为以动机为支持，目标为引导，行为的结果也是可预见的。如果只因为外在奖励或惩罚而产生行动，人们就会向风向标一样摇摆不定。实际上，在竞争的影响下，人们会有强烈的自我导向（self-direction）。

③自我反应。主体不但要成为计划者和前瞻者，也要成为激励者和自我调控者，塑造行动过程、激励和管理执行过程。通过将成效（performance）与个人目标和标准的比较，行动产生了自我反思性的影响。目标植根于价值体系和

个人身份感，让活动充满了价值和目的，支持自我评价并产生激励作用。通过让自我评价与个人标准相匹配，人们为自己找到了追求的方向，并进行自我激励以持续保持实现目标的努力。人们会做能带来自我满足感、骄傲和感受自我价值的事情，而避免去做能够导致自我失望、觉着自己没有价值和自责的事情。同时，目标的自我管理的有效性很大程度上取决于我们离预设的目标的距离，因此实现目标需要整合远期期待与当下的自我引导，需要层级化的目标系统。

④个人反思。人不但是行动的主体，也是自身机能（functioning）的自我检验者。反思自己的元认知能力以及思维与行动的恰当性是人类主体性的另一鲜明特征。在这种元认知的活动中，人们会依据行动的结果来判断自我预测思维的正确性。自我效能的信念是人类主体性的基础，除非人们相信自己能够实现预期的结果，并避免行动中的不利结果，否则他们很难有行动的动机或是不能在面对困难的时候坚持下去。

本节基于三大强调学习体验的学习实践理论的核心要素的分析，归纳总结了学习体验的三种类型，即基于情境的认知体验、基于协作的社会性体验和基于动机的主体性体验。基于情境的认知体验强调了游戏化环境为学习者提供了认知真实性的学习情境，学习者可以在情境中获得隐性知识，进行具身认知，甚至在学习过程中实现心流状态。基于协作的社会性体验关注了游戏化学习过程中的指导性体验和学习者之间的协作。基于动机的主体性体验强调了动机与元认知能力在游戏化学习过程中的重要性。

本节基于理论呈现了游戏化学习体验的内容与特征，同时，也借助理论分析了游戏化学习对认知和主体性发展的促进作用，如图 2－6 所示。依据相关

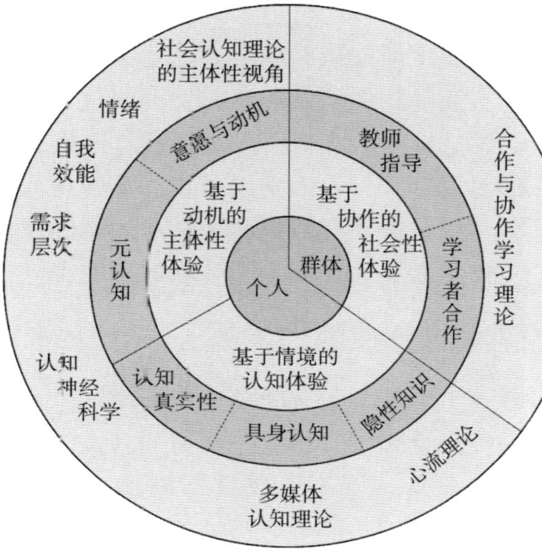

图 2－6 游戏化学习体验的理论框架

理论建构游戏化学习体验的理论框架有助于理解学生在游戏化学习中的学习体验，为游戏化学习的设计与开发提供重要参考。游戏化学习体验框架的提出也为教育游戏研究提供了崭新的视角，有助于研究者基于游戏的教育目的，对游戏的功能进行评估，理解游戏化学习的功能与局限。

三、分数学习的理论研究

分数是儿童数学学习的重要内容，被视为数学能力发展的一个里程碑（Booth et al.，2012）。在儿童的数字发展过程中，分数的学习让儿童的数字认知范围由整数扩展到有理数，为日后小数、百分数和比例的学习奠定了基础（Ni et al.，2005）。研究表明，分数能力对日后数学学业成就以及其他学科的发展具有重要影响（Bailey et al.，2012）。根据美国和英国的数据，小学时的分数知识能够预测高中的数学成就（Siegler et al.，2012）。小学六年级学生如果不能对分数数值进行准确比较，将会在未来的数学学习中遇到更多困难（Mazzocco et al.，2008）。Brown 等人发现中学生的分数知识和代数知识呈正相关性（Brown et al.，2007）。同时，分数能力也会对其他学科产生深远影响，如生物、物理、化学、工程、经济、社会学、心理学等（Lortie-Forgues et al.，2015）。由此可见，分数的学习是 STEM（科学、技术、工程以及数学）学科学习的重要基础之一。

当下，学习科学领域的研究主题可以划分为以下三个类型：学习基础机制研究、学习环境设计研究和学习分析技术研究（尚俊杰 等，2018）。在学习基础机制研究范畴内，为了对分数认知有更加全面系统的了解，本研究以分数的符号表征、概念性知识和程序性知识为线索，综述了教育学、心理学、认知神经科学领域在分数研究方面的相关理论和研究发现。首先，教育学从宏观的行为与实践的视角，将数学知识划分为概念性知识和程序性知识，认为分数概念性知识是程序性知识学习的基础。心理学以微观的符号表征作为切入点，认为整数偏见和分数符号含义的复杂性是造成分数学习困难的重要原因。认知神经科学则从更加微观的神经活动层面，揭示了分数加工的神经机制。

（一）教育学视角的分数能力发展

为理解儿童的分数能力发展，教育学从宏观层面区分了分数的概念性知识和程序性知识。分数的概念性知识是指对分数符号含义的理解，教育学领域主要聚焦于分数的两大基本含义："部分与整体"以及"测量解释"。"部分与整体"是指分数符号呈现了整体的一部分与整体的关系，这是理解分数其他含义的基础。"测量解释"是指分数符号表达了一个具体的数值含义，强调对分数数值的理解，被认为是促进分数能力发展的关键。分数的概念性知识是程序性知识学习的基础，程序性知识主要指分数的各类计算，这类知识对于儿童来说具有巨大的挑战性，其复杂的运算法则是造成分数计算困难的重要原因。诸多研究支持了分数概念性理解对于分数运算的重要价值（Ni et al.，2005；Hecht et al.，2003；Rittle-Johnson et al.，2001），同时也有研究发现，强调分数数值理解的分数教学，有助于提高学生分数概念性知识水平和分数运算技能（Fuchs et al.，2013）。

1. 分数概念性知识

（1）分数概念性知识的分类

分数的符号含义有多种理解方式，在分数学习的早期阶段，教育领域研究者大多聚焦于分数含义其中的两种解释性理论（Hecht et al.，2003；Fuchs et al.，2014；Hech，1998；Vukovic et al.，2014）。第一种解释理论是部分与整体，分数被理解为一个整体的一部分，这是理解分数其他含义的基础（Charalambous et al.，2007）。对于部分与整体的关系，儿童需要理解一个物体的一部分或多个部分（例如一个比萨的两片或五片），或者是一组物体中的子集（例如五个比萨的两个）。这种理解在幼儿园阶段就已经有涉及，通常具有自发性质，它来源于儿童的分享经历（Mix et al.，1999）。在正式教育中，部分与整体的关系通常用带有阴影的图形和其他与面积有关的图标来表示（Fuchs et al.，2014）。这也是中、美数学教材中分数概念性知识的主要内容。

第二种解释理论是测量解释，是指对分数的数值大小的理解（Hech，1998；Hecht et al.，2010）。分数测量解释主要强调数字的表达、比较、排序以及将分数放在数轴上时所对应的点（Fuchs et al.，2014），其中数轴在建构分数的数值知识方面有广泛的应用（Siegler et al.，2011；Booth et al.，2006）。依据测量解释知识，儿童可以意识到当分母变大时，分数的值会变小（Fuchs et al.，2014）。相较于对部分与整体关系的理解，学生需要一定的指导来理解分数符号的数值含义、分数分母与值的相反性（分母越大，分数数值越小），以及在给定区间内分数的无限性（Fuchs et al.，2013）。Geary（2008）认为这类知识是促进学生分数能力发展的关键。美国数学教育顾问委员会（National Mathematics Advisory Panel，NMAP）认为测量解释是促进分数知识发展的关键机制，并号召分数的教学应该以此为方向（NMAP，2008）。

（2）分数数值理解与数轴

"测量解释"知识的核心是理解分数在数轴上的数值含义。在数学学习过程中，儿童先是接触整数，然后学习分数，进而学习小数、无理数。在这个过程中，儿童需要将不同种类的数进行整合。数字发展的整合理论认为，分数在这个数字发展过程中具有起承转合的作用，借助数轴进行数值理解是数字整合的关键。

首先，分数的数值理解被认为是数学能力发展的重要里程碑，是学生学习代数的基础门槛（Booth et al.，2012b）。有研究发现，分数数值表达的准确性与分数计算和数学成就密切相关（Lortie-Forgues et al.，2015；Siegler et al.，2011），理解分数数值含义的学生能够更好地记忆分数的计算步骤（Siegler et al.，2013），同时分数数值的精确表达有助于提高学生的分数估算能力（Siegler et al.，2011）。数字发展的整合理论强调了数值理解的重要性，该理论由卡耐基梅隆大学分数学习研究中心的 Siegler 教授提出。该理论认为数学发展是数字认知范围不断扩大的过程，分数在此过程中居于核心地位，而对数值的理解是链接各类数字知识的基础（Siegler et al.，2011）。

依据整合理论，儿童需要建立数字与数值的对应关系，理解实数的数值含义，并能够将实数分配到数轴上特定的点（Siegler et al.，2012；Siegler et al.，2011）。这与认知心理学家发现的心理数轴（Mental Number Line，MNL）认知模型相吻合。心理数轴是为学习初等算数知识提供的认知模型，儿童需要意识到阿拉伯数字和数词从左到右依次增长，每一个数字都比前一个数字多一个数量（Bruer，2008）。Vukovic 等（2014）报告二年级的数轴估算能够预测四年级分数概念性知识的学习。Jordan 等（2013）发现学生在三年级整数数轴的估算能力能够预测四年级的分数成绩。Hansen 等（2015）的研究发现在中学阶段，整数的数轴估算能力依然能够预测分数概念性知识的学习能力。

在心理数轴上将数值大小进行精确对应的能力在分数发展的早期阶段至关重要（Siegler et al.，2011）。在数轴估算方面取得显著进步的儿童，在分数计算以及其他任务的进步也是最大的（Siegler et al.，2013）。那么，数轴为何能够促进儿童分数能力的发展？第一，相较于“部分与整体”内容的训练，以数轴作为认知辅助工具的测量解释内容更能够帮助学生掌握分数的数值知识（Booth et al.，2012b）。儿童能够意识到分数也有数量大小，且数值能够被衡量（Hansen et al.，2015）。掌握分数的数值知识意味着学生已经克服整数知识的干扰（Ni et al.，2005），意识到每一个分数都代表着一个独立的数量，而不是单纯的依赖分子或分母判断分数的大小（Hansen et al.，2015）。第二，对数值大小的理解有助于提高儿童估算任务的准确性（Barth et al.，2011），有研究表明，理解分数数值大小的学生能够更好地记忆分数的计算步骤（Siegler et al.，2013）。第三，由于儿童通常会对自己理解的内容保持长期兴趣（Hidi et al.，2006），倘若儿童不能充分掌握分数知识，则会在接下来的数学学习中采取“死记硬背”的学习方式（Siegler et al.，2012）。因此，准确的数值表征是分数学习的关键，促进分数的数值理解应当成为分数教学的重要目标（Siegler et al.，2013）。

2. 程序性知识

在分数概念性知识学习的基础上，接下来分数程序性知识的学习又对儿童提出了新的挑战。分数程序性知识主要涉及分数加减乘除的四类运算。和整数运算相比，分数运算法则更加复杂，涉及通分、约分、分子分母倒置等程序。分数运算的复杂过程导致分数学习困难现象的普遍存在。这也引发了研究者对分数计算能力发展过程的关注。

在接受正式学校教育之前，儿童在4～5岁能够依据代表分数的非符号图形推测分数运算的结果（如一个圆的1/4与一个圆的1/2相加），但正确率并不是很高（Mix et al.，1999）。而与非符号运算相比，分数的符号运算则更为困难。Byrnes（1991）的研究显示，在分数加法和乘法的测试中，四年级和六年级学生的正确率分别是25%和51%；在分数加减乘除的测试中，六年级和八年级学生的正确率分别是32%和60%（Siegler et al.，2011）；在另外一项相似的测试中，六年级和八年级学生的正确率分别是41%和57%（Siegler et al.，2013）。在中学阶段，学生分数计算能力的差距呈扩大趋势。有研究发现，六年级学生的分数计算能力已存在较大差异，而这种差异会在八年级时扩大，同时在六年级遇到分数计算困难的学生到八年级时，分数成绩并没有明显改观（Siegler et al.，2013）。虽然美国政府在数学教育方面给予了足够的重视，但美国学生的分数运算能力依然没有显著地改善。在1978年的美国国家教育进展评估中，两万多名八年级学生参与了其中的测试，在一道分数计算题"与12/13＋7/8的结果最相近的数值是多少?"，只有24%的学生给出了正确答案（选项有"1，2，19，21"）（Carpenter et al.，1980）。在2014年，该题的正确率也只有27%。而在这36年间，美国经历了很多次教育改革，花费了数亿美金在数学教育和研究领域，但学生的分数计算能力依然没有得到显著地提高（Lortie-Forgues et al.，2015）。有研究认为，美国的数学教育体系对自然数的运算知识进行了充分的解释，但是对分数运算的解释不够充分，且在分数概念的理解与运算的教学中，重视记忆而并非理解（Lortie-Forgues et al.，2015）。由此可见，分数的符号运算的确是数学学习过程的重难点。

那么究竟是什么原因造成了分数计算困难？首先，分数复杂的运算法则是造成分数计算困难的重要原因。在分数的加法和减法中，需要对分母进行通分，保证分母的一致，然后对分子进行加减；但分数加减法中分母一致的原则却不适用于分数的乘法和除法。分数的乘法需要让分子和分母分别相乘获得结果，有时还需要对结果进行约分处理；而分数的加减法却不能以这样的方式进行运算。分数的除法又和其他运算方法不同，需要将分数倒置后再进行乘法运算。为顺利完成分数的计算任务，学生需要理解并熟记多种运算法则，还要避免混淆分数的不同运算法则，如将分数加法中保持分母一致的运算法则错误地运用于分数乘法运算中，例如 1/3＊2/3＝2/3（Siegler et al.，2013）。

其次，理解分数的表征含义是进行分数计算的基础。如果儿童不能完全理解分数的表征含义，在分数计算过程中会更容易受整数知识的影响。例如，分数的相加运算中，未先通分，错误地将分子分母分别相加，如 1/2＋1/3＝2/5（Siegler et al.，2013）。缺少对概念性知识的充分理解也会导致学生不能理解分数计算的含义，例如 12～14 岁的儿童虽然能够运用通分的方式计算出 3/4＋1/2 的结果，但他们不能理解其中的原因（Mix et al.，1999）。

同时教师因素也是影响学生程序性知识水平的重要因素。在分数的程序性知识中，分数除法经常被视作中小学数学教学中最难理解、最难学习的内容之一（Zhou et al.，2006）。分数除法的运算法则是“先颠倒后相乘”，其概念性意义比较难以理解（辛自强 等，2016）。教师在分数除法方面的知识是儿童正确理解分数运算含义的重要前提。有研究显示，中国教师的分数专业知识和教学法知识水平远高于美国教师，中国教师在分数概念性知识、程序性知识的评测中有更好的表现（Zhou et al.，2006）。美国职前教师在解释分数除法的法则和意义时存在困难（Ball，1990）。另外一项针对中国教师分数除法知识的研究发现，相较于年轻教师，教龄较长的老师能够为学生提供多种解题策略（Li et al.，2008）。影响分数计算能力的其他因素还包括分数的数量知识、整数除法、执行控制能力和元认知判断能力（Siegler et al.，2013）。其中分数数量知识与程序性知识的关联性也已得到诸多研究的证明（Hecht et al.，2003；Hecht et al.，2010；Siegler et al.，2011）。

教育学立足教学实践问题，对儿童的分数能力发展过程进行描述与分析，将分数知识划分为概念性知识和程序性知识，在概念性知识范畴内，分数的“部分与整体”的概念是儿童分数学习的基础，而强调分数数值理解的“测量解释”知识则是分数概念性知识学习的关键，概念性知识是程序性知识学习的基础。虽然教育学和心理学在分数学习问题研究上有诸多重合与交叉，但心理学进一步聚焦于认知过程，从微观的符号表征的角度分析了分数学习困难的成因，并分析了分数的加工模式。

（二）心理学视角的分数学习困难

心理学领域从微观层面对符号表征和非符号表征加以区分，儿童在生活中能够获得与比例有关的非符号表征体验，但在符号表征方面，整数的符号表征会干扰分数表征的认知过程，儿童可能用整数的独立单元计数图式进行分数的解释，此现象被称为“整数偏见”（Whole Number Bias，也被译为“整数偏向”）（Ni et al.，2005）。心理学领域对分数的含义进行了更加细致的区分，认为分数含义的复杂性是导致分数学习困难的重要原因。同时，心理学领域探究了分数的加工模式。

1. 整数偏见的干扰

理解符号所代表的意义是数学学习的重要方面，数学课程的目标之一就是培养学生感悟和使用符号的能力（朱立明 等，2018）。分数符号的学习让儿童意识到有理数还可以通过其他形式表征，但这对儿童来说是一个巨大的挑战（Lortie-Forgues et al.，2015）。从心理学的表征视角看，这个挑战主要是指儿童能否克服整数知识对分数学习的干扰。

儿童通常在已有知识的基础上进行分数理解，早期自然数的知识可能会给分数概念的建构带来阻碍（辛自强 等，2016）。很多学者认为儿童的分数和有理数的学习困难与整数知识有关。整数偏见理论常被用来描述和解释整数知识对分数学习的影响：儿童使用整数的单一计数系统去进行分数表征的理解（Alibali et al.，2015）。在整数偏见的影响下，儿童可能将分数看作两个不相关的整数组合，并不将其视作部分与整体的关系（Jigyel et al.，2007）。这种偏见会阻碍学生理解整数的可分解性，如 1/4 和 1/3，因为 4 比 3 大，误以为 1/4 比 1/3 大；造成分数加法运算困难，如 1/2＋1/3 的运算，误将分母相加，得到 2/5 的结果；否认 0 到 1 之间数字的存在（Ni et al.，2005）。

儿童为什么会在理解分数的过程中受到整数偏见的影响呢？第一，儿童的确在日常生活中能够获得更多与整数认知有关的体验。研究表明，学生早期的数量表征不是基于数字，而是基于数量（Mix，1999）。日常的生活体验能够帮助儿童理解整数的数量含义，如意识到整数的可数性，相乘的结果变大，相除的结果变小（Siegler et al.，2013）。儿童会习惯性地将来源于生活体验的整数知识应用于分数知识的学习过程中。第二，这种现象可能和儿童对分数概念不成熟的理解水平有关（辛自强 等，2016）。学生的分数理解能力有三个水平：在水平一，儿童将分数看作两个独立数字组成的数；在水平二，把分数看成“部分与整体”的关系；在水平三，学生才能理解分数是分子和分母的比率关系或一个分数的测量含义（Stafylidou et al.，2004）。辛自强等人（2016）认为学生处于最初两个水平时会受到整数偏见的影响，例如当判断两个同分子的分数时，认为分母大的分数较大。第三，有学者认为在儿童建构分数概念的过程中，整数偏见不但反映了旧知识对新知识的干扰，也说明儿童需要对数字知识进行整合（Izsák et al.，2008）。Siegler 等人（2011）认为加强数值知识的学习是整合整数、分数、小数等有理数的有效方式。

2. 分数含义的复杂性

在分数含义理解方面，教育学与心理学有较为明显的重合。心理学研究发现，分数理解的困难性与分数表征含义的复杂性有关。分数通常被界定为一组相互关联的子含义，包括“部分与整体”“比”“算子”“商”和“测量”（Charalambous et al.，2007；辛自强 等，2012）。“部分与整体”强调了分数对部分与整体关系的表达，分数 a/b 表示一个整体被平均分成 b 份，其中的 a 份与总个数的比较关系；“比”（a∶b）可以表示两个数的对应比较关系；“算子”是对于一个数量的扩展或收缩，即乘以 a 之后被 b 除，例如 2/3 是一种收缩，9 个糖果变成了 6 个糖果（Martin et al.，2015）；分数“商”的含义表示除法的运算结果；“测量”意味着分数可以对应到数轴上的某一点。Hansen 等人（2015）在分析分数学习困难的研究中，认为分数表征的含义可划分为以下六类：集合模型（set model，如两个圆中的一个，分母与物体数量相等）、面积模型问题（area model problems，如一个正方形的 1/3，分母与物体数量不相等）、数轴（number line，在数轴上，P 点代表的数值）、分数相等（fraction equivalence，如不同的分数表示相同的数值）、大小比较问题（comparison/ordering problems）、估算问题（estimation）。学生需要非常熟悉分数的表征含义，才能对有理数进行有效认知。但这些复杂的分数含义都加重了学生的认知负担（Lortie-Forgues et al.，2015）。

区别于整数含义的单一性，分数的复杂含义的理解需要一定数学知识的支持。例如，理解分数的“比”的含义涉及比例关系的学习；“算子”和“商”的理解需要分数计算含义知识的支持。除此以外，分数的“单位 1”的概念也容易引起误解，就自然数而言，我们以“1”为单位进行计数；但分数的单位“1”可以被划分为许多部分，整体被视作“单位 1”（辛自强 等，2016）。儿童需要具备较为综合的代数知识才能完全理解分数的各种含义。同时，分数计算又和分数的概念含义密切相关，儿童需要将分数的概念含义与计算含义进行匹配。例如，在计算分数加法的过程中，1/2＋1/2 用“部分与整体”的含义可以解释，即苹果的一半和另一半相加等于一个苹果。虽然“部分与整体”的含义最容易被理解，能够适用于分数加减法的概念解释，但却不能解释分数乘法的含义。这时，分数强调数值的“测量”含义的价值突显，即将分数看作是代表数值的数字符号。

3. 分数加工模式的争议

虽然分数符号被赋予了多种含义，但符号本身的表征方式依然是心理学领域在分数认知领域的重点研究内容。在分数表征方面，核心的争论是：“个体表征一个分数的大小是根据它的真实数值还是根据它的分子或者分母的离散数量”（辛自强 等，2016）。对这一问题，心理学领域提出了三种加工模式：成分加工模式、整体加工模式以及混合加工模式（刘颖 等，2016）。成分加工模式是指将分数的分子和分母分别加工，而不把分数看成一个整体（Bonato et al.，2007），例如比较 1/2 和 1/3 的大小，只依据分母 2 和 3 的大小就可进行判断。整体加工模式是指将分数看作代表数值的整体进行加工，例如判断 1/2 和 3/4 的大小，以两个分数所代表的实际数值进行比较（Liu，2018；Meert et al.，2009）。混合加工模式是指个体在加工分数的过程中，既使用成分加工模式，又使用整体加工模式（Meert et al.，2009）。

为了探究这个争论，心理学领域的研究者通常以"心理数轴"作为理论基础进行研究。该理论在前文教育学部分也有涉及，主要认为人的数字表征具有方向性，较小的数字在左侧，较大的数字在右侧（Restle，1970）。目前有三种理论支持心理数轴的理论模型，包括"空间-数字关联效应""距离效应"和"大小效应"（辛自强 等，2016）。在分数认知研究中，"距离效应"理论使用的较为广泛。"距离效应"是指在分数比较大小过程中，用于比较的数字的间距越小，反应时间越长，错误率越高，这个现象被称为"距离效应"（Moyer et al.，1967）。

相比于偏向于教育实践的教育学视角，心理学更加专注于从认知的视角研究分数的表征加工过程，发现分数的符号表征受到整数表征的影响，分数具有丰富的含义，并探究了不同的分数表征加工模式。但心理学领域在分数表征加工模式上存在一定的争议。因此，我们需要借助学习科学的跨学科视角，继续从生理层面的认知神经科学领域探究大脑的分数加工过程，即"大脑是如何加工分数的"。

（三）认知神经科学视角的分数认知机制

作为神经科学和认知心理学的交叉学科，认知神经科学是学习科学研究的重要领域（尚俊杰 等，2017），促进了人类对脑学习机制的探索研究。在心理学研究的基础上，认知神经领域运用磁共振成像和脑电技术，进一步从微观的生物层面探究了人脑的分数加工过程，发现分数是以抽象的数值概念在人脑中进行表征。此外，认知神经科学领域学者提出的数字加工的三重编码模型，也适用于解释分数的计算加工过程。

1. 大脑的分数表征加工

从遗传学和人体发育的角度看，人类天生具有对比例的感知能力，且这种能力是自发的（Gabriel et al.，2013；Jacob et al.，2009）。研究发现猴子能够对比例进行抽象理解并加以区分，外侧前额叶皮质的神经元能够对比例进行选择性反应（Vallentin et al.，2008）；六个月大的婴儿能够察觉两个比率的差别（McCrink et al.，2007）；学龄前儿童（3～7 岁）能够进行一些简单的分数计算（Mix et al.，1999）。但在理解分数数值的过程中，儿童通常会遇到困难，并且也并不能对分数数量进行适当的表征（Gabriel et al.，2013）。

为研究分数在大脑中如何表征，Jacob 和 Nieder（2009）通过功能磁共振成像技术开展了针对分数表征的适应性实验（adaptation experiment），该实验共有27名被试（实验组12人，对照组15人），研究表明符号比率是以抽象的数值概念在人脑中进行表征，分数的加工主要涉及额顶皮质，其中顶叶的顶内沟前部和水平部分的神经元趋向于加工分数，且独立于分数的表征形式；表征分数的神经回路存在于顶内沟，人类的前额皮质和顶内沟前部通过模拟数量编码对绝对数量和相对数量进行表征。该实验的适应性任务以比例、文字、阿拉伯数字的形式呈现了分数概念，如1∶6、六分之一、5/30（Jacob et al.，2009）。在适应性任务（adaptation）中，以下大脑区域血氧信号出现系统性下降：双侧顶叶皮质（bilateral parietal cortex）、前中央皮质（precentral cortex）、前额叶皮质（prefrontal cortex）、前部扣带皮层（anterior cingulate cortex）和下颞皮质（infero-temporal cortex），其中在顶叶区域的强效应涵盖了整个顶内沟，从中央后沟（postcentral sulcus）一直延伸到后侧顶上小叶（posterior superior parietal lobule）（Jacob et al.，2009）。绝对数量的加工发生在顶额叶的顶内沟（Nieder，2005）。就前顶内沟而言，数字表达的1∶6和文字表达的六分之一引发的血氧信号并没有显著差异，这说明了分数表征与符号形式无关；同时，用于实验控制的单词，虽然长度和分数单词的长度一样，但却未能引发血氧信号的明显改变（Jacob et al.，2009）。

就分数的阿拉伯符号表征而言，脑成像数据并没有发现真分数和假分数引发的差异，这意味着真分数和假分数的加工模式相似（Ischebeck et al.，2009）。也有研究同时采用单变量和多变量模式分析技术比较了分数、小数、整数对顶内沟激活模式的差异，研究表明，虽然三种形式的数字任务都能够激活顶内沟区域，但分数在顶内沟的一个子区有明显不同的激活模式，而小数和整数具有相似的激活模式并且空间上几乎重叠；研究者认为分数加工涉及更多的认知过程，和其他两种数字形式相比，分数认知增加了认知负荷（deWolf et al.，2016）。

2. 分数数值理解所涉及的脑区

大脑的双侧顶叶在数字加工的过程中发挥着重要作用。运用功能磁共振成像技术，研究者发现数字和数量的加工任务与双侧顶叶有关，例如数字比较（Chochon et al.，1999；Pinel et al.，2001）、估算（Stanescu-Cosson et al.，2000）以及计算（Stanescu-Cosson et al.，2000；Ischebeck et al.，2006）。在顶叶中，双侧顶内沟负责对数量进行模拟表征（Ischebeck et al.，2009；Eger et al.，2003），学者们通常以“心理数轴”来类比数字的表征方式（Dehaene，1992）。近年来的研究表明这种表征是自发的（Eger et al.，2003），且不受表征形式的限制（Piazza et al.，2007）。分数比较任务激活了一系列额顶叶区域，包括顶上小叶（superior parietal lobule）、脑岛（insular）、右侧额下回

（right inferior frontal gyrus）和缘上回（supramarginal gyrus）（Ischebeck et al.，2009），其中顶内沟是数字比较任务的核心激活区域（Kaufmann et al.，2005）。

依据前文所述，在探究分数比较的策略时，心理学领域核心的争论是："个体表征一个分数的大小是根据它的真实数值还是根据它的分子或者分母的离散数量"（辛自强 等，2016）。研究者可以通过"距离效应"对分数表征模式进行分析。如果分数以整体的真实数值的方式进行表征，"距离效应"应当和两个分数的数值距离有关；如果分数以分子或分母的成分方式表征，那么"距离效应"就和两个分数的分子间距和分母间距分别相关。

为研究成人的分数表征方式和分数比较策略，Ischebeck 等人（2009）运用功能磁共振成像方法探究了距离效应与大脑顶内沟激活的关系。在这项研究中，距离效应被划分为两类，一类是整体距离（total distance），即两个分数数值的间距；一类是部分距离（partial distance），即两个分数的分子间距或分母间距。运用感兴趣区（region of interest，ROI）分析方法发现，部分距离并没有对脑区的激活有调节作用；整体距离与右侧顶内沟和枕中回（middle occipital gyrus）的激活水平呈显著负相关，只有整体距离能够调节顶内沟的激活。同时，为研究成人比较分数大小所运用的策略，研究者设置了四类题目，包括分母相同的分数比较、分子相同的分数比较、趋势一致的分数比较（分子分母不同，但部分比较策略适用，如 2/8 和 3/5）、非一致的分数比较（分子分母不同，部分比较策略不适用，如 3/8 和 2/5）。结果发现分子相同的分数比较在相应脑区的激活程度要大于相同分母的分数比较，包括额中以及额下区域（middle and inferior frontal areas）、左侧顶内沟、辅助运动区（supplementary motor area，SMA）和枕叶。相比于分子相同的分数比较，趋势一致的分数比较的难度更大，引发了右侧额下回（right inferior frontal gyrus）和额内侧回（medial frontal gyrus）区域的更强的激活。非一致的分数比较比趋势一致的分数比较更难，引发了额叶区域（frontal areas）的更强的激活，例如左侧额下回（left inferior frontal gyrus），和额内侧回，主要包括 SMA 和扣带皮质（cingulate cortex）。

以上研究发现只有分数的整体距离能够调节顶内沟的激活程度，这表明大脑可能是以分数的数值进行分数加工的，在此过程中，数感产生的核心区域——顶内沟，发挥了重要作用。针对大脑的分数加工模式，一项采用脑电技术的研究发现，没有充分的电生理学证据表明成分加工策略在复杂分数任务中的应用（Zhang et al.，2012）。

3. 三重编码模型与分数计算

基于数学认知在行为和脑神经机制方面的积累，Stanislas Dehaene 提出了解释人脑进行数字加工的三重编码模型（Triple-code Model，简称 TCM），该理论在数学认知研究领域被广为接受。该理论认为大脑在进行数量加工任务时，会使用三种不同功能的编码对数量进行表征，包括模拟数量编码（analog magnitude code）、听觉言语编码（auditory verbal code）、视觉阿拉伯数字编码（visual Arabic code）。模拟数量编码是对心理数轴上的数值的表征，包括语义层面的相似（如 5 和 6 很近）以及数值比较中的相对大小（如 5 比 6 小）（Dehaene et al.，1990），主要涉及双侧下顶叶区域（bilateral inferior parietal regions）（Stanescu-Cosson et al.，2000）。听觉言语编码是对数词的加工，如记忆乘法表，这种加工涉及了与语言相关的区域（general language modules），包括左外侧裂周区（left perisylvian network）、左侧基底神经节（left basal ganglia）以及丘脑核（thalamic nuclei），这些脑区与语言加工和记忆有关（Skagenholt et al.，2018；Schmithorst et al.，2004）。视觉阿拉伯数字编码是指以阿拉伯数字的形式进行表征，涉及腹侧视觉通路的腹侧枕颞区（ventral occipitotemporal cortex）（Hannagan et al.，2015）。

一项运用功能磁共振成像技术的研究表明，分数加减法的复杂任务涉及了多种数字加工方式，借助独立成分分析方法（independent component analysis，ICA）发现三重编码模型在复杂分数计算过程中有体现（Schmithorst et al.，2004）。该项研究发现，分数加减法涉及的脑区包括双侧下顶叶（bilateral inferior parietal）、左侧外侧裂（left perisylvian）、腹侧枕颞区域（ventral occipitotemporal），这些区域的激活反映了模拟数量、听觉言语以及视觉阿拉伯数字编码的运用。其中双侧下顶叶的激活反映了模拟数量编码对数值的表征；分数加减法任务引发了左侧外侧裂区域的激活，包括布鲁卡区（Broca's）和威尔尼克区（Wernicke's），这些区域与语言功能相关，同时基地神经节（basal ganglia）的激活反映了视听言语编码对记忆知识的回溯，例如在通分中使用乘法口诀；该项研究的分析也涉及腹侧视觉通路（ventral visual pathway）的双侧下腹侧枕颞区（bilateral inferior ventral occipitotemporal regions），包括颞下回（inferior temporal gyrus）和梭状回（fusiform gyrus），这与 Dehanene 提出的视觉阿拉伯数字编码一致（Schmithorst et al.，2004）。

基于以上的研究结果，发现认知神经科学在心理学的基础上，进一步从大脑的生理层面探究了人脑的分数加工方式，发现分数以数值概念在人脑中进行表征。这不但支持了心理学领域的“距离效应”和“心理数轴”理论，也在一定程度上回应了心理学领域在分数加工模式问题上的争议。虽然成分加工模式和整体加工模式在行为上都有体现，但只有整体距离能够调节顶内沟的激活。认知神经科学在数值方面的研究成果也支持了教育学领域对数值理解的强调，数值加工发生在大脑产生数感的核心区域——顶内沟。认知神经科学在分数计算方面的研究结果说明分数计算的确是涉及了多种任务的复杂认知过程。分数计算对认知能力提出了更高的要求，这也客观地解释了分数计算困难出现的原因。

(四) 小结

教育学从较为宏观的视角，立足教学实践问题，解读了儿童的分数能力发展过程。分数知识被划分为概念性知识和程序性知识，在概念性知识范畴内，分数的“部分与整体”的概念是儿童分数学习的基础，而强调分数数值理解的“测量解释”知识则是分数概念性知识学习的关键，概念性知识是程序性知识学习的基础。虽然教育学与心理学在分数研究方面有诸多方面重合，但心理学从微观的认知视角研究了分数的表征加工过程。心理学领域对符号表征和非符号表征加以区分，儿童在生活中能够获得与比例有关的非符号表征体验，但在符号表征方面，儿童需要克服整数偏见，理解分数符号代表的多重含义。但心理学在分数表征加工模式方面存在一定的争议。认知神经科学在心理学研究的基础上，进一步从生物层面分析了分数加工的神经机制，发现分数是以抽象的数值方式在大脑中进行加工，顶内沟是加工分数表征的核心区域。这支持了心理学领域的“距离效应”和“心理数轴”理论，也回应了该领域在分数加工模式问题的争议。认知神经科学领域的研究发现三重编码模型在分数计算中也有所体现，客观地说明分数计算涉及了多种认知任务，对儿童的认知能力提出了更高的要求。基于设计的研究也是学习科学领域的重要研究方法，从技术设计的视角看，分数游戏在辅助分数认知、激发学习动机等方面有一定的潜在优势。

综合来看，在学习基础机制研究范畴内，如图 2－7 所示，教育学从宏观的行为层面对数学知识类型进行划分，分析了分数概念性知识对程序性知识学习的重要价值，认为数值理解是分数学习的关键；心理学从较为微观的认知层面，从符号表征、分数含义与加工的角度分析了分数学习困难的成因；认知神经科学进一步从人脑的生理层面，探索了大脑对分数符号、分数计算的加工模式。三种视角由宏观到微观，从教学实践到认知发展，再到人脑的神经加工机制，相互补充，相互支持。

以上综述对分数游戏的设计有三点启示。第一，应充分意识到分数的概念性知识是程序性知识学习的基础，重视理解分数的符号含义，尤其是分数的数值含义，这会对儿童日后分数程序性知识的学习大有裨益。第二，在分数概念性知识的学习过程中，应当充分发挥数轴在发展学生数感、促进数值理解方面的重要作用，儿童依据生活经验能够对分数“部分与整体”的含义有充分理解，但在数值理解方面，需要给予学生以数轴为主要认知辅助工具的教学支

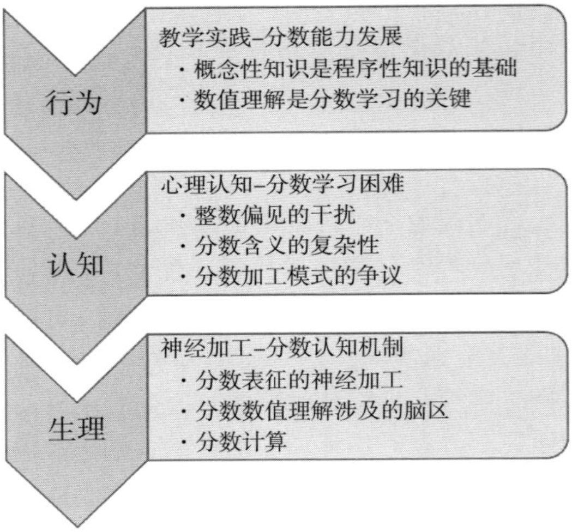

图 2－7　学习科学视域下的分数学习研究

持。美国国家核心课程标准建议应当从三年级开始引入数轴，以帮助儿童理解分数（Common Core State Standards for Mathematics，2010）。第三，在“互联网＋”的时代背景下，应当充分发挥技术对于教育教学的辅助作用，借助游戏化分数学习的方式充分激发学生的学习动机，提升学业表现。

四、游戏化分数学习

分数认知的重要性以及分数学习困难现象的普遍存在引起了教育技术领域研究者的兴趣，信息技术的发展也为分数学习创造了更多的可能。随着移动设备的普及和游戏技术的进步，教育游戏支持下的分数学习成为一种趋势，备受教育研究者和实践者的关注。下文将主要介绍分数游戏的分类与效果，并探究游戏化分数学习的潜在优势。

（一）分数游戏的分类与效果评估

依据前文中教育学视角对分数概念性知识的探讨，我们将强调分数概念性知识的分数游戏划分为两类，第一类分数游戏以“平均分割”体验（splitting）为主，侧重于“部分与整体”概念学习；第二类分数游戏以数轴作为核心认知工具，侧重于“测量解释”的概念体验。除此以外，还有一些专注于分数练习的游戏。

分数游戏 Refraction 是第一类以平均分的方式学习分数“部分与整体”概念的典型代表。Refraction 这款设计精良的分数游戏吸引了众多研究者的目光，先后有来自斯坦福大学、犹他州州立大学等美国高校及研究机构的学者就其促进分数概念性学习的应用效果进行研究。这款游戏描绘的情境是在太空中，有很多小型宇宙飞船需要能量补给。学生需要通过平均分割的方式（如1/2、1/3）切断能量绳，并与飞船的大小匹配。匹配成功，小飞船则能够飞上太空。聚类分析显示相较于早期的游戏策略，学生在后期的游戏过程中有更多优化的平均分策略，这意味着学生解决分数问题的能力在玩游戏的过程中得到提高（Martin et al.，2015）。Baker 等人（2015）从认知神经科学的视角分析了 Refraction 的学习效果，该研究运用功能近红外光谱成像技术（functional Near-Infrared Spectroscopy，fNIRS）对比了大脑对空间活动、阿拉伯数字处理，以及对 Refraction 的激活反应，从大脑激活强度上看，分数游戏和数学活动引发了相似的神经活动过程。结果显示 Refraction 对左顶叶和右顶叶的激活程度大于空间活动，虽然 Refraction 对左顶叶的激活程度与阿拉伯数字处理的激活程度无显著差别，但对右顶叶的激活却是显著的。同时，Refraction 游戏对于前额叶区域的激活程度要明显高于阿拉伯数字处理与空间活动。在针对4 128名三年级学生的研究中，根据前测后测的成绩的变化，发现玩分数游戏可以提高分数成绩，更重要的是在迁移性测试中，学生从玩游戏过程中获得的分数理解知识可以迁移到标准分数测试中（Baker et al.，2015），这说明非正式的游戏化分数体验能够迁移到正式学习中。

Motion Math 这款游戏是以数轴作为核心认知辅助工具、学习分数数值知识的第二类分数游戏的代表。这款游戏由毕业于斯坦福大学教育学院的研究生开发设计，目前该团队已开发了涵盖整数学习、加减法运算、乘法运算等一系列数学运算的游戏软件。第二代认知科学倡导具身的（embodied）、情境的（situated）、发展的（developmental）和动态的（dynamic）的观念，重视“身体”在认知过程中的作用。20 世纪 80 年代以来，“具身化”得到了心理学、神经科学、哲学等多领域的关注。从知觉现象学的视角看，身体的知觉是行为产生的基础，身体是我们认识世界的中介（王靖 等，2012）。具身认知理论认为身体参与了认知过程，我们不能单纯依赖思考来接触世界，也要重视感觉、行动等方式的体验（Stolz，2015）。Motion Math 这款分数游戏以数轴作为核心的认知辅助工具，玩家通过摇晃手机或平板电脑来控制小球落在数轴上的位置，以此学习者可以获得具身认知的体验。除了技术设备本身的吸引力外，这款游戏的玩法也引发了儿童的兴趣，儿童双手需要控制设备，甚至需要手臂的配合进行精准控制。大脑思维与身体运动的充分配合有助于集中儿童的注意力，同时，身体运动也参与到了分数的认知过程。Riconscente 运用交叉对比实验的方法，发现每天玩 20 分钟，共玩 5 天后，学生的分数成绩、自我效能感以及对游戏的喜爱程度都有所提高；研究者认为游戏能够为学生提供即时反馈和学习支架，学生的学习动机被激发，能够在一个有趣的情境下进行反复练习，同时游戏提供了具身体验，教会学生将分数对应到数轴上（Riconscente，2013）。另一项针对基于具身体验的游戏化分数学习研究发现具身体验有助于提升学习动机并提高学习成绩（de Koning-Veenstra et al.，2014）。

除了 Motion Math，还有一些以数轴作为核心认知辅助工具的分数游戏。匹兹堡学习科学中心创始人之一、卡耐基梅隆大学 LearnLab 主任 Ken Koedinger 教授的团队开发的游戏 Battleship Numberline，以数轴作为核心认知工具发展儿童的分数数感，且尝试在游戏中使用自适应性排序算法。目前该游戏已开始商业化运作，更名为 Fraction Planet，并获得纽约教育局颁发的优秀教育应用奖，同时该团队围绕核心课程标准开发了一系列名为 Math Planet 的数学游戏，旨在发展儿童的数感能力。卡耐基梅隆大学心理系学者设计了分数游戏 Catch the Monster with Fractions，这款游戏以数轴为核心，依据美国国家课程标准进行内容设计，核心知识内容是将分数与数轴上的点进行匹配，以理解分数的数值含义。研究表明，在持续 15 分钟的游戏干预后，儿童在数轴估算、数值比较以及内容回想三类题目的后测分数显著高于前测分数；在另一项实验研究中，实验组学生的成绩显著提高，对照组进行没有反馈的数轴任务，但对照组成绩没有提高（Fazio et al.，2016）。芬兰坦佩雷理工大学的 Kristian Kiili 教授带领团队开发了分数游戏 Semideus，这款游戏也以数轴作为分数认知的辅助工具。游戏以古典希腊神话作为故事背景，学生需要在数轴上移动游戏角色找到合适的位置来取得成功，游戏内容模块包括数轴估算、数值比较等分数概念性知识内容。基于学生在游戏中的表现，研究者发现这款游戏不但能够促进学生分数概念性知识的学习，还可以评估学生对分数的理解水平，同时游戏化学习能够降低学生的学习焦虑，为教师和教育工作者提供详细的学生表现信息，以便给予个性化的学习支持（Ninaus et al.，2017）。

（二）游戏化分数学习的潜在优势

前文中，笔者依据游戏化学习的相关理论建构了学习体验视角的游戏化学习的理论框架，通过理论要素的推演与归纳，界定了学习体验的分类，包括基于情境的认知体验、基于协作的社会性体验和基于动机的主体性体验（张露等，2018）。本段内容将以此理论框架为参考，结合前文所述的教育学、心理学、认知神经科学的相关理论，主要分析在基于情境的认知体验范畴内，游戏化分数学习对于促进分数认知的潜在优势。

第一，分数游戏创建了充满趣味性的虚拟情境，儿童获得了更多接触和使用分数符号的机会。数学符号意识是义务教育数学课程的核心概念之一（李艳

琴 等，2016）。从符号与表征的角度看，无论是强调“部分与整体”还是“测量解释”，分数游戏都以虚拟情境的方式拓展了儿童有关分数的生活体验，儿童获得更多接触分数符号与理解分数表征含义的机会。分数是整数学习向有理数学习扩展的转折点，儿童在游戏建构的情境中获得的大量的直观的分数体验有助于儿童理解分数和整数的差异，逐渐习惯分数的数字表达方式，进而克服整数偏见。可塑性是大脑的固有属性和核心特征（尚俊杰 等，2017），非正式学习环境下的分数学习体验也有助于激活顶内沟的神经活动，让大脑更快地适应分数加工过程。

第二，游戏为儿童提供了理解、建构分数意义的学习体验，有助于儿童理解分数的符号含义。从分数的概念性知识理论看，游戏为学生提供了知识建构的情境，儿童能够基于游戏体验，深入地理解分数的概念性知识，实现分数知识的意义建构（sense making）。在强调“部分与整体”的游戏中，儿童通过平均分的体验感受由整体到部分再到分数表达的过程，进而对分数有更加深入的理解。同时图片刺激和亲自动手的切割过程，让儿童将分数与图形面积联系起来。在强调“测量解释”的分数游戏中，学生能够将数值与数轴点对应起来，进而通过数轴感知分数的数值大小以及分数在数轴上的分布。以数轴的方式辅助分数认知符合认知神经科学在数值表征方面的研究发现。

第三，游戏化分数学习是对学生课堂内容的扩展与补充。目前中国小学教师讲授分数比较大小的主要方法是让学生背诵口诀“分母相同看分子，分子越大分数越大；分子相同看分母，分母越大分数越小”。“死记硬背”的教学方式可能对学生数学核心素养的形成产生消极影响（孔凡哲 等，2017）。依据前文所提到的神经科学领域的数字加工三重编码理论，口诀记忆的方式属于听觉言语编码，这种方法虽然能够帮助学生比较同分母或同分子的分数大小，但无法解决复杂分数（异分母异分子分数）的大小比较。而儿童在强调“测量解释”的分数游戏中，能够获得丰富的分数数值体验，这有利于儿童以模拟数量编码的方式进行分数加工。

在学习环境设计研究范畴内，随着技术的发展与普及，游戏化分数学习具有诸多优势，并逐渐成为一种趋势。分数游戏大多重视了分数概念性知识的学习，通过创建虚拟情境，让儿童获得更多的分数学习体验，有助于儿童深入理解分数的含义，实现分数知识的意义建构。同时，也出现了一些以数轴作为核心认知辅助工具的分数游戏，有助于实现对学校课堂教育的扩展与补充。

五、本章小结

通过对游戏化学习相关理论的分析与探讨，本章建构了游戏化学习体验框架，并结合理论对游戏化学习体验的内容与特征进行描述，同时基于理论分析了游戏化学习对认知和主体性发展的促进作用的原理。在综述的过程中，本章研究着重对基于认知神经科学的游戏化学习进行挖掘，极大地丰富了教育游戏设计的理论基础。在系统综述游戏化学习相关理论与研究的基础上，本章还从教育学、心理学、认知神经科学这三大维度，详细综述了分数学习的相关研究，以此作为分数游戏设计的内容设计和交互设计的研究基础。此外，本章还综述了游戏化分数学习的典型案例和研究。

第三章　分数游戏 Run Fraction 的设计开发

第二章对游戏化学习和分数学习进行了系统的理论梳理和研究综述，为分数游戏的设计奠定了理论基础。结合理论研究发现，本章首先对游戏化分数学习需求进行分析。首先对小学生的分数学习现状和教学现状进行调研，包括对300多名三、四、五年级小学生进行分数概念性知识认知水平的试点调研，以此了解小学生对分数概念性知识的现有掌握情况；以及基于学习科学的相关理论，对普及度较高的人教版和北师大版小学数学教材中的分数讲授性内容涉及的2C2个分数表征进行编码分析。对小学生分数概念性知识学习现状和分数教学现状的研究将为分数游戏的设计提供落脚点和切入点，让分数游戏的设计具有适切性。本章“二、分数游戏的总体设计”“三、分数游戏的认知内容设计”“四、分数游戏的游戏化元素设计”将详细介绍分数游戏 Run Fraction 的总体设计、认知内容设计和游戏化元素设计；“五、分数游戏的技术实现”介绍基于 Unity 3D 的游戏技术实现；“六、分数游戏应用效果的评价工具”依据本研究的理论框架，从认知体验和主体性两个维度，介绍游戏化分数学习成果方面的评估工具，对分数测试题的信度、区分度，以及问卷的信效度进行检验。

一、学习需求分析

（一）小学生分数概念性知识学习现状调研

分数概念性知识主要在三年级下学期进行讲授，复杂的分数计算知识在五年级下学期和六年级进行讲授。为调研正式学习分数前，儿童已有的分数概念性知识水平，本研究随机抽取了北京某公立小学三年级100名小学生进行分数概念性知识水平测试。同时，在四年级、五年级各随机抽取100名小学生，以此了解在接受正式分数教育后，儿童分数概念性知识的掌握情况。此次调研的主要目的是了解儿童基于日常生活体验获得分数概念性知识的程度、小学阶段儿童已掌握的分数概念性知识的结构与水平，进而确定分数游戏认知内容设计方面的学习需求。分数概念性知识水平测试题的题目共分为三类，即分数与图形（共15题）、分数与数轴（共15题）、分数比较大小（共17题）。具体的题目选择、信度、区分度在本章“六、分数游戏应用效果的评价工具”详细介绍。

1. 三年级小学生分数学习现状

如表3-1所示，在正式学习分数之前，三年级儿童分数与图形知识平均正确率高达47.47%，50%的学生在体现部分与整体知识的这类题目的分数大于7分，这表明儿童在正式接受分数教育前，对分数的部分与整体的含义已有一定程度的理解。这种理解可能基于儿童日常的生活体验，如过生日时与他人平分蛋糕、分糖果、切西瓜等。但在第二类题目分数与数轴中，平均正确率只有15%，且75%的儿童的分数低于4分。在第三类题目分数比较大小中，平均正确率也只有17%，75%的儿童的分数低于5分。而第二类题目和第三类题目主要衡量儿童的分数数值理解能力。依据三年级儿童在分数概念性知识能力测试中的表现，可以发现在正式学习分数之前，儿童已经基于生活中的平分体验，在一定程度上掌握了部分与整体这类知识；但儿童在分数的数值理解方面的正确率很低，需要一定的教育干预来帮助儿童学习分数的数值知识。

表3-1　三年级小学生在正式学习分数前的分数概念性知识水平描述统计

项目	分数与图形	分数与数轴	分数比较大小
N有效	100	100	100
均值	7.12	2.25	2.89
平均正确率	47.47%	15.00%	17.00%
中值	7	2	2
众数	10	0	0
标准差	3.690 77	2.221 91	2.715 07
方差	13.622	4.937	7.372
极小值	0	0	0
极大值	15	9	12
百分位数25	4	0	0.25
百分位数50	7	2	2
百分位数75	10	4	5

2. 四年级小学生分数学习现状

四年级儿童已经在三年级下学期接受了“分数的初步认识”这一单元的

课程学习，如表 3-2 所示，在分数与图形这类知识上（部分与整体），有非常优秀的表现，正确率高达 76.58%；但在分数与数轴、分数比较大小这两类题目中，正确率却很低。其中分数与数轴的正确率为 46.82%，分数比较大小的正确率更低，为 34.85%。这表明四年级小学生在三年级学习分数的基本概念性知识后（一年前），其部分与整体的知识水平依然保持得非常好，正确率很高；但分数的数值知识需要加强。四年级阶段，儿童的有理数知识认知范围进一步扩大，对于分数数值的理解将有助于儿童更好的理解小数、百分数和比例。

表 3-2　四年级小学生的分数概念性知识描述统计

项目	分数与图形	分数与数轴	分数比较大小
N 有效	100	100	100
均值	11.486 9	7.022 8	5.924 2
平均正确率	76.58%	46.82%	34.85%
中值	12	7	5
众数	12	7	4
标准差	2.546 41	3.309 39	3.553 42
方差	6.484	10.952	12.627
极小值	0	0	0
极大值	15	14	15
百分位数 25	11	5	3.25
百分位数 50	12	7	5
百分位数 75	13	9.75	8

3. 五年级小学生分数学习现状

五年级小学生在分数与图形的测试中的正确率已高达 86%，如表 3-3 所示，可见对此类型知识有非常充分的掌握。但与三年级和四年级学生的情况类似，五年级儿童的分数与数轴和分数比较大小题目的正确率都不高，这表明五年级儿童的分数数值理解水平有待提高。参与调研的五年级小学生即将学习分数的计算知识，而分数的概念性知识是程序性知识学习的基础，良好的分数数值理解将有助于儿童更好的学习分数的计算知识。

表 3-3　五年级小学生的分数概念性知识描述统计

项目	分数与图形	分数与数轴	分数比较大小
N 有效	100	100	100

（续）

项目	分数与图形	分数与数轴	分数比较大小
均值	12.898 5	7.846 4	8.648 1
平均正确率	85.99%	52.31%	50.87%
中值	13	8	8
众数	14	7	5
标准差	1.999 77	3.222 42	4.310 2
方差	3.999	10.384	18.578
极小值	2	1	1
极大值	15	15	17
百分位数 25	12	5	5
百分位数 50	13	8	8
百分位数 75	14.00	10.75	12.75

基于以上的数据结果，如图 3－1 所示，本研究发现在小学阶段，在正式接受分数教育之前，儿童已经能够基于日常的生活体验，对部分与整体这类分数概念性知识有一定水平的掌握，但分数数值理解能力水平较差。在正式学习分数的概念性知识以后，四、五年级儿童的部分与整体知识水平良好，但分数数值理解能力有待提高，数值理解能力将有助于儿童完成小数、百分数等有理数知识的学习，同时有助于提高儿童分数计算知识的正确率。针对儿童的分数学习现状，教育研究者和实践者应当重视儿童的分数数值理解能力，并进行教育干预设计。分数数值知识可以成为分数游戏促进儿童分数认知能力发展的切入点。

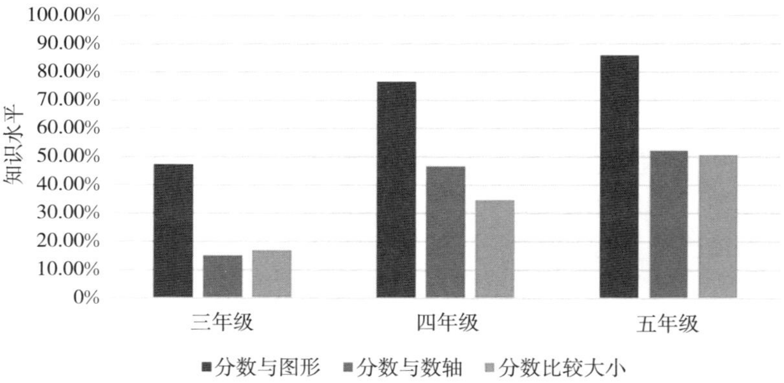

图 3－1　三、四、五年级儿童分数概念性知识水平调研结果

（二）基于教材分析的小学分数教学现状调研

本节的主要目的是研究分数概念性知识在小学阶段是如何教学的，进一步分析教学实践需求，为游戏的内容定位、模块内容设计提供参考，同时保障所设计的分数游戏能够应用于中国小学分数课堂教育及课外数学学习。

在我国，“数与代数”是义务教育阶段数学课程的四大学习领域之一（中华人民共和国教育部，2012），是学生发展数感、形成初步代数思想和进一步学习数学其他内容的重要前提（马云鹏，2012）。作为“数与代数”领域的重要学习内容，分数的学习被视作数学能力发展的里程碑（Booth et al.，2012），为日后有理数的学习奠定了基础（Ni et al.，2005）。

为系统地探究中国小学数学教材的分数概念性知识的呈现与讲授方式，本节聚焦于小学数学教材分数学习早期阶段的概念性知识单元的讲授性内容，首先以学习科学的跨学科视角，基于认知神经科学领域的数字三重编码模型、教育学领域的分数概念性知识理论以及心理学范畴的具身认知理论建构了编码体系；接下来，试图从分数编码表征、编码映射、概念性知识类型及呈现方式、实践操作这四个方面对两版小学数学教材的分数概念性知识教学性内容进行比较分析，共分析 202 个分数表征。

1. 研究内容与方法

（1）教科书选取与研究内容

本研究选取了在全国范围颇具影响力的北师大版和人教版小学教科书，两版小学教科书都根据《义务教育数学课程标准（2011 年版）》进行了全面修订。其中，北师大版《义务教育教科书·数学》，又称《新世纪小学数学教科书（第 4 版）》由北京师范大学出版发行（张丹 等，2013）；人教版《义务教育教科书·数学》由人民教育出版社课程教材研究所小学数学课程教材研究开发中心编著（人民教育出版社课程教材研究所小学数学课程教材研究开发中心，2012）。

为了确定两个版本教材的具体研究单元，本节首先依据 Geary 的数学知识类型，区分了分数的概念性知识和程序性知识（Fuchs et al.，2013）。分数概念性知识指的是分数的符号表征以及对符号与数值含义的理解，程序性知识是指分数的各类运算，概念性知识是程序性知识学习的基础（Hansen et al.，2015）。在分数的概念性知识方面，《义务教育数学课程标准（2011 年版）》共提出三类内容标准，包括认识分数、分数的意义和比较分数的大小，如表 3－4 所示（北京教育科学研究院基础教育教学研究中心，2017）。

表 3-4 《义务教育数学课程标准（2011 年版）》分数概念性知识内容标准

课程内容	内容标准
认识分数	初步认识几分之一和几分之几，会读、写简单的分数，知道分数的各部分名称。 能够从现实生活中抽象出数，并进行简单的交流
分数的意义	理解分数的意义，认识分数单元和单位“1” 理解分数与除法的关系
比较分数的大小	能比较分数的大小

依据《义务教育数学课程标准（2011 年版）》，北师大版教材在三年级下册的第六章“认识分数”进行分数概念性知识的学习，该章节由四个模块组成，包括分一分（一）、分一分（二）、比大小、吃西瓜。人教版教材在三年级上册第八章“分数的初步认识”讲授分数概念性知识，共由三个模块组成，包括分数的初步认识、分数的简单计算、分数的简单应用。虽然两版教科书在内容名称和顺序安排上有所不同，但内含的核心知识点一致，包括分子为 1 的分数的认识、分子不为 1 的分数的认识、分数大小比较以及分数的简单计算，如表 3-5 所示。由于本节研究主要关注两版教科书分数概念性知识的呈现与教学方式，因此只选取涉及前三个知识点的讲授性内容，同时在范围上排除了用于课上或课后练习的练习性内容。设定教材的内容范围后，本节研究以每一个分数表征为研究单位，共分析北师大版 82 个分数表征，人教版 120 个分数表征。

表 3-5 两版教科书分数概念性知识单元介绍

版本	模块名称	知识点	知识性质	选取
北师大版 认识分数	分一分（一）	分子为 1 的分数的认识	概念性知识	是
	分一分（二）	分子不为 1 的分数的认识	概念性知识	是
	比大小	分数大小比较	概念性知识	是
	吃西瓜	分数简单计算	程序性知识	否
人教版 分数的初步认识	分数的初步认识	分子为 1 的分数的认识	概念性知识	是
		分子不为 1 的分数的认识	概念性知识	是
		分数大小比较	概念性知识	是
	分数的简单计算	分数简单计算	程序性知识	否
	分数的简单应用	分子为 1 的分数应用	概念性知识	是
		分子不为 1 的分数应用	概念性知识	是
		分数简单计算	程序性知识	否

注：分子为 1 的分数的认识和分子不为 1 的分数的认识在内容上略有少量重叠。

（2）基于学习科学的教材编码体系设计

为了对教材中分数概念性知识的讲授性内容进行有效编码，首先依据研究目的，以跨学科视角，回顾了学习科学视域下与分数研究有关的相关理论，包括认知神经科学领域的数字的三重编码理论、教育学领域的分数概念性知识理论以及心理学领域的具身认知理论。并依据这三大理论进行教材编码体系的设计。

①理论基础。神经科学领域的三重编码模型：法国著名的脑与认知科学家 Stanislas Dehaene 基于在数学认知和脑神经机制的研究积累，提出了解释人脑进行数字加工的三重编码模型（Triple-code Model，简称 TCM），该理论在数学认知领域被广为接受。依据三重编码模型，人脑在进行数量加工时会使用三种不同功能的编码对数量进行表征，包括模拟数量编码（analog magnitude code）、听觉言语编码（auditory verbal code）、视觉阿拉伯数字编码（visual Arabic code）（尚俊杰 等，2017）。模拟数量编码是指数量的抽象表征，包括在心理数轴上对数值的表征，其加工主要涉及人脑的双侧下顶叶区域（Stanescu-Cosson et al.，2000），在心理学实验中，经常以图形方式表示模拟数量编码（Plodowski et al.，2003）；听觉言语编码是对数词的加工，如“二分之一”，主要涉及大脑左外侧裂周区、左侧基底神经节以及丘脑核（Skagenholt et al.，2018）；视觉阿拉伯数字编码是指以阿拉伯数字的形式进行表征，如“1/2”，涉及腹侧视觉通路的腹侧枕颞区（Hannagan et al.，2015）。三重编码理论对数字编码类型进行划分，有助于理解教材中的分数表征方式。依据该理论，分数表征可分为三类：第一类是表征分数概念的图形，如带有阴影的图形（模拟数量编码）；第二类是分数文字，如“二分之一”（听觉言语编码）；第三类是分数数字，如“1/2、1/3”（视觉阿拉伯数字编码）。

在编码表征划分的基础上，三重编码理论认为三种编码之间存在相互映射关系。第一类为模拟数量编码与听觉言语编码的映射，例如月饼的一半表示的是“二分之一”；第二类为模拟数量编码与阿拉伯数字编码的映射，例如月饼的一半可以表示成“1/2”；第三类为听觉言语编码与阿拉伯数字编码的映射，例如“二分之一”写作“1/2”。同时，映射关系具有双向性，例如月饼的一半可以用“二分之一”表示，“二分之一”也可以用月饼的一半表示。北师大版和人教版教材的分数概念性知识单元不但涉及了分数的三类编码表征，同时重视了三种编码之间的相互映射关系。

领域的分数概念性知识理论：分数符号具有多种含义，在分数学习的早期阶段，分数概念有两种主要的解释方式（Hecht et al.，2003）。第一种解释理论是指分数可以表示整体的一部分，即部分与整体的关系，对这类含义的理解是理解分数其他含义的基础（Charalambous et al.，2007）。例如，儿童需要理解一个物体的一部分或多个部分（一个比萨的两片或五片），或者是一组物体中的子集（五个比萨的两个）。这类理解通常是自发的，儿童在幼儿园阶段就有与人分享的经历（Mix et al.，1999）。第二种理论是测量解释（measurement interpretation），是指对分数数值大小的心理反应，主要强调数字表达、比较、排序以及将分数与数轴上的点进行对应（Hech，1998；Hecht et al.，2010），数轴在辅助分数的数值知识建构方面有广泛的应用（Siegler et al.，2011；Booth et al.，2006）。依据测量解释的知识，儿童能够意识到当分母变大时，分数的值会变小（Fuchs et al.，2014）。

依据分数概念性知识理论对于分数含义表达的划分，总体来看，北师大版和人教版教材的分数概念性知识单元都以分数的部分与整体含义的教学为主，呈现方式包括带有阴影的各类独立图形、实物、集合图形的一部分，以及与之对应的文字和数字。人教版教材中也出现了具有数轴意象的线段和条形图，这类表征不但表示了部分与整体的关系含义，也和数轴有类似之处。

心理学领域的具身认知理论：第一代认知科学认为大脑皮层抽象推理的功能独立于人的身体；第二代认知科学以精神和身体、思维和行为、理性和感觉之间紧密的交互作用为特征，尤其重视“身体”本身在认知科学研究中的重要地位（韦宏霞，2010）。第二代认知科学倡导“具身的”“情境的”“发展的”和“动力学”的观念。法国身体现象学的代表人物梅洛·庞蒂（Merleau-Ponty）在《知觉现象学》一书中提出了具身哲学的思想。从知觉现象学的角度，身体的知觉是行为产生的基础，我们关于世界的认识是通过身体这一中介实现的，头脑、身体与所处的世界是不可分离的，强调认知、身体与环境的动态统一（王靖 等，2012）。具身学习将人看作是一个能够感知、进行感知、有行动能思考的整体，能够了解我们自己以及周围的世界，而不是一种抽象的物体或是工具（Stolz，2015）。具身认知理论强调了认知过程中的身体参与，认为肢体体验也是认知体验的重要内容，和学习内容有关的身体体验有助于学习内容的理解。在分数概念性知识的教学中，北师大版和人教版教材都有学生动手进行实践操作的内容，例如将图形的一部分涂色，再用分数数字表示出来。

②编码体系设计。依据上述的三重编码理论、分数概念性知识理论和具身认知理论，以“类属-属性-维度”的三级编码方法建立了分数概念性知识讲授性教材内容的编码体系，如表 3 - 6 所示。在数字编码方面，首先确定了编码表征和编码映射关系这两类属性，进而确定编码表征具体类型和具体映射关系。在分数的概念性知识方面，围绕着“部分与整体”“测量解释”这两类知识范畴，具体确定了独立图形、集合图形、分数文字等六个维度。在实践操作方面，根据分数表征是否具有实践操作性确定了两个维度。

表 3-6　基于学习科学相关理论的分数概念性知识教材编码体系

类属	属性	维度	编码描述
数字的三重编码	三类编码	模拟数量编码（简称：模拟）	表示分数概念的图形表征，如带有阴影的三角形、圆形、四边形
		听觉言语编码（简称：言语）	文字形式的分数表征，如“二分之一”“四分之一”
		视觉阿拉伯数字编码（简称：数字）	数字形式的分数表征，如“1/2、1/3”
	编码映射关系	模拟-言语	图形与分数文字的相互映射，如月饼的一半可以用“二分之一”表示
		模拟-数字	图形与分数数字的相互映射，如月饼的一半可以用“1/2”表示
		言语-数字	分数文字与分数数字的相互映射，如“四分之一”写作“1/4”
分数概念性知识	部分与整体	独立图形	表示分数“部分与整体”含义的各类图形，如三角形、圆形、四边形
		独立实物	表示分数“部分与整体”含义的各类实物，如月饼
		集合图形	表示分数“部分与整体”含义的集合图形，如多个图形集合、实物集合
		分数文字（简称：文字）	表示分数“部分与整体”含义的分数文字，如表示圆形一半的“二分之一”
		分数数字（简称：数字）	表示分数“部分与整体”含义的分数数字，如表示圆形一半的“1/2”
	测量解释	数轴意象（简称：数轴）	与数轴类似，可以用作表示分数数值的长条图、线段
具身认知	实践操作	动手实践（简称：操作）	可以进行涂色、剪纸操作的分数表征，如用于“涂出图形的 1/2”的图形
		无动手实践（简称：无操作）	不能够进行涂色、剪纸操作的分数表征，如已呈现 1/2 的阴影圆形

2. 结果分析

利用上述编码体系，本研究对北师大版（82 个分数表征）和人教版（120 个分数表征）教材分数概念性知识单元的讲授性内容分别进行编码，并将所有分数表征划归到三个知识点单元，即分子为 1 的分数认识、分子不为 1 的分数认识、分数大小比较。接下来，本研究从编码表征、编码映射、分数概念性知识类型及呈现方式、实践操作这四个方面分析两版教材的分数概念性知识的讲授方式。

(1) 编码表征

在编码表征方面，两版教科书有较为明显的一致性。北师大版教材的模拟数量编码表征共计 35 个，听觉言语编码表征 2 个，视觉阿拉伯数字编码 45 个；人教版教材的模拟数量编码表征共计 49 个，听觉言语编码表征 4 个，视觉阿拉伯数字编码表征 67 个。如图 3－2、图 3－3 所示，在知识点分子为 1 的分数认识的讲授性内容中，两版教科书都呈现了三种编码表征，虽然人教版教材中有更多数量的听觉言语编码表征，但总体比例基本一致。这说明在第一个知识点的教学中，两版教材重视了数学语汇的丰富性，对分数进行了多元的表征呈现。在知识点分子不为 1 的分数认识和分数大小比较，两版教科书都以模拟数量编码和视觉阿拉伯数字编码表征为主，阿拉伯数字表征的比例较先前知识点有所提高，这表明两版教科书都重视了数学的符号化过程。数学符号意识是义务教育阶段数学教学的重要概念（李艳琴 等，2016）。总体来看，两版教科书在三种编码表征的比例上具有高度一致性：在表征呈现上，以表示分数的图形和数字为主，分数文字较少。

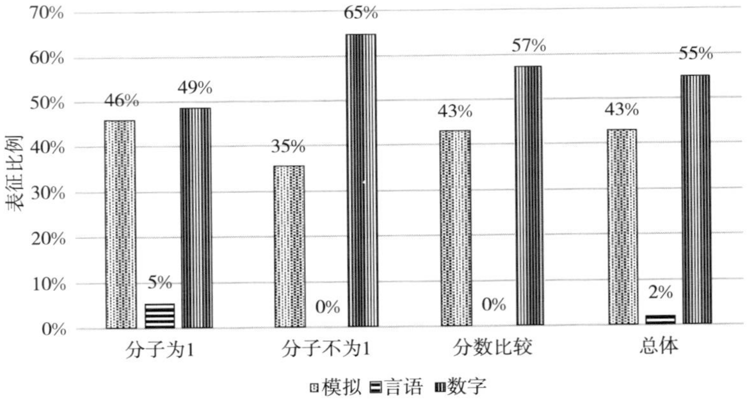

图 3－2　北师大版教材编码表征比例构成

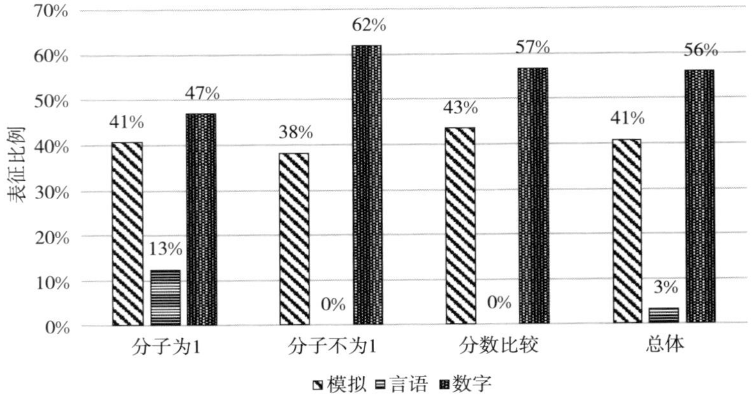

图 3－3　人教版教材编码表征比例构成

（2）编码映射

在编码映射方面，两版教材也具有较为明显的一致性，但也显示出一定的差异性。北师大版教材的分数表征共表现出 73 次编码映射（模拟-言语 3 次，模拟-数字 65 次，言语-数字 5 次），如图 3－4 所示；人教版教材的分数表征共表现出 122 次编码映射（模拟-言语 7 次，模拟-数字 107 次，言语-数字 8 次），如图 3－5 所示。在第一个知识点分子为 1 的知识内容呈现上，相较于北师大版教材，人教版分数表征的映射关系更加均衡，这表明人教版教材更加注重在分数概念性知识学习的起始阶段，介绍分数表征之间的相互关系。在第二个和第三个知识点的内容呈现上，模拟数量编码和阿拉伯数字编码的映射关系是两版教科书的主要内容。这说明两版教科书在此阶段，都十分注重“数形结

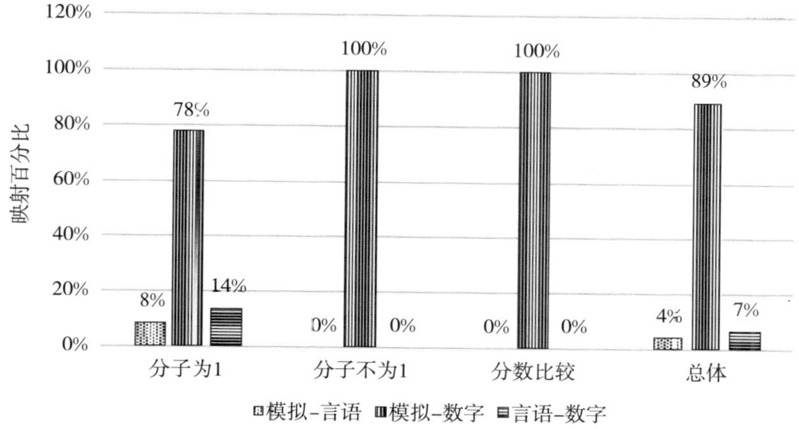

图 3－4　北师大版教材编码映射百分比

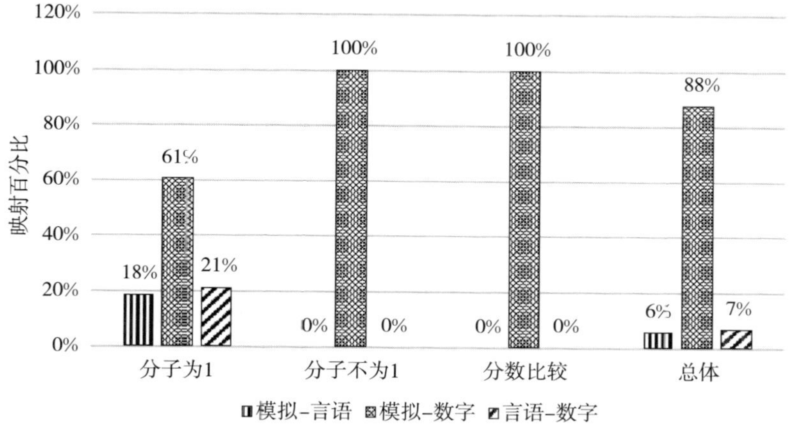

图 3－5　人教版教材编码映射百分比

合”的学习方法，表示分数的图形和分数数字的对应是映射关系教学的全部内容。总体来看，两版教科书在三种映射关系上的比例关系具有明显的一致性。

(3) 分数概念性知识类型及呈现方式

在分数概念性知识的类型与呈现方面，相比北师大版教材，人教版最为突出的特点就是在以部分与整体关系教学为主的基础上，引入了具有数轴意象的长条图形和线段图，同时呈现方式较为多元。如表 3-7 所示，在北师大版教材中，共有 66 个分数表征呈现了分数部分与整体的关系含义，主要以独立图形和数字为主。如表 3-8 所示，人教版教材共有 107 个分数表征呈现了分数部分与整体的关系含义，7 个分数表征具有数轴意象，有助于呈现分数测量解释知识。同时，虽然两版教科书都以独立图形和数字的方式为主呈现分数概念性知识，但北师大版共有四类呈现方式，人教版则有六类呈现方式。

表 3-7　北师大版概念性知识类型及呈现方式

类属	属性	维度	分数表征（个）			小计	比例	合计（个）	比例
			分子为 1	分子不为 1	分数比较				
分数的概念性知识	部分与整体	独立图形	17	2	12	31	47%	66	100%
		独立实物	0	0	0	0	0%		
		集合图形	0	4	0	4	6%		
		文字	1	1	0	2	3%		
		数字	11	10	8	29	44%		
	测量解释	数轴	0	0	0	0	0%	0	0%

表 3-8　人教版概念性知识类型及呈现方式

类属	属性	维度	分数表征（个）			小计	比例	合计（个）	比例
			分子为 1	分子不为 1	分数比较				
分数的概念性知识	部分与整体	独立图形	10	10	15	35	31%	107	94%
		独立实物	2	1	2	5	4%		
		集合图形	1	5	0	6	5%		
		文字	3	2	0	5	4%		
		数字	10	20	26	56	50%		
	测量解释	数轴	0	1	6	7	6%	7	6%

(4) 实践操作

在分数表征的实践性方面，两版教科书也有较大差异，北师大版教材内容更加注重实践操作。北师大版教材 33%的分数表征具有可操作性，即学生可以在教科书上进行图形的涂色，以辅助分数含义的理解。人教版教材只有 4% 的分数表征具有可操作性。如图 3-6 所示，北师大版教材三个知识点讲授性内容的可操作性的分数表征比例都高于人教版，北师大版教材中有 27 个可操作性分数表征，而人教版教材只有 5 个可操作性分数表征。这表明在这一单元中，相较于人教版教材，北师大版教材更注重教学过程中的动手实践，给予学生更多进行具身学习的机会。虽然人教版教材可操作性分数表征的数量和比例都较低，但人教版教材中有大量数字填空任务，需要学生进行填写。

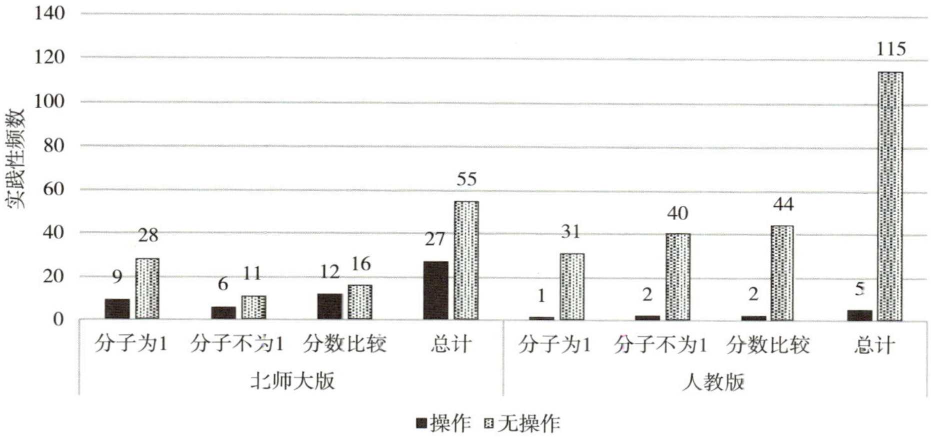

图 3-6　两版教科书分数表征的实践性频数统计

3. 结果讨论

（1）分数表征

分数概念性知识在整个小学义务教育阶段的数学学习过程中，具有无可替代的重要性，它标志着学生将由自然数的学习过渡到整个有理数的学习，是学生日后学习小数、百分数的基础。认识分数的符号、能够使用分数符号是教材分数概念性知识单元的重要目标。数学教学的目标之一就是培养学生感悟和使用符号的能力（朱立明 等，2018）。实际上，认识分数的符号、理解平均分的概念是知识点分子为 1 的分数认识的教学核心。在这一知识点的学习过程中，儿童需要意识到分数表征与整数表征的不同。研究表明，如果学生不能熟悉并理解分数的符号含义，将有可能将分数看作两个不相关的整数组合，此现象被称作整数偏见。这种偏见会阻碍学生理解整数的可分解性，否认 0～1 之间数字的存在（Ni et al.，2005）。

在分数符号的教学方面，两版教科书都在第一个知识点分子为 1 的分数认识讲授性内容中呈现了大量分数表征，其中北师大版 37 个，人教版 32 个，并呈现了图形表征、文字表征和数字表征。基于前文的数据分析，从单元总体看，虽然在三种表征的比例上，两版教科书以数字表征为主，辅以图形表征，文字表征较少，但数学的符号化过程是学生从具体到抽象表达的跨越，这也是数学思维发展的基础（李艳琴 等，2016）。因此两版教科书在分数概念性知识单元，都非常注重分数数字符号的教学，同时兼顾了分数的多重表征。

依据三重编码模型理论，编码间的对应关系也是发展数感的重要方面。在分数的编码映射关系方面，人教版教材在第一个知识点分子为1的分数的认识的三种映射比例较北师大版更加平衡。但两版教材的单元总体都以图形的模拟数量编码与分数阿拉伯数字编码的相互映射为主（北师大版89%，人教版88%）。这反映了两版教科书都以“数形结合”的思想进行分数概念性知识的教学。借助具有分数含义的图形帮助学生理解分数部分与整体的关系含义。两版教科书都是在小学三年级进行分数概念性知识的教学，具体图形有助于理解抽象的分数符号。

(2) 分数概念性含义

在符号表征学习的基础上，理解分数的概念性含义则是分数概念性知识教学的主体。分数的概念理解也会直接影响学生日后的分数运算能力（Siegler et al.，2014）。一项研究发现，在分数概念性知识中存在学习障碍的学生会有很大可能在分数运算中遇到困难（Hansen et al.，2015）。依据前文所述，分数的概念性知识主要有两种重要的解释方式，一种是“部分与整体”的关系，另一种是强调数值理解的测量解释。对于部分与整体关系的教学几乎是两版教科书在这一单元的全部内容。对于部分与整体关系的理解是理解分数其他含义的基础，儿童也能够在日常生活中获得相关体验，因此在这一单元进行部分与整体关系的教学是必要的。相较于北师大版教材，人教版教材对于部分与整体关系的呈现形式更加多元，这可能是因为人教版的表征数量较多。

(3) 实践操作

依据前文所述的具身认知理论，身体体验也是认知过程的重要内容，适当的实践操作也有助于知识的理解。目前，在分数概念性知识的讲授内容中，教材所提供的主要实践操作方式是与数字对应的图形涂色、剪纸。相较于北师大版教材，人教版在分数概念性知识讲授性内容的可操作性表征不多。可能原因是人教版教材的分数表征较多，设置太多的操作性内容会影响教学进度。

4. 对分数游戏设计的启发

(1) 内容启发——引入数轴，促进分数数值知识学习

在分数概念性知识理论中，测量解释强调了分数数值理解的重要性。分数的数值理解是数学能力发展的重要里程碑，是学生数学代数学习的基础门槛。卡耐基梅隆大学的Siegler教授曾提出数字发展的整合理论（Integrated

Theory of Numerical Development），该理论认为数字发展是数字认知范围不断扩大的过程，儿童需要建立数字与数值的对应关系，理解实数的数值含义，并能够将实数分配到数轴上特定的点（Siegler et al.，2014）。借助数轴理解数字的数值含义也得到了认知神经科学领域的研究支持。

相较于对部分与整体关系的理解，测量解释并不是自发性的，学生需要一定的指导来理解分数符号的含义、分数分母与值的相反性（分母越大，分数数值越小），以及在给定区间内分数的无限性（Fuchs et al.，2013）。Geary 认为分数的测量解释是促进学生分数知识发展的关键机制（Geary et al.，2008）。美国数学教育顾问委员会（NMAP：National Mathematics Advisory Panel）认为测量解释是促进分数知识发展的关键机制，并号召分数的教学应该以此为方向（NMAP，2008）。虽然数轴不是小学数学教学的课标内容，人教版教材已出现具有数轴意象的分数表征，如长条图形、线段图，但依然没有完全呈现数轴上数字从左到右依次增加的性质。

本章"（一）小学生分数概念性知识学习现状调研"儿童的分数概念性知识学习现状调研发现，在正式学习分数的概念性知识以前，就已经在一定程度上掌握了部分与整体知识，完成正式学习之后，部分与整体知识的正确率提高，但数值理解知识的正确率依然较低。本节进行的教材分析研究发现，数学教材对部分与整体知识进行了充分教学，这类知识是分数概念性知识单元的绝对主体。因此，分数游戏的内容设计可以关注分数的数值理解，引入数轴的认知方式，以此补充教材内容，这将有助于学生日后分数的估算和计算能力的发展，发展学生在分数方面的数感。

（2）技术启发——开发分数游戏，丰富学习体验

信息技术的发展与普及为基于技术的学习带来更多可能，也为在课堂上进行具身体验创造更多机会。在分数概念性知识的教学单元，学生需要进行相应的实践操作以深入理解分数的含义。目前，教材所提供的主要实践操作方式是涂色和剪纸。电子游戏不但可以提高实践操作效率，还可以丰富儿童的学习体验，成为课堂教学内容的补充。此外，分数学习是小学数学学习阶段的重要分水岭，需要一定的教育干预以提高数学学习动机，减少负面情绪对于学习的干扰。

本节研究以学习科学的跨学科视角，基于认知神经科学、教育学、心理学领域的相关理论建构了分数概念性知识讲授性内容的教材编码体系，从编码表征、编码映射、分数概念性知识类型与呈现方式、实践操作这四个方面对两版教材的相关内容进行分析。结果发现两版教材都重视了分数符号的教学，以数形结合的方式开展教学；分数部分与整体关系是分数概念性知识教学的主体，两版教科书都还没有重视强调分数数值的测量解释知识的教学，但人教版教材已出现具有数轴意象的图形；两版教科书在内容的实践操作方面也有较大的不同，北师大版教材有更多可操作性内容。本节对小学教材概念性知识单元进行内容分析，主要明确了教材的分数概念性知识讲授方式和内容比例，并确定了教学实践领域的分数学习干预的需求，为下文分数游戏的设计定位和内容模块设置提供参考。

二、分数游戏的总体设计

前文第一章、第二章已从理论角度明确了分数概念性知识学习的重要意义，即分数学习是儿童数学发展的里程碑；第三章“一、学习需求分析”从实践角度明确了游戏化学习干预的学习需求。本节将针对数学教学实践的核心问题，采用设计开发法，进行分数游戏 Run Fraction 的设计开发。首先明确了游戏的设计定位，依据第二章建构的游戏化学习体验框架，在认知体验和主体性体验两个维度确定了分数的设计体系。在认知体验维度，依据分数学习相关理论，进行游戏的认知内容设计；在主体性体验维度，依据游戏化学习相关理论，进行游戏化元素的设计。并围绕认知体验和主体性体验两个维度，设计了游戏化学习的评估体系，如图 3－7 所示。

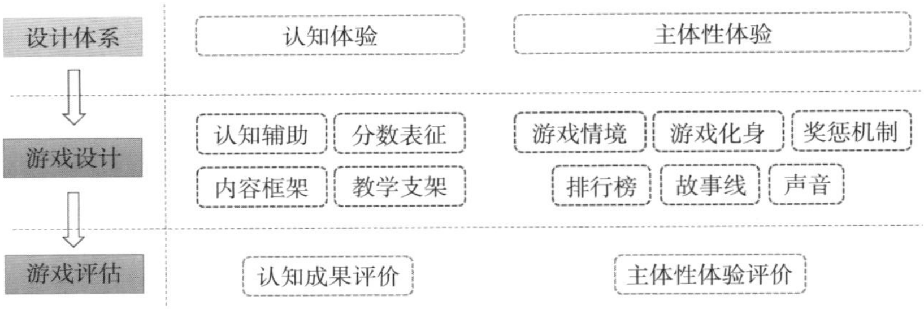

图 3－7　分数游戏 Run Fraction 的设计与评估体系

（一）游戏的设计定位

1. 核心内容定位：侧重分数数值理解的概念性知识

（1）目标领域：分数的概念性知识

依据教育学和心理学领域对分数认知发展的研究，分数的概念性知识主要指对分数含义的理解，是程序性知识学习的基础。在自然数学习阶段，儿童可以借助诸多生活体验理解自然数的含义。而分数的含义较为抽象，虽然儿童在幼儿园阶段就已经有平分的生活体验，但由于分数含义的复杂性，全面理解分数的含义需要儿童具有一定的抽象思维能力。因此在分数学习的初始阶段，需要一定的教学辅助，帮助儿童尽快理解分数的符号含义，并克服整数偏见的影响。

根据对中国小学数学教材的调研，分数的概念性知识在三年级讲授，在高年级阶段学习分数的各类运算及应用分数知识解决问题。因此，三年级是打好分数学习基础、培养分数能力的关键时期。倘若儿童在三年级时，不能很好地掌握分数概念性知识，同时由于分数学习的困难性引发学习兴趣的下降，这将会严重影响儿童有理数认知水平的提高，以及数学兴趣动机的发展。四年级是全面学习有理数含义的关键阶段，分数概念性知识的理解不仅有助于儿童理解分数、小数和比例，还为五年级分数计算知识的学习打下基础。五年级分数概念性知识的巩固也有助于儿童学习分数的计算知识。因此，本研究希望在儿童数学发展的关键期，借助电子游戏的技术手段，以游戏化学习的方式帮助儿童深入理解分数概念性知识，发展儿童的数学学习兴趣。

（2）目标知识：测量解释（数值知识）

在分数的概念性知识范畴内，两大核心的分数含义是部分与整体以及测量解释。部分与整体的概念是儿童分数学习的基础。依据本研究“一、学习需求分析”对小学生概念性知识学习现状的调研，可以发现三年级儿童在正式学习分数的概念性知识单元以前，就已经能够对分数部分与整体的概念有一定的掌握，学习完分数概念性知识单元的四、五年级学生在部分与整体知识的答题方面正确率很高。在前文对于小学数学教材中的分数概念性知识讲授内容的调研中，可以发现，部分与整体内容几乎是小学数学教材的分数概念性知识的全部教学内容，北师大版和人教版教材都以“数形结合”的教学方式进行概念性知识的讲授。

依据教育学与心理学的相关理论与研究，发现部分与整体是分数学习的基础，而强调分数数值理解的测量解释知识则是分数概念性知识学习的关键。而在认知神经科学领域，相关的脑科学研究发现分数是以数值概念在人脑中进行表征。虽然在行为上，分数的成分加工模式和整体加工模式都有体现，但是只有分数的整体距离能够调节顶内沟的激活，而顶内沟被认为是大脑产生数感的核心区域。在前文对小学生分数学习现状的调研中，发现三、四、五年级儿童在测量解释方面的正确率远低于部分与整体。同时，通过对教材内容的分析，可以发现小学数学教材尚未重视测量解释知识的教学。

基于教育学、心理学、认知神经科学领域对分数数值理解知识的强调，结合小学生在测量解释知识方面较差的成绩表现，以及小学数学教材对部分与整体知识的充分教学，本研究确定以分数概念性知识中的测量解释知识作为游戏的核心目标教学内容，以加深儿童分数概念性知识理解的深度。

（3）核心认知辅助工具：数轴

在确定分数游戏的目标领域、目标内容之后，还需进一步确定游戏的核心认知辅助方式。数字发展的整合理论认为，在儿童数字发展的过程中，儿童需要逐渐建立数字与数值的对应关系，理解实数的数值含义，并将数字分配到数轴上特定的点上。诸多研究表明，儿童的数轴估算能力能够预测分数概念性知识能力。依据认知心理学家提供的心理数轴模型，儿童需要意识到阿拉伯数字和数词从左到右依次增长，每一个数字都比前一个数字多一个数量（Bruer，2008）。美国国家核心课程标准建议应当从三年级开始引入数轴，以帮助儿童理解分数（Common Core State Standards for Mathematics，2010）。国际上，也有学习科学领域的学者尝试使用数轴帮助儿童学习分数数值知识。因此，本研究决定使用数轴作为分数游戏的核心认知辅助工具，进行分数数值知识的理解。

（4）内容标准：匹配教材

虽然国外已有几款设计优良的分数游戏，以数轴作为核心认知辅助工具，帮助儿童学习分数概念性知识，但由于与我国小学数学教材的讲授内容与进度安排不一致，因此无法被应用于小学数学课堂中。为了与我国课程标准以及教材进度进行匹配，本研究确定将游戏内容模块与教材进度进行匹配，以保障游戏能够在课堂内外使用。具体做法包括：第一，从模块设置上，将子模块目标与课标知识点进行匹配；第二，在分数概念性知识方面，兼顾教材强调的部分与整体，也注重测量解释知识的学习；第三，在分数表征比例的设置上，参考教材的分数表征比例。

2. 游戏使用定位：注重意义建构的练习游戏

（1）辅助教学，而并非替代教学

教育游戏在设计之初，需要明确游戏的使用目的。虽然游戏化学习具有诸多优势，也能够实现一定的教育目的，但课堂教学、教师指导依然具有无法替代的优势。同时，必须肯定课堂教学对“部分与整体”的教学内容是非常必要和有效的，是理解分数含义的基础。因此，在游戏使用定位方面，本研究的游戏设计旨在辅助教育教学，让游戏化分数学习成为课堂教学之外的补充，而并非替代教学。即本研究设计的分数游戏 Run Fraction 仅作为一款注重数学意义建构的练习游戏，作为教师课堂教学的补充在课内或课后进行使用。

（2）使用场景

除了设定游戏的教学辅助功能外，还需确定游戏的使用场景。分数游戏 Run Fraction 的使用场景包括学校课堂授课过程，以及课外学习（如第二课堂自主探究）。首先，游戏化学习与课堂教学进行整合已经成为一种趋势，但能够适用于课堂教学的优质的游戏化产品较少，这极大地限制了游戏化学习与课堂教学的整合，因此希望本研究所设计的分数游戏能够应用于分数学习的课程教学中，成为课堂学习的补充。其次，随着移动设备的普及、寓教于乐理念的广泛认同，课外学习、非正式学习也是游戏化学习的重要应用领域。此类应用的目的包括巩固课堂教学知识、丰富知识建构、提升认知水平、培养学习兴趣。因此，本研究希望所设计的游戏也能够应用于课外学习场景中，如第二课堂自主探究、家庭场景中的学习。

（二）游戏的设计体系

本研究第二章依据游戏化学习相关理论所建构的游戏化学习体验框架，即游戏化学习体验可以包含三个类型，即基于情境的认知体验，基于动机的主体性体验，以及基于协作的社会性体验。前两类学习体验是游戏化学习体验的主阵地，此外，一些教育游戏侧重于开展大规模的体验式、协作式的探究学习，基于协作的社会性体验是这类游戏的重要内容。由于本研究的游戏设计目标主要是提高儿童的分数认知水平和优化情绪、动机等主体性体验，因此本研究确定游戏的设计体系主要涵盖两个范畴，一类是基于情境的认知体验，另一类是基于动机的主体性体验。

基于情境的认知体验设计的主要目标是提高儿童的分数概念性知识认知水平，提高儿童在分数概念性知识方面的学业成绩，即保障游戏的科学性和有效性。围绕此目标，游戏设计主要围绕以下四个方面开展：认知辅助工具设计、分数表征的比例设计、游戏的内容框架设计和教学支架设计。

认知辅助工具设计主要针对游戏为学习者提供的认知辅助，帮助学习者顺利完成某类知识的学习。认知辅助工具是游戏设计的核心，直接决定了认知内容的科学性。本研究中的分数游戏的认知辅助工具主要来源于第二章对分数认知的相关理论的研究。分数表征的比例设计主要是依据人脑数字加工的三重编码模型以及教材中的分数表征比例，主要目的是保障分数表征内容的合理性，并尽可能匹配教材的内容特点。例如教材主要的编码映射方式是模拟数量编码和视觉阿拉伯数字编码，即“数形结合”的方式，因此游戏的分数表征也应当侧重于以模拟数量编码和视觉阿拉伯数字编码的呈现。游戏的内容框架设计主要是指依据教材涉及的核心知识点，进行游戏内容模块的设计，其主要目的依然是匹配教材，让游戏能够应用于分数的课堂教育中。此部分的设计依据主要来源于本章前文“（二）基于教材分析的小学分数教学现状调研”的教材分析以及第二章讨论的儿童数字发展的整合理论。由于游戏化学习方式属于儿童的自主探究，没有教师的干预辅导因素，为了保障儿童能够进行有效的自主探究，游戏还需要为学习者提供一定的教学支架，以此提高反馈质量，激发儿童调整认知策略，同时有助于元认知能力的发展。

基于动机的主体性体验的设计目标是优化儿童在学习过程中的情绪体

验，借助游戏化学习的方式，最终降低儿童的数学学习焦虑感、提高动机和自我效能感，即让游戏设计得更加有趣、有意义。围绕此目标，游戏设计主要从以下五个方面展开：游戏情境设计、游戏化身设计、排行榜设计、故事线设计、声音设计。游戏情境设计的主要目的是创造沉浸式的学习体验情境，同时情境设计必须服务于认知辅助工具的设计。游戏化身的主要设计目的是增加儿童的游戏参与感和投入感，以游戏化身作为媒介，完成学习者与游戏情境的交互，同时游戏化身的设计需要依据游戏化学习的相关理论。排行榜设计的主要目标是为学习者提供多元的奖励积分机制，以满足儿童在游戏中的情感诉求。声音设计主要依据多媒体学习理论，以视听的双重刺激调动学习者情绪和认知投入。

三、分数游戏的认知内容设计

（一）认知辅助工具设计

依据第二章“三、分数学习的理论研究”中，对于教育学、心理学和认知神经科学领域在分数认知方面的相关理论与研究，以及近年来美国国家课程标准对引入数轴教学的呼吁，本研究以数轴作为核心认知辅助工具。接下来，结合第二章“二、游戏化理论研究”对游戏化学习的认知体验涉及的具身认知理论，进行数轴的设计。分数认知理论和具身认知理论是认知辅助工具设计的主要理论依据，其中分数认知理论提供设计基础，具身认知理论提供认知辅助工具的交互方式。

在具身认知领域，认知神经科学的研究者在人脑的前运动皮质、运动辅助区、顶叶下皮质发现了镜像神经元。镜像神经元是指动物在执行某个行为或观察其他个体执行同一行为时都会激活的神经元。虽然个体自己没有进行某一行为，但“镜像”其他个体的行为就能够引发镜像神经元的激活。那么如何利用具身认知方式来进行认知辅助工具的设计?

在游戏中，设置数轴的核心目的是让学生掌握数量大小的方向感，左边的数比右边的数小，越往右数字越大。因此，数轴的左右方向需要与游戏化身的左右手方向、玩家的左右手方向一致，才能够实现玩家通过操作与自己形成镜像的化身，实现数轴左右方向的移动。做到这一点，就有两个基本需求：第一，玩家操作的游戏化身的左右手方向必须与玩家的左右手方向一致；第二，数轴必须有足够的操作空间，以便玩家进行数轴方向的尝试，并通过多次的移动操作加强数轴的方向感。

为满足这两个需求，本研究设定数轴的呈现方式是“数轴墙”，即让数轴显示在一堵障碍墙上，游戏化身能够直接面对数轴墙，形成三个平行平面，即学习者平面、游戏化身平面和数轴墙平面，以此确保玩家、化身、数轴墙的左右方向的一致性，如图 3－8所示。学习者借助游戏化身进行游戏参与，游戏化身的左右手方向与学习者左右手方向形成映射；游戏化身在学习者的操控下，与数轴墙进行交互，游戏化身成为学习者与数轴墙交互的中介。数轴墙的设计如图 3－9所示，基本设置内容是一根 0～1 范围的数轴，标有刻度 0 和 1，其他刻度的标注依内容设计而定。

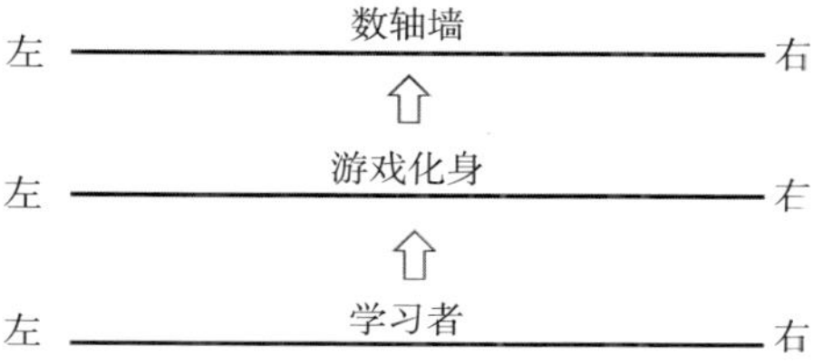

图 3－8　游戏数轴墙设计的三个平行平面

图 3－9　游戏的数轴墙设计

（二）分数表征的比例设计

三重编码模型是认知神经科学领域广为接受的数字认知模型。除了在第二章研究综述中进行详细的理论与研究的讨论外，本章也基于该模型进行教材分析编码体系的设计。三重编码模型认为人脑对数字的加工可以分为以下三类：模拟数量编码（analog magnitude code）、听觉言语编码（auditory verbal code）、视觉阿拉伯数字编码（visual Arabic code）。其中模拟数量编码主要是指对代表数值概念的图形进行加工，如代表分数概念的带有阴影的图形；听觉言语编码指对分数文字进行加工，如“三分之一”；视觉阿拉伯数字编码是指对阿拉伯数字的加工，如“1/3”。

在三重编码模型的理论基础上，本研究对数学教材进行分析，发现数学教材的分数概念性讲授内容主要以模拟数量编码和视觉阿拉伯数字编码为主，并且模拟数量编码的分数图形以独立图形为主，集合图形为辅。为了兼顾编码的平衡以及中国小学数学教材的内容特点，本研究确定了模拟数量编码与视觉阿拉伯数字编码的比例，为 2：3，其中模拟数量编码范畴内，独立图形与集合图形的比例设定为 3：1。游戏中出现的分数绝大部分来源于教材涉及的分数，以此匹配教材内容，尽可能符合课程标准。独立图形的表达方式为带有阴影的圆形或是方形，如图 3－10 所示；集合图形为体现分数概念的实物图，如 7 片叶子中的 3 片，如图 3－11 所示。

图 3－10　独立图形的分数表征呈现

图 3－11　集合图形的分数表征呈现

（三）游戏的内容框架设计

依据前文所述的数字发展的整合理论，数值理解是整合整数、分数、小数的重要方式，儿童可以借助对数值的理解学习相应的整数、分数、小数。以数值理解的视角看，整数与分数一脉相承，都是数值的体现，分数表达了整数的可分割性。为了让儿童在学习分数之前，借助已有的整数知识，理解数值大小的方向性，本研究在分数内容之前设置了 4 个整数知识关卡。做此设计不但可以让儿童尽快建立新旧知识的联系，也可以帮助儿童掌握游戏的玩法。

小学数学教材的分数概念性知识的主要讲授方式是“数形结合”，因此在整数模块的基础上，本研究设置了图形与分数对应的关卡，此部分的主要目的是巩固“部分与整体”知识的学习。接下来，依据教材的知识点安排，设置了分子为 1 的分数、分子不为 1 的分数和分数比较大小的模块。模块具体内容见表 3－9 所示。

表 3－9　游戏的知识模块设计

知识点模块	对应关卡	内容
整数估计	第一关、第二关	整数数字与数轴点的对应
整数比较	第三关、第四关	目标整数数字与数轴已标整数数字的相对位置
图形与分数对应	第五关、第六关	数轴上已标三个数值点，玩家需要选出目标数值点
分子为 1 的分数	第七关至第九关	分子为 1 的分数与数轴点的对应
分子不为 1 的分数	第十关至第十二关	分子不为 1 的分数与数轴点的对应
分数比较大小	第十三关、第十四关（和 1/2 比）	目标分数与 1/2 的相对位置
	第十五关、第十六关（和 1/3、2/3 比）	目标分数与 1/3 和 2/3 的相对位置
	第十七关至第十九关（和参考点的相对位置）	目标分数与其他参考点的相对位置

（四）教学支架的设计

考虑到当前小学数学教材还未涉及数轴的教学，为了更好地提高游戏化学习的认知体验质量，本研究在游戏的不同关卡给予不同的学习支架方式，以及对不同认知水平的儿童给予差异化的认知辅助工具。在游戏的初始关卡第一关（整数估计），儿童尚不熟悉数轴知识，因此，第一关的数轴标有刻度；第二关，第一次错误给出刻度，第二次错误给出提示箭头，第三次错误箭头将指出正确位置。在整数比较关卡（第三关、第四关），只给出标明数值的数字比较的参考点（1 个）。在图形与分数对应的第五关和第六关，数轴上会出现标出数值的数字比较的参考点（2 个）。在第七关和第八关，目标知识点是分子为 1

的分数认识，数轴墙标出刻度。第九关至第十六关，学习支架的设计方式是第一次错误给出刻度，第二次错误给出提示箭头，第三次错误箭头将指出正确位置，如图 3－12 所示。在第十七关至十九关的分数比较大小（相对位置）的关卡中，只给出标明数值的数字参考点（1 个）。

图 3－12　游戏中的指示箭头（直接指示）

四、分数游戏的游戏化元素设计

（一）游戏情境设计

在游戏的情境设计方面，本研究主要考虑如下三个方面的因素：第一，在前文确定以数轴作为主要认知辅助工具的前提下，需要保证游戏情境适用于数轴设计；第二，游戏的场景需要适当变换，以保持游戏对儿童的吸引力，激发好奇心；第三，游戏情境需要与当代电子游戏特征匹配，具备一定的视觉冲击力，并能够促进学习沉浸感的形成。因此，本研究做了如下的游戏情境设计。

1. 3D 场景设计

选择 3D 游戏场景的主要原因是考虑到本研究确定以数轴作为核心认知辅助工具，因此游戏情境应具备良好的空间感。同时，由于目前大部分受欢迎的电子游戏基本都是基于 3D 场景，儿童也有一定的 3D 场景游戏的体验，考虑到 3D 游戏的普遍性和儿童的接受程度，本研究决定以 3D 作为游戏的场景设计。相比 2D 场景，3D 场景的景深和透视度较好，创建的情境更为逼真，更有视觉冲击力。3D 场景也非常适合游戏景别的组合、搭建和变换，适合角色扮演类游戏，能够促进学习沉浸感的形成。

2. 场景变换

依据 Malone 和 Lepper 的内在动机理论，好奇、幻想是激发儿童内在动机的重要因素。场景变换与不确定性的游戏元素设计是保持玩家好奇心、引发情绪波动、激发情感投入的游戏设计方法。理想的场景变换和情节展开需要由游戏化身进行触发。因此，本研究希望游戏场景能够实现动态的场景变换，且场景的变换能够围绕游戏化身的行动线展开。但场景变换的设计同时需要考虑到学习者的认知负荷，适度的场景变换能够保持好奇心，但过度、复杂的场景变换可能会引发对学习过程的干扰。因此，分数游戏 Run Fraction 目前只设计两个变换场景。

3. 匹配数轴的情境设计

在前文确定以数轴作为游戏主要认知辅助工具之后，如何将数轴有机地与3D 场景设计和场景变换要求进行融合？本研究最后选定以设置数轴障碍墙的3D 模拟道路为主要情境，游戏化身需要在模拟道路上冲破重重数轴障碍墙作为交互方式，道路周边的景物设置随着化身在道路上的行进进行变换。周边景物的变换设置既需要考虑最大限度地不干扰儿童注意力，尽量减少外在负荷；也需要依据动机理论，借助变化的场景激发儿童的好奇心。因此，本研究将场景变换的切换点设置为成功撞击数轴墙，一个关卡有两个场景，同时场景的色调和配置结构保持一致，以降低场景变换对认知的干扰。游戏场景如下图 3－13 所示。

图 3－13　游戏的场景设计

（二）游戏化身设计

根据前文游戏的认知内容设计对于游戏化身的设计要求，以及依据具身认知理论对游戏设计的要求，本研究设置游戏化身面朝数轴墙，与玩家的左右手方向一致，跑向数轴墙，力图创造出身临其境的感觉。就游戏化身的个性化选择，目前本游戏提供了两款游戏化身的选择，一款女孩化身，一款男孩化身，玩家可以依据自己的喜好进行游戏化身的选择，如图 3－14 所示。

图 3－14　游戏的化身设计

（三）奖惩机制设计

1. 试错与能量值

在游戏中，每一个关卡设置了 10 个数轴墙，即 10 个数轴任务，为了保证每一个关卡的通关标准是正确率达到 60%以上，本研究将每一个关卡的试错机会设定为 7 次。正确率的计算方法为正确次数除以总尝试次数，为了让儿童能够成功完成每一个数轴墙任务，因此正确次数与数轴墙个数相等，尝试总次数为数轴墙个数与试错机会相加之和。当前游戏版本，每关有 10 个数轴墙，7 次试错机会，成功闯关的最低正确率为 62.9%，超过 60%。

2. 积分要素

在能量值以外，积分要素还包括数轴任务积分（努力相关）和随机金币（运气相关）。数轴任务积分是指，每关包含 10 个数轴墙，每成功通过一个数轴墙，得 10 分，此环节累积的分数为 10 分乘以所突破数轴墙的个数。认知神经科学领域的研究发现，中脑区域的神经递质多巴胺与奖励活动有关，当灵长目动物意识到奖励出现的不确定性，脑中的多巴胺的释放会达到峰值（周加仙，2016）。而多巴胺对整个大脑前额叶等脑区神经元的活性有重要影响（李澄宇等，2016），详见第二章“二、游戏化学习理论研究”。因此游戏中还设置了随机奖励，随机加分以随机金币等其他形式出现，随机奖励出现在路上，游戏化身在路上行走的过程中获得随机加分，每关随机奖励出现 2～4 次，奖励数值随机。

3. 积分机制

在闯关机制方面，当能量值用完，视为闯关失败，不计算积分，本关重新开始；反之闯关成功。闯关成功后的积分机制为：总分＝数轴墙得分（10 * 10）＋能量星剩余个数 * 10＋额外随机奖励。依据自我决定理论和马斯洛的需求层次理论，本研究力求让游戏的积分机制具有丰富的层次，尽可能满足儿童对游戏奖励的心理诉求。数轴墙和能量星得分取决于儿童在游戏中的认知表现，与努力程度相关；而额外随机奖励与儿童的认知努力投入程度无关，与运气有关，设置随机奖励的目的是激发大脑多巴胺的分泌，以及保持游戏的不确定性，充分调动游戏化学习过程中的学习者情绪状态。

（四）排行榜设计

依据 Malone 和 Lepper（1987）的动机理论，合作、竞争、自尊这三大因素影响了学习者的集体动机。马斯洛（1987）需求层次理论也强调自尊需要的重要来源是他人的尊重以获得自信，同时自我实现需要自我的发挥，使自身潜力得以实现。为了更好地激发儿童的学习动机，游戏中设置了积分排行榜的游戏元素。依据儿童在游戏中的积分，将所有玩家的积分进行排行计算，在每关结束后进行展示。以此激发儿童的竞争欲望。

（五）故事线设计

基于内在动机理论对挑战、好奇、控制、幻想的强调，为了增强游戏的沉浸感，本研究在游戏中还设置了故事线元素，故事线主要围绕数轴墙的设计展开，即模块整体围绕“绿光水晶墙”“科技水晶墙”“紫色玻璃墙”“森林墙”等展开，通过闯关获得宝藏。同时，为了减少故事线对于儿童的认知干扰，本研究只设置了较为明晰、简单的故事线。

（六）声音设计

基于多媒体学习认知理论，声音是形成感觉记忆的重要渠道，听觉信息是多媒体内容传递的重要媒介。也有游戏化学习领域的相关研究表明游戏中的声音元素有助于增加学习参与（Byun et al.，2015）。因此，本研究决定将声音与游戏交互内容进行融合设计，以优化游戏的视听效果。具体声音与游戏交互的搭配设计如表 3－10 所示。比较典型的声音设计是数轴墙的撞击声音，为了发展学习者的成就感，当游戏化身成功撞击数轴墙，游戏会出现响亮、清脆的游戏破碎声；为了增加游戏的沉浸感，游戏化身在道路行进的过程中的音乐节奏尽可能匹配化身的运动节奏。

表 3-10 游戏交互内容与声音设置

游戏交互内容	声音设置
游戏化身的道路行进	快节奏电子配乐
数轴墙撞击成功	清脆的玻璃破碎声
数轴墙撞击失败	富有质感、沉重的碰撞声
随机奖励获取	灵动短小的声音
成绩展示、排行榜	轻快喜悦的音乐
游戏准备阶段	轻快喜悦的音乐

以上主要介绍了分数游戏 Run Fraction 的设计过程，首先明确了游戏的设计定位，依据理论设定了游戏的设计体系，然后分别从认知内容设计和游戏化元素设计两个维度，介绍游戏的设计情况。游戏的认知内容设计和游戏化元素设计都体现了学习科学的跨学科视角，理论参考涉及教育学、心理学和认知神经科学。

五、分数游戏的技术实现

（一）游戏开发

Run Fraction 游戏开发采用 Unity3D 平台和 C＃语言实现客户端开发，Unity3D 游戏开发以 Scene 为基本单位，通过多个场景跳转实现整个游戏运行[①]。游戏共设计了四个主要场景：登录场景、角色选择场景、关卡选择场景、游戏场景。

登录场景实现学生用户通过输入个人账号进入游戏，并与服务器连接，读取服务器端数据库学生账号记录以判断是否允许成功登录，是否向数据库写入登录记录，登录成功后进入角色选择场景。角色选择场景中添加了可供学生选择的角色对象，角色包括了 Animator 动画组件、Rigidbody 刚体组件、Character Controller 组件、Capsule Collider 碰撞器，用户可点选角色，并将点选的角色传入游戏场景，进入关卡选择场景。

关卡选择场景包括存放关卡按钮和关卡星级的 Canvas 画布及外观元素，通过脚本组件实现的功能包括关卡选择和与数据库连接以及星级设置。游戏场景包括角色、环境、核心交互、功能元素。通过创建移动向量实现人物移动控制，并通过调整摄像机位置使玩家获得第一人称视角，PC 端采用侦听键盘按钮，移动端采用虚拟控制杆插件 EasyTouchBundle；环境中，首先根

① 游戏的技术实现得到北京大学学习科学实验室胡若楠和曾嘉灵的支持协助。

据角色选择中人物实例化人物对象，道路和周边环境模型通过不断实例化显示实现。在 Update 函数中判定当角色当前位置与下一个道路和周边环境距离小于一定数值时新建一个平台（同时根据一定距离销毁先前游戏对象），并实例化分数墙预制体，通过改变墙体的材质设置每关加载的数轴，将分数墙和目标分数牌上的分数按照分子分母一一对应存入泛型集合 List 中，根据关卡及关卡中第几道题目（集合索引值）实例化相应的目标分数牌；核心交互是本游戏的核心机制，能够根据目标分数牌设定数轴墙上正确的位置是重难点，本游戏采用设置碰撞体 X 坐标，并设定碰撞体激活状态，实现人物与碰撞体的碰撞检测，根据正确次数变量数值加载提示箭头；功能元素中包括得分、金币、时长、生命值、倒计时、游戏成功页面、游戏失败页面、游戏结果页面，在 UI 控制脚本中实现显示，在人物与碰撞体检测脚本中实现变量计算。

（二）数据库开发

数据库部分主要建立了：用户登录表单（字段包括 userID、Logintime）、用户表单（包括 id 字段、username、class、grade、gender、school、studentid）、关卡信息表单（包括字段 Levelid、state、starcount）、正确率表单（包括字段 userid、levelid、right _ or _ wrong、time、accuracy）、分数墙表单（包括 userID、levelID、开始时间点 start、按键记录 up、down、left、right）。在 C# 中需要调用和更新数据库的脚本部分进行数据库写入和读取。

六、分数游戏应用效果的评价工具

上文详细介绍了依据游戏化学习体验框架进行的游戏的设计开发，本节将延续游戏的理论基础框架，继续从基于情境的认知体验和基于动机的主体性体验两个维度进行游戏效果评价和学习者的游戏评价。测评体系与理论基础、游戏设计的关系图见前文图 3－7。

（一）认知体验成果评价工具

为测量学生的分数概念性知识水平，参考国外相关研究的测评方法（Fuchs et al.，2013；Riconscente，2013）。本研究的测试题目主要来自三大权威题库，包括美国国家教育进展测评（National Assessments of Educational Progress，NAEP）、国际数学与科学趋势研究（Trends in International Mathematics and Science Study，TIMSS）以及加州标准测试（California Standard Test）。其中，第一类题目主要考察的知识为分数与图形，共 15 道题，每题 1 分；第二类题目考察的知识是分数与数轴，共 15 道题，每题 1 分；第三类题目考察的知识是分数比较大小，共 17 道题，每题 1 分。前测、后测所用题目相同。题目类型主要包括选择题和填空题。测试题内容详见附录 A。

（二）主体性体验成果评价工具

在评估认知体验范畴中的学生分数概念性知识水平的同时，为全面考查学生在学习过程中的主体性体验，如数学焦虑程度、学习动机水平、自我效能感、游戏动机等，本研究所用的问卷大部分来自 PsycTESTS 数据库发布的能够直接使用的相关问卷量表。PsycTESTS 是美国心理学会发布的心理测试和测量工具数据库，是一个研究型数据库，提供大量的心理测试、量表。PsycTESTS 覆盖了心理研究评估的全部范畴，包括神经心理测试、人格评估、技能及熟练度测试、智商和天资级别的测量。PsycTESTS 数据库中能找到的大部分测量工具可以被直接使用。数据库中的所有测试记录都是经由熟练掌握心理文献知识的索引编制专家制作的。为确保问卷翻译的准确性，本研究所使用的问卷都经过了双翻、专家核准等过程。为了确保儿童能够理解问卷语言，本研究在翻译工作完成后，选用三年级一个班的学生进行问卷反馈，并进行语言调整，如将“胜任”改成“学好”。在此基础上，为确保研究的科学性和严谨性，对问卷进行测试，并对其信效度进行再度检验。

1. 数学焦虑量表

数学焦虑量表修正版（The Modified Abbreviated Math Anxiety Scale）是数学焦虑量表（AMAS）的缩略版。对原有 AMAS 量表进行缩减的原因是原始量表涉及小学或初中儿童无法理解的高级主题（Ashcraft et al.，2009）。该量表共包含 9 个题目，用以评估儿童的数学焦虑状态。Carey 等人（2017）曾在英国开展针对此问卷的大规模研究，基于对 1 746 名 8～9 岁和 11～13 岁儿童的问卷的分析，发现该量表能够有效测量儿童和青少年的数学焦虑水平。该量表共有 9 道题目，采用 5 点李克特量表的自我报告方式，1 表示“低焦虑”，5 表示“高焦虑”。

2. 内在动机量表

内在动机量表旨在测量学习者的兴趣、胜任力感知、努力程度等主观感受。原始量表共涉及 7 个维度，包含 45 道题目。该量表曾广泛用于针对内在动机和自我管理方面的相关研究（Ryan et al.，2000）。由于本研究主要讨论游戏化学习过程中的内在动机状态，参考 Vos 等人发表在 *Computers and Education* 杂志的游戏化学习研究（Vos et al.，2011），本研究只选取和游戏化学习关系较为紧密的 3 个维度：胜任力感知、兴趣、努力程度，共 14 道题目，其中第十题和第十四题为反向计分题。本问卷采用 5 点李克特量表自我报告的方式，1 代表“非常不同意”，5 代表“非常同意”。

3. 自我效能感量表

PsycTESTS 目前公布的儿童数学自我效能感量表共有 3 个题目，主要涉及儿童对当前数学课程内容的自我效能感，以及对考试成绩的自我效能感。原始问卷内容中对成绩等级的划分为 A 和 B，与我国小学生的考试成绩的百分制不同，因此做了本土化调整。等级 A 对应 90 分，等级 B 对应 80 分。该量表使用 6 点李克特量表进行自我报告，1 代表“一点儿都不自信”，6 代表“非常自信”，自信程度随数值增加而增加。

4. 游戏动机量表

为测量儿童在游戏化学习过程中的内在动机状态，本研究选用 PsycTESTS 发布的专门用于测量游戏化学习内在动机的量表（Intrinsic Motivation Scale）。问卷共有 6 道题目，主要关注儿童在游戏化学习过程中的情绪、兴趣等心理状态。该量表最初由康奈尔大学的 Isen 和 Reeve 教授设计开发并应用于游戏化学习研究，量表的信度较好（Cronbach's $\alpha=0.90$）（Isen et al.，2005）。之后 Hawlitschek 和 Joeckel（2017）对该问卷进行调整，用于测量教育游戏中教学指导对于动机激发的有效性。该量表使用 6 点李克特量表进行自我报告，1 代表“非常不同意”，6 代表“非常同意”。

（三）试测问卷信效度检验

为了确保儿童对问卷题目语言的理解不存在障碍，首先选取三年级一个班级进行问卷题目的意见反馈，对题目的部分词语、语序进行了微调。在此基础上，在实验开始前，如表 3－11 所示，在三、四、五年级随机各抽取 58 人、45 人、42 人进行数学焦虑量表、内在动机量表、自我效能感量表的试测，三份问卷试测的总样本数是 145 人。在实验结束后，继续对游戏动机量表进行测试，总样本量为 104 份。对于试测问卷，本研究分别进行了问卷项目分析、探索性因子分析以及信度分析。

表 3－11 试测样本量统计

量表	量表编码	三年级样本	四年级样本	五年级样本	总样本量
数学焦虑量表	MA	58	45	42	145
内在动机量表	IMI	58	45	42	145
自我效能感量表	SE	58	45	42	145
游戏动机量表	GM	35	36	33	104

1. 问卷项目分析

（1）项目分析过程与标准

依据吴明隆在《问卷统计分析实物》一书中关于试测问卷项目分析的介绍（吴明隆，2016），本研究首先对反向题目和缺失值进行处理，对相应题项进行加总，以便于进行观察值的高低分组（标准为33%）。接下来使用独立样本 t 检验的方法，对题项的高分组和低分组进行差异比较，并根据方差的 *Levene* 检验进行决断值的选取，t 值越高表示题目的鉴别度越高，显著性检验概率 P 值大于0.05进行删除处理。除了以极端组作为项目分析的指标外，同质性检验也是个别题项筛选的指标，个别题项与总分的相关程度越高，说明题项与整体量表的同质性越高，相关系数小于0.4的题项进行删除处理。信度（Reliability）代表量表的一致性和稳定性，信度系数是同质性检验的指标之一。在社会科学领域，大多采用克朗巴哈系数（Cronbach's alpha）对李克特量表的信度进行估计（吴明隆，2016）。量表的 α 系数越高，表示量表信度越高，测量的误差值越小。"修正的项目总相关"表示该题项与其他题项加总后的积差相关，数值小于0.4表示"该题项与其他题项的相关为低度关系"。最后对共同性和因素负荷量进行检测，共同性值低于0.2（因子负荷量小于0.45），表明"题项与共同因素间的关系不密切"，题项可以考虑进行删除。项目分析的一般判断标准见表3-12（吴明隆，2016）：

表 3-12 项目分析统计标准

题项	极端组比较决断值	题项与总分相关		同质性检验		
		题项与总分相关	校正的项总计相关性	项已删除的 α 值	共同性	因子负荷量
判断标准	≥3.000	≥0.400	≥0.400	≤量表信度值	≥0.2	≥0.45

（2）项目分析结果

五份问卷的项目分析结果的汇总如表3-13所示。总体来看，问卷的题项基本符合项目分析标准。个别题项，因内在动机量表的第十题和第十四题的未达标指标数过高，故做删除处理。

表 3-13 项目分析结果

题项	极端组比较决断值	题项与总分相关		同质性检验			未达标指标数	备注
		题项与总分相关	校正的项总计相关性	项已删除的 α 值	共同性	因子负荷量		
MA1	9.454	0.718**	0.653	0.872	0.546	0.739	0	保留
MA2	11.260	0.728**	0.634	0.874	0.511	0.715	0	保留
MA3	12.069	0.720**	0.660	0.872	0.565	0.752	0	保留

（续）

题项	极端组比较决断值	题项与总分相关		同质性检验			未达标指标数	备注
		题项与总分相关	校正的项总计相关性	项已删除的 α 值	共同性	因子负荷量		
MA4	16.841	0.806**	0.732	0.865	0.646	0.804	0	保留
MA5	11.650	0.694**	0.593	0.877	0.461	0.679	0	保留
MA6	7.699	0.636**	0.543	0.880	0.417	0.646	0	保留
MA7	9.582	0.613**	0.543	0.881	0.409	0.639	0	保留
MA8	13.628	0.791**	0.715	0.866	0.616	0.785	0	保留
MA9	10.068	0.739**	0.663	0.872	0.564	0.751	0	保留
判断标准	≥3.0	≥0.4	≥0.4	≤0.886	≥0.2	≥0.45		
IMI1	9.110	0.671**	0.611	0.875	0.469	0.685	0	保留
IMI2	8.095	0.625**	0.545	0.878	0.412	0.642	0	保留
IMI3	13.377	0.776**	0.719	0.869	0.611	0.782	0	保留
IMI4	9.521	0.660**	0.586	0.876	0.452	0.672	0	保留
IMI5	14.578	0.794**	0.742	0.868	0.654	0.809	0	保留
IMI6	9.654	0.723**	0.664	0.872	0.561	0.749	0	保留
IMI7	9.909	0.682**	0.628	0.875	0.495	0.704	0	保留
IMI8	9.884	0.630**	0.552	0.877	0.417	0.645	0	保留
IMI9	10.186	0.734**	0.670	0.872	0.570	0.755	0	保留
IMI10	4.420	0.429**	0.331	0.887	0.120	0.346	4	删除
IMI11	5.498	0.465**	0.372	0.885	0.204	0.451	1	保留
IMI12	9.816	0.650**	0.591	0.876	0.433	0.658	0	保留
IMI13	7.049	0.636**	0.572	0.877	0.403	0.635	0	保留
IMI14	5.136	0.461**	0.341	0.890	0.135	0.368	4	删除
判断标准	≥3.0	≥0.4	≥0.4	≤0.885	≥0.2	≥0.45		
SE1	10.659	0.811**	0.607	0.739	0.681	0.825	0	保留
SE2	14.669	0.871**	0.688	0.647	0.765	0.875	0	保留
SE3	13.172	0.834**	0.601	0.747	0.669	0.818	0	保留
判断标准	≥3.0	≥0.4	≥0.4	≤0.789	≥0.2	≥0.45		
GM1	6.487	0.734**	0.581	0.791	0.523	0.724	0	保留
GM2	7.549	0.656**	0.502	0.806	0.436	0.660	0	保留
GM3	5.798	0.770**	0.654	0.775	0.618	0.786	0	保留
GM4	6.497	0.632**	0.473	0.812	0.377	0.614	0	保留
GM5	5.328	0.768**	0.626	0.780	0.578	0.760	0	保留

（续）

题项	极端组比较决断值	题项与总分相关		同质性检验			未达标指标数	备注
		题项与总分相关	校正的项总计相关性	项已删除的 α 值	共同性	因子负荷量		
GM6	5.962	0.782**	0.669	0.771	0.636	0.798	0	保留
判断标准	≥3.0	≥0.4	≥0.4	≤0.818	≥0.2	≥0.45		

注：MA 为数学学习焦虑量表缩写，IMI 为内在学习动机量表缩写，SE 为自我效能感量表缩写，GM 为游戏动机量表缩写。

2. 探索性因子分析

在内容效度上，本研究所选用的量表来自国际权威量表数据库，也曾经用于游戏化学习的研究，进行翻译后，经过专家建议与调查对象测试进行了修订，具有较好的内容效度。在项目分析的基础上，为进一步确保量表具有良好的结构效度，本研究进一步对试测量表进行探索性因子分析（EFA）。首先依据 *KMO* 检验和 *Bartlett's* 球形检验结果判断该问卷是否适合进行因子分析，*KMO* 值小于 0.5 时，不宜进行因子分析，进行因子分析的 *KMO* 值至少在 0.6 以上；*Bartlett's* 球形检验结果需达到显著水平（$P<0.05$）（吴明隆，2016）。另外进行主成分分析法探测结构效度，并采用最大方差法进行因子旋转。因子负荷量的合格标准设定为 0.5，累积方差解释百分比的合格标准设定为 50%，删除包含少于 3 个项目的因子。

在项目分析中，数学焦虑量表的所有题项达标，进行保留处理。数学学习焦虑量表的 *KMO* 值为 0.852，*Bartlett's* 球形检验 *Sig.* =0<0.01，因此可以对问卷试测样本进行探索性因子分析。使用主成分分析法，发现 2 个公共因子，并累计解释总变异的 63.527%。正交旋转法在 3 次迭代后收敛，发现题项 MA2、MA8、MA4、MA5、MA1 对应成分 1，题项 MA7、MA3、MA9、MA6 对应成分 2。与原始量表的项目与维度进行比对，发现成分 1 对应数学测评焦虑，成分 2 对应数学学习焦虑，但题项 MA1 在原始问卷中应与成分 2 对应，可能原因是“练习题”在中文语境中既可以指用于课堂测试的练习题，也指以学习为目的的练习题，因此做删除处理。删除题项 MA1 后，该量表的 *KMO* 值为 0.86，*Bartlett's* 球形检验*Sig.* =0<0.01。使用主成分分析法，发现 2 个公共因子，并累计解释总变异的 65.586%。正交旋转法在 3 次迭代后收敛，发现题项 MA2、MA8、MA4、MA5 对应成分 1，题项 MA7、MA3、MA9、MA6 对应成分 2，与原始量表维度划分一致，该量表具有良好的结构效度。

在项目分析中，内在动机量表的题项 IMI10 和 IMI14 因有 4 个评估指标不达标，在探索性因子分析前进行删除处理。去掉 2 个题项后，内在动机量表

的 *KMO* 值为 0.878，*Bartlett's* 球形检验 *Sig.* =0<0.01，因此问卷试测样本可以进行探索性因子分析。使用主成分分析法，发现 3 个公共因子，并累计解释总变异的 67.598%。正交旋转法在 5 次迭代后收敛，发现题项 IMI2、IMI4、IMI5、IMI3、IMI1 对应成分 1，题项 IMI7、IMI8、IMI9、IMI6、IMI13 对应成分 2，题项 IMI11、IMI12 对应成分 3。与原始量表的项目与维度进行比对，发现成分 1 对应胜任维度，成分 2 对应兴趣维度，成分 3 对应努力维度。由于成分 3 只包含两个题项，因此将其对应题目 IMI11、IMI12 进行删除处理。IMI13 在原始问卷中应与成分 3 对应，但在探索性因子分析中对应到成分 2，为确保结构效度，做删除处理。删除题项 IMI11、IMI12、IMI13 后，该量表的 *KMO* 值为 0.868，*Bartlett's* 球形检验 Sig. =0<0.01。使用主成分分析法，发现 2 个公共因子，并累计解释总变异的 67.259%。正交旋转法在 3 次迭代后收敛，发现题项 IMI2、IMI5、IMI1、IMI4、IMI3 对应成分 1，题项 IMI8、IMI7、IMI9、IMI6 对应成分 2，与原始量表维度划分一致，该量表具有良好的结构效度。

在项目分析中，自我效能感量表的所有题项达标，进行保留处理。自我效能感量表的 *KMO* 值为 0.691，*Bartlett's* 球形检验 *Sig.* =0<0.01，因此可以对问卷试测样本进行探索性因子分析。使用主成分分析法，共提取 1 个主成分，与原始量表一致，并累计解释总变异的 70.463%，该量表具有良好的结构效度。

在项目分析中，游戏动机量表的所有题项达标，进行保留处理。游戏动机量表的 *KMO* 值为 0.778，*Bartlett's* 球形检验 *Sig.* =0<0.01，因此可以对问卷试测样本进行探索性因子分析。使用主成分分析法，共提取 1 个主成分，与原始量表一致，并累计解释总变异的 52.803%，该量表具有良好的结构效度。所有量表的探索性因子分析结果如表 3－14 所示。

表 3－14　相应题项删除后的探索性因子分析结果

量表	题项	题项因子负荷	累积解释方差（%）	*KMO* 值	显著性概率
数学焦虑量表	MA2	0.886	65.586	0.86	0
	MA3	0.802			
	MA4	0.750			
	MA5	0.665			
	MA6	0.584			
	MA7	0.852			
	MA8	0.783			
	MA9	0.664			

（续）

量表	题项	题项因子负荷	累积解释方差（%）	*KMO* 值	显著性概率
内在动机量表	IMIM1	0.746	67.259	0.868	0
	IMIM2	0.821			
	IMIM3	0.720			
	IMIM4	0.738			
	IMIM5	0.750			
	IMIM6	0.677			
	IMIM7	0.820			
	IMIM8	0.846			
	IMIM9	0.741			
自我效能感量表	SE1	0.825	70.463	0.691	0
	SE2	0.874			
	SE3	0.818			
游戏动机量表	GM1	0.724	52.803	0.778	0
	GM2	0.660			
	GM3	0.786			
	GM4	0.614			
	GM5	0.760			
	GM6	0.798			

3. 最终确定量表的信度分析

经过项目分析和探索性因子分析后，本研究最终确定了量表题项，并再次对最终确定的量表题项进行信度分析，结果如下表 3-15 所示。所有量表的维度克朗巴哈系数和总量表的克朗巴哈系数都大于 0.7，所有量表信度良好。

表 3-15　最终确定量表题项信度分析

量表	维度	题项	校正的项总计相关性	项已删除的 α 值	维度 α 值	总量表 α 值
数学焦虑量表	数学测评焦虑	MA2	0.697	0.789	0.841	0.868
		MA4	0.692	0.791		
		MA5	0.587	0.835		
		MA8	0.726	0.776		
	数学学习焦虑	MA3	0.651	0.711	0.790	
		MA6	0.516	0.777		
		MA7	0.613	0.731		
		MA9	0.617	0.728		

（续）

量表	维度	题项	校正的项总计相关性	项已删除的 α 值	维度 α 值	总量表 α 值
内在动机量表	胜任	IMIM1	0.623	0.851	0.864	0.893
		IMIM2	0.653	0.843		
		IMIM3	0.732	0.822		
		IMIM4	0.675	0.837		
		IMIM5	0.743	0.819		
	兴趣	IMIM6	0.667	0.799	0.839	
		IMIM7	0.692	0.796		
		IMIM8	0.659	0.804		
		IMIM9	0.695	0.738		
自我效能感量表		SE1	0.606	0.739		0.788
		SE2	0.687	0.647		
		SE3	0.601	0.746		
游戏动机量表		GM1	0.581	0.791		0.818
		GM2	0.502	0.806		
		GM3	0.654	0.775		
		GM4	0.473	0.812		
		GM5	0.626	0.780		
		GM6	0.669	0.771		

（四）正式问卷及测试题信效度检验

1. 信度检验

在对试测问卷进行项目分析、探索性因子分析、信度分析之后，接下来进一步对问卷和分数概念性知识测试题目的信度进行检验（表 3 - 16）。在前测中，本研究共收集来自三年级、四年级、五年级 476 名学生的问卷（数学焦虑量表、内在动机量表、自我效能感量表），游戏动机和认知负荷量表共收集 198 份。数学焦虑量表的总体克朗巴哈系数（Cronbach's Alpha）为 0.87，数学测评焦虑维度的 α 值为 0.83，数学学习焦虑维度的 α 值为 0.806，量表信度良好。内在动机量表的总体克朗巴哈系数为 0.875，内在动机的胜任维度的 α 值为 0.84，兴趣维度的 α 值为 0.826，量表信度良好。自我效能感量表的克朗巴哈系数为 0.777，信度较好。游戏动机量表的克朗巴哈系数为 0.873，量表信度良好。认知负荷量表的总体克朗巴哈系数为 0.833，心理负荷维度的 α 值为 0.838，心理努力维度的 α 值为 0.841，量表信度良好。

表 3-16 正式问卷信度检验结果

量表	维度	克朗巴哈系数	项数	克朗巴哈系数	项数
数学焦虑	MA-测评	0.830	4	0.870	8
	MA-学习	0.806	4		
内在动机	IMI-胜任	0.840	5	0.875	9
	IMI-兴趣	0.826	4		
自我效能感				0.777	3
游戏动机				0.873	6

在分数概念性知识测试题方面，本研究随机抽取 233 份三年级、四年级、五年级的前测后测试卷进行题目的信度分析，发现所有类别题目的信度良好。其中第一类题目分数与图形的克朗巴哈系数为 0.757，共 15 题；第二类题目分数与数轴的克朗巴哈系数为 0.797，共 15 题，第三类题目“分数比较大小”的克朗巴哈系数为 0.81，共 17 题（表 3-17）。

表 3-17 分数概念性知识测试题目的信度检验结果

题目	克朗巴哈系数	项数
第一类题目：分数与图形	0.757	15
第二类题目：分数与数轴	0.797	15
第三类题目：分数比较大小	0.810	17

在进行分数概念性知识测试题的信度检验后，接下来对各类测试题目的区分度进行检验，结果如表 3-18 所示，对于三年级、四年级、五年级，各类测试题在各类题目方面都有较好的区分度（$P=0$）。因此判断本研究所用的测试题目的信度、区分度良好。

表 3-18 分数概念性知识测试题目的区分度（独立样本 t 检验）结果

年级	测试类别	组别	N	均值	标准差	t	df	*Sig.*（双侧）
三年级	第一类测试	1	31	3.161 3	1.485 41	−25.994	54.545	0
		2	31	11.709 7	1.070 62			
	第二类测试	1	31	0.225 8	0.425 02	−29.327	39.129	0
		2	31	6.322 6	1.076 63			
	第三类测试	1	31	0.580 6	0.501 61	−22.163	34.880	0
		2	31	7.838 7	1.753 03			

（续）

年级	测试类别	组别	N	均值	标准差	t	df	Sig.（双侧）
四年级	第一类测试	1	23	8.652 2	3.324 96	−7.006	23.022	0
		2	23	13.565 2	0.506 87			
	第二类测试	1	23	3.087 0	1.564 17	−18.027	44.000	0
		2	23	11.782 6	1.704 45			
	第三类测试	1	23	2.304 3	1.019 57	−11.257	25.715	0
		2	23	9.956 5	3.096 60			
五年级	第一类测试	1	25	9.730 8	2.490 91	−9.141	26.647	0
		2	26	14.269 2	0.452 34			
	第二类测试	1	26	4.461 5	1.794 01	−14.520	50.000	0
		2	26	11.961 5	1.928 33			
	第三类测试	1	26	3.500 0	1.208 30	−23.471	50.000	0
		2	26	13.346 2	1.765 05			

2. 验证性因子分析

在本节“（三）试测问卷信效度检验”对问卷进行探索性因子分析建立模型的基础上，接下来使用验证性因子分析对本研究所使用的主问卷（游戏动机量表只针对游戏使用班，只进行调查性描述统计），数学焦虑量表、内在动机量表与自我效能感量表进行检验。经过模型修订，数学焦虑量表的 Chi-square 为 19.357，自由度为 13，显著性概率为 0.112，其他指标达标，模型拟合度良好，如表 3-19 所示。经过模型修订，内在动机和自我效能感量表的 Chi-square 为 51.052，自由度为 40，显著性概率为 0.113，其他指标达标，模型拟合度良好。

表 3-19　问卷验证性因子分析统计指标

统计检验量	标准	数学焦虑量表	备注	内在动机＋自我效能感量表	备注
绝对适配度指数					
Chi-square	显著性概率 $P>0.05$	0.112	符合	0.113	符合
GFI	>0.90 以上	0.990	符合	0.983	符合
AGFI	>0.90 以上	0.972	符合	0.966	符合
RMR	<0.05	0.034	符合	0.036	符合
RMSEA	<0.05（适配良好） <0.08（适配合理）	0.032	符合	0.024	符合

（续）

统计检验量	标准	数学焦虑量表	备注	内在动机＋自我效能感量表	备注
增值适配度指数					
NFI	＞0.90 以上	0.988	符合	0.979	符合
RFI	＞0.90 以上	0.974	符合	0.966	符合
IFI	＞0.90 以上	0.996	符合	0.995	符合
TLI	＞0.90 以上	0.991	符合	0.992	符合
GFI	＞0.90 以上	0.996	符合	0.995	符合

七、本章小结

第三章主要目的是基于第二章的理论研究，结合分数学习需求分析，进行分数游戏的设计与开发。在设计体系方面，使用第二章基于理论建构的游戏化学习体验框架，基于分数认知相关理论进行游戏认知内容的设计，基于游戏化学习相关理论进行游戏化元素的设计，并重视了游戏化元素与游戏内容的融合。在游戏化学习效果评估方面，本章“六、分数游戏应用效果的评价工具”介绍了认知体验评价工具和主体性体验评价工具的内容和信效度检验。具体总结如下。

本章首先在第二章理论研究的基础上，对小学生分数概念性知识的学习现状进行初步调研，发现三年级儿童在学习分数概念性知识单元之前，已掌握一定的分数与图形知识，且正确率已将近 50%。这表明儿童在正式学习分数之前，已经能够基于日常的生活体验，在一定程度上掌握部分与整体的知识。四、五年级的学生在学习过分数概念性知识之后，部分与整体知识内容的答题正确率高达 77%和 86%，表明四、五年级的学生已经充分掌握了部分与整体部分的知识。与部分与整体的优秀表现形成反差的是三、四、五年级儿童的分数数值知识内容的答题低正确率。无论是分数与数轴还是分数比较大小，儿童似乎并没有对分数的数值有深入的理解。

与此同时，通过对教材中分数概念性知识的讲授性内容进行分析，发现两版教材都重视了分数符号的教学，以“数形结合”的方式开展教学；分数部分与整体关系是分数概念性知识教学的主体，两版教科书都还没有充分重视分数数值知识的教学。因此，可以总结为儿童在接受学校教育之前，已经掌握了一定部分与整体的知识，但教材依然以部分与整体知识作为讲授的主体；而在关乎儿童数学能力发展的数值知识方面，教材却涉及的较少。

因此，本研究结合小学生的分数学习现状与教学现状，设定了游戏的定位，即本游戏以分数数值知识的学习作为内容主体，内容架构与教材知识点进行匹配，游戏使用定位作为课堂教育补充的，可以在学校教育或是课外学习场景中使用的练习型游戏。在设定游戏的定位后，结合第二章的游戏化学习和分数学习的理论研究成果，进行游戏的认知内容和游戏交互的设计。在游戏化学习效果评价方面，本章“六、分数游戏应用效果的评价工具”介绍了本研究所使用的认知成果和主体性体验的测评工具。

第四章　分数游戏Run Fraction与课堂教学整合的应用效果研究

在国际上，已有学校开始了游戏化学习与学校教育整合的探索实践。美国纽约的一所公立学校 Quest to Learn 就以游戏化教学作为学校的常规教学方式，游戏贯穿于教学的各个环节，学习过程以学习者为中心，教师根据不同的教学内容采用不同的教育游戏，游戏化的测评方式也相对灵活。在我国，与课堂教学整合的游戏化学习虽然刚刚起步，但游戏化教学在改进原有课堂教学模式、发展学生高阶能力、提高课堂参与度等方面已显示出诸多潜力。但与此同时，由于相关的实证研究较少，游戏化学习与课堂教学整合的应用效果尚不明确，游戏化学习与课堂教学整合的实施路径也未能得到实证研究的支持。

因此，本章的主要目的是借助准实验研究，评估游戏化分数学习与课堂教学整合的应用效果。基于游戏的使用定位（练习型游戏），本章将分数游戏 Run Fraction 应用于正式的学校教育中，将游戏化分数学习与课堂教学进行整合，通过对比以练习巩固作为主要目的的学习方式，如使用教具、做练习题，对分数游戏 Run Fraction 提高分数认知水平、优化主体性体验的效果进行评价。同时，基于学习结果数据（分数成绩、数学焦虑量表、数学学习内在动机量表、自我效能感量表），尝试分析游戏化学习促进教育教学的机制。

一、研究设计

本节研究在北京市顺义区一所公立小学的三年级开展，随机抽取了六个班参与了研究项目。依据该校所使用的教材，该校三年级学生在三年级下学期学习分数概念性知识单元分数的初步认识。为了确保游戏化学习与课堂教学整合的科学性，在研究开始前，结合数学课标要求，与三年级数学教研组长、实验班级的任课教师共同确定了单元教案与进度安排。结合目前常规教学的课堂时间安排，即前半节课（前 20 分钟）进行新知讲授，后半节课（后 20 分钟）进行练习巩固，确定了准实验的干预处理时间，即课堂的前 20 分钟进行教材知识讲授，后 20 分钟进行不同形式的教育干预。分数游戏 Run Fraction 的设计定位之一就是成为辅助教师进行知识巩固、练习和拓展的游戏化学习资源，学生可以在游戏中进行分数知识的练习，巩固课堂所学知识，并加深对分数知识的理解。因此，本章研究的游戏班的实验处理为前半节课进行教师讲授，后半节课进行游戏化学习体验。考虑到教具也是小学数学课堂中较为常用的练习型资源，同时也为探究游戏化学习效果提供对照参考，因此也在准实验中设置了教具班。教具内容主要是和教材内容匹配的可操作性教具，如“在图形上涂出相应的阴影以表示对应的分数”“根据图形比较分数大小”等，如附录 B 所示。做教材或是练习册上的习题是后半节数学课的常规内容，因此本研究设置了练习班作为具有对照性质的常规教学组。游戏、教具、练习题涉及的知识点保持一致，包括分子为 1 的分数认识、分子不为 1 的分数认识、分数比较大小。综上，本章研究共设置了三个准实验处理组别，即游戏班、教具班、练习班。六个班级被随机分配到以上的三个组别中。为了控制教师的教学因素对研究结果的影响，所有班级的教师讲授的教案和 PPT 由研究者提供。

在项目开始前，首先对被试儿童的分数概念性知识水平以及数学焦虑、内在动机等主体性体验进行量表前测。在项目结束后，所有被试儿童参加分数概念性知识后测和主体性体验量表后测。同时，游戏班儿童加测游戏动机量表和认知负荷量表。研究流程如表 4-1 所示。前测后测所使用的分数概念性知识水平测试以及问卷量表一致。测试题、量表介绍及信效度分析。

表 4-1　游戏化分数学习与课堂教学整合的准实验研究设计

准实验组别	实验开始前	实验过程中	实验结束后
游戏班	前测	教师教学 20 分钟，玩游戏 20 分钟	后测
教具班	前测	教师教学 20 分钟，教具操作 20 分钟	后测
做题班	前测	教师教学 20 分钟，常规做题 20 分钟	后测

二、研究结果

为评估分数游戏 Run Fraction 在与课堂教学整合下的应用效果，本研究在前文第二章依据相关理论建构了游戏化学习体验框架，即游戏化学习体验可划分为三个类别，基于情境的认知体验、基于动机的主体性体验，以及基于协作的社会性体验。基于此框架，结合游戏的设计定位，本章研究主要对 Run Fraction 应用于正式课堂教学环境中的学生的基于情境的认知体验成果和基于动机的主体性体验成果进行评估。认知体验范畴主要测量了儿童的分数概念性知识水平，包括分数与图形、分数与数轴、分数比较大小这三类题目。在主体性体验范畴，主要借助问卷量表，对儿童的数学焦虑、内在动机、自我效能感进行评估。在数据收集之后，使用 SPSS20.0 对数据进行统计分析。

（一）认知体验结果

在认知体验的评估方面，本章研究主要借助描述统计、单因素方差分析、协方差分析、配对样本 t 检验等统计分析方法，对游戏班、教具班、做题班的组间差异和组内差异进行分析，以此比较准实验的三种处理所产生的认知效果差异。

1. 组间差异

前测成绩的描述性统计如表 4－2 所示，在第一类知识的前测中，三年级各组学生的成绩均值在 6～8 分，总体成绩均值为 7.072，即正确率约为 47%。这表明在正式学习分数之前，儿童已经能够基于日常的生活体验理解一定的分数概念性知识。在第二类知识的前测中，各组学生的成绩均值在 2.1～3.3 之间，总体成绩均值为 2.651，即正确率不足 18%；在第三类知识的前测中，各组学生的成绩均值在 2.6～5.0 之间，成绩均值为 3.679，正确率不到 22%。这说明在接受正式的分数教育之前，儿童在分数数值理解方面的知识不足。

表 4－2　三年级分数概念性知识前后测各项成绩及总成绩描述统计

测试类别	组别	前测			后测		
		N	均值	标准差	N	均值	标准差
第一类测试	游戏	69	6.768	3.862 1	69	11.836	1.711 5
	教具	67	7.806	3.253 2	67	11.635	1.720 1
	练习	73	6.685	4.041 0	73	11.565	2.042 2
	总数	209	7.072	3.760 8	209	11.677	1.831 2
第二类测试	游戏	69	2.145	2.023 9	69	6.567	2.592 1
	教具	67	3.284	2.472 9	67	5.458	2.748
	练习	73	2.548	2.192 4	73	5.286	2.760 9
	总数	209	2.651	2.271 8	209	5.764	2.748 7
第三类测试	游戏	69	2.623	2.765 9	69	7.231	3.506 6
	教具	67	4.881	3.273 0	67	5.35	3.042 6
	练习	73	3.575	2.543 6	73	4.887	2.476 5
	总数	209	3.679	2.996 4	209	5.809	3.180 8
总分	游戏	69	11.536 2	5.710 10	69	25.633 4	5.881 66
	教具	67	15.970 1	5.600 24	67	22.442 8	5.540 91
	练习	73	12.808 2	6.341 35	73	21.738 3	5.627 85
	总数	209	13.401 9	6.159 05	209	23.250 1	5.908 58

方差齐性的 *Levene* 检验发现，在第一类前测中，各组成绩方差有显著差异（$P=0.024$）；在第二类前测中，各组成绩方差无显著差异（$P=0.059$）；在第三类前测中，各组成绩方差无显著差异（$P=0.335$）；在前测总分中，各组成绩方差无显著差异（$P=0.18$），详见附录 D 附表 D-1。如表 4-3 所示，经单因素方差分析，发现在第一类知识前测中，三个组成绩无显著差异（$F=1.904$，$P=0.152$），表明在正式学习分数之前，三组儿童在“分数与图形”方面的知识水平无显著差异。在第二类知识前测中，单因素方差分析显示三组成绩均值有显著差异（$F=4.533$，$P=0.012<0.05$），事后比较使用 HSD 方法，发现教具组显著高于游戏组（$P=0.009$）。在第三类知识前测中，单因素方差分析显示三组成绩均值有显著差异（$F=10.612$，$P=0<0.01$）。事后比较使用 HSD 方法，发现教具组显著高于游戏组，同时（$P=0$），教具组显著高于练习组（$P=0.021$）。在前测总分中，三组成绩有显著差异（$F=10.151$，$P=0$），事后比较使用 HSD 方法，发现教具组成绩均值显著高于游戏组（$P=0$），同时教具组成绩均值显著高于练习组（$P=0.005$）。

表 4-3　三年级前测各项成绩及总成绩单因素方差分析

测试类别	范围	平方和	*df*	均方	*F*	显著性	事后比较
第一类前测	组间	53.403	2	26.701	1.904	0.152	
	组内	2 888.521	206	14.022			
	总数	2 941.923	208				
第二类前测	组间	45.258	2	22.629	4.533	0.012	教具>游戏
	组内	1 028.245	206	4.991			
	总数	1 073.502	208				
第三类前测	组间	174.438	2	87.219	10.612	0	教具>练习
	组内	1 593.083	206	8.219			教育>游戏
	总数	1 867.522	208				
前测总分	组间	707.824	2	353.912	10.151	0	教具>练习
	组内	7 182.415	206	34.866			教育>游戏
	总数	7 890.239	208				

后测各项成绩的描述性统计分析如表 4-2 所示，经过分数的初步认识这一单元的教学，三年级学生的分数概念性知识水平有所提高。其中，在分数与图形知识的后测中，三组学生的成绩均值在 11.5～11.9，总体成绩均值为 11.677，平均正确率为 77%；在分数与数轴这类知识的后测中，三组学生的成绩均值在 5.2～6.6，总体成绩均值为 5.764，平均正确率为 38%；在分数

比较大小知识的后测中，三组学生的成绩均值在 4.80～7.23，总体成绩均值为 5.809，平均正确率为 34%；三组儿童的分数概念性知识后测总分的均值在 21～26，总体成绩均值为 23.25，平均正确率为 49.5%。

为了排除前测成绩对后测成绩的混杂影响，分析三种组别处理的效果有无差异，因此使用协方差统计方法进行后测成绩的分析。协方差分析发现组别未对第一类后测成绩的差异产生显著影响（$F=0.859$，$P=0.425$），因此三个组别的第一类题目的后测成绩无显著差异，详见附录 D 附表 D－2。

在后测的第二类题目中，如表 4－4 所示，协方差分析显示组别对二类题目后测成绩的差异有显著影响（$F=6.38$，$P=0.002<0.01$）。如图 4－1 所示，在第二类后测的成对比较中，游戏组显著高于教具组（$P=0.002<0.01$），游戏组显著高于练习组（$P=0.002<0.01$），教具组与练习组无显著差异（$P=0.949$），成对比较结果见附录 D 附表 D－3。

表 4－4　三年级分数概念性知识第二类后测的主体间效应检验

源	Ⅲ型平方和	*df*	均方	*F*	*Sig.*
校正模型	143.717[a]	3	47.906	6.878	0
截距	2 182.716	1	2 182.716	313.381	0
组别编号	88.877	2	44.439	6.380	0.002
第二类前测	76.278	1	76.278	10.952	0.001
误差	1 427.834	205	6.965		
总计	8 515.337	209			
校正的总计	1 571.552	208			

注：[a] $R^2=0.091$（调整 $R^2=0.078$）。

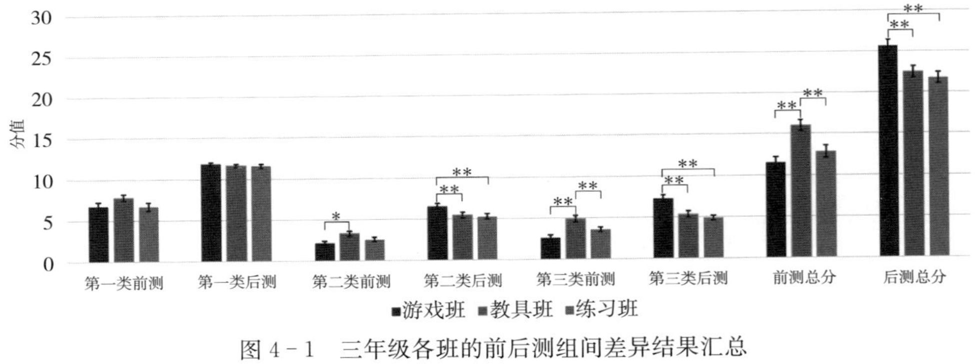

图 4－1　三年级各班的前后测组间差异结果汇总

注：**在 0.01 水平上显著相关；* 在 0.05 水平上显著相关。

在第三类知识后测中，协方差分析结果显示在排除第三类知识的前测成绩对这类知识的后测成绩的干扰后，组别依然对第三类知识的成绩差异有显著影响（$F=15.429$，$P=0$），如表 4-5 所示。在第三类知识后测的成对比较中，游戏组的成绩均值显著高于教具组（$P=0<0.01$），同时游戏组的成绩均值显著高于练习组（$P=0<0.01$），但教具组与练习组在这类知识的后测成绩无显著差异（$P=0.678$），成对比较结果详见附录 D 附表 D-4。

表 4-5　三年级分数概念性知识第三类后测的主体间效应检验

源	Ⅲ型平方和	*df*	均方	*F*	*Sig.*
校正模型	306.372[a]	3	102.124	11.644	0
截距	1 920.933	1	1 920.933	219.014	0
组别编号	270.647	2	135.324	15.429	0
第三类前测	90.698	1	90.698	10.341	0.002
误差	1 798.023	205	8.771		
总计	9 156.860	209			
校正的总计	2 104.395	208			

注：[a] $R^2=0.146$（调整 $R^2=0.133$）。

在后测总分中，协方差分析结果显示在排除前测总分对后测总分的干扰后，组别依然对后测总分的差异有显著影响（$F=17.477$，$P=0$），详见附录 D 附表 D-5、附表 D-6。在后测总分的成对比较中，游戏组的成绩均值显著高于教具组（$P=0<0.01$），同时游戏组的成绩均值显著高于练习组（$P=0<0.01$），但教具组与练习组在这类知识的后测成绩均值无显著差异（$P=0.562$）。

三年级游戏班、教具班、练习班的前后测组间差异的结果汇总如图 4-1 所示。总体来说，游戏班在第二类、第三类测试题目后测及后测总分上有非常好的表现。在第二类题目分数与数轴的成绩均值显著高于教具班和练习班；在第三类题目分数比较大小的成绩均值显著高于其他两个组别；在后测总分均值也显著高于教具班和练习班。

2. 组内差异

如表 4-6 所示，游戏班在经过分数概念性知识单元的学习后，分数概念性知识的各类后测题目及后测总分成绩均值都显著高于前测，配对样本 t 检验显示其显著水平都小于 0.01。配对样本 t 检验显示，教具班的第一类和第二类知识的后测以及后测总分成绩均值都显著高于前测（$P<0.01$），但第三类知识的后测成绩均值与前测成绩均值无显著差异（$P=0.284$）。经配对样本 t 检验，发现练习班各类知识后测及后测总分成绩均值都显著高于前测水平（$P<0.01$）。

表 4-6　三年级各班前后测成绩配对样本 t 检验结果

班级	项目	均值	标准差	均值的标准误	t	df	$Sig.$（双侧）
游戏班	第一类后测-第一类前测	5.067 7	3.443 3	0.414 5	12.225	68	0
	第二类后测-第二类前测	4.422 0	2.840 4	0.341 9	12.932	68	0
	第三类后测-第三类前测	4.607 4	4.249 3	0.511 6	9.007	68	0
	后测总分-前测总分	14.097 14	6.455 51	0.777 15	18.139	68	0
教具班	第一类后测-第一类前测	3.829 5	3.310 3	0.404 4	9.469	66	0
	第二类后测-第二类前测	2.174 1	3.255 3	0.397 7	5.467	66	0
	第三类后测-第三类前测	0.469 0	3.551 4	0.433 9	1.081	66	0.284
	后测总分-前测总分	6.472 64	6.189 53	0.756 17	8.560	66	0
练习班	第一类后测-第一类前测	4.880 4	3.823 2	0.447 5	10.907	72	0
	第二类后测-第二类前测	2.738 2	3.171 5	0.371 2	7.377	72	0
	第三类后测-第三类前测	1.311 4	3.201 1	0.374 7	3.500	72	0.001
	后测总分-前测总分	8.930 08	6.342 62	0.742 35	12.030	72	0

图 4-2 展示了三年级游戏班、教具班、练习班的前后测组内差异情况。总体来看，三个组别都在分数概念性知识单元的学校教育中，提高了分数概念性知识水平。游戏班和练习班在后测中的各类题目及总分均值都较前测有显著提高，教具班的一类题目、二类题目及总分的后测均值较前测有显著提高。

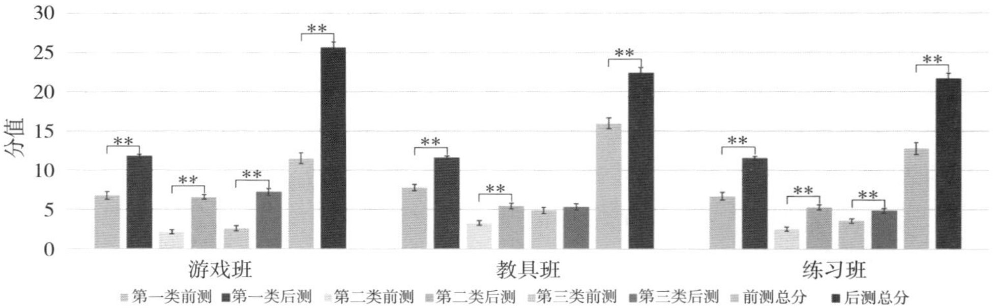

图 4-2　三年级各班的前后测组内差异结果

注：**在 0.01 水平上显著相关。

（二）主体性体验结果

1. 组间差异

（1）数学焦虑

三年级各组数学焦虑量表的前测的描述统计如表 4-7 所示。*Levene* 检验显示，在前测中，数学焦虑量表的“数学测评焦虑”（$P=0.562$）、“数学学习焦虑”（$P=0.53$）以及量表总体（$P=0.955$）的方差齐性，详见附录D附表D-7。单因素方差分析显示，在前测中，三年级各组的数学焦虑量表的两个维度以及总表的分值均值无显著差异（$P>0.05$），详见附录D附表D-8。

表4-7 三年级各班数学焦虑量表前后测描述统计

项目	组别	前测			后测		
		N	均值	标准差	*N*	均值	标准差
数学焦虑-测评	游戏	69	2.989 1	1.108 49	69	2.543 5	1.034 30
	教具	67	2.711 9	1.058 00	67	2.507 5	1.168 53
	练习	73	2.600 3	1.162 29	73	2.780 8	1.007 74
	总数	209	2.764 4	1.118 76	209	2.614 8	1.072 20
数学焦虑-学习	游戏	69	2.195 7	1.027 09	69	2.105 1	0.850 40
	教具	67	2.097 4	1.016 32	67	1.929 1	0.857 02
	练习	73	2.025 2	0.881 49	73	2.219 2	0.907 10
	总数	209	2.104 6	0.972 92	209	2.088 5	0.876 68
数学焦虑	游戏	69	2.592 4	0.932 87	69	2.324 3	0.878 23
	教具	67	2.404 6	0.893 59	67	2.218 3	0.925 32
	练习	73	2.312 7	0.908 43	73	2.500 0	0.838 01
	总数	209	2.434 5	0.915 04	209	2.351 7	0.883 53

数学焦虑量表后测的描述性统计分析结果如表4-7所示。使用协方差方法进行三年级各班数学焦虑量表的后测分析，以排除前测成绩对后测成绩的混杂影响。在主体间效应检验中，如表4-8所示，组别对数学测评焦虑维度的后测分数的差异有显著影响（$F=6.588$，$P=0.002<0.01$）。在成对比较中，如图4-3所示，练习班的数学测评焦虑显著高于教具班（$P=0.013<0.05$），练习班的数学测评焦虑显著高于游戏班（$P=0.001<0.01$），游戏班和教具班在此维度上无显著差异（$P=0.321$），详见附录D附表D-9。

表4-8 三年级数学焦虑量表数学测评焦虑后测的主体间效应检验

源	Ⅲ型平方和	*df*	均方	*F*	*Sig.*
校正模型	104.471[a]	3	34.824	53.018	0
截距	21.478	1	21.478	32.701	0
组别	8.655	2	4.327	6.588	0.002
MA-pre-evaluation	101.336	1	101.336	154.282	0

（续）

源	Ⅲ型平方和	df	均方	F	$Sig.$
误差	134.648	205	0.657		
总计	1 668.125	209			
校正的总计	239.119	208			

注：[a] $R^2=0.437$（调整 $R^2=0.429$）。

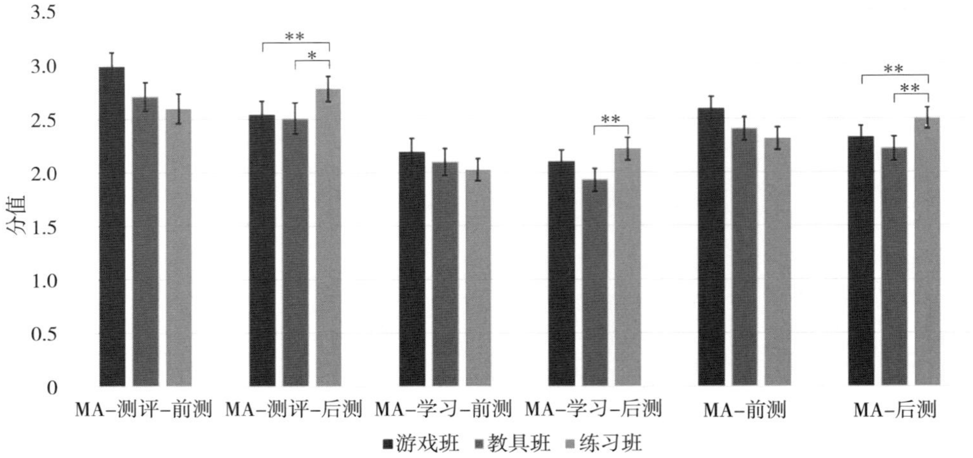

图 4-3　三年级各班数学焦虑量表的前后测组间差异

注：**在 0.01 水平上显著相关；* 在 0.05 水平上显著相关。

在数学学习焦虑维度方面，协方差分析主体间效应检验结果表明组别对数学学习焦虑分值的差异有显著影响（$F=3.814$，$P=0.024<0.05$），如表 4-9 所示。在成对比较中，练习组的数学学习焦虑程度显著高于教具组（$P=0.007$），详见附录 D 附表 D-10。

表 4-9　三年级数学焦虑量表数学学习焦虑后测的主体间效应检验

源	Ⅲ型平方和	df	均方	F	$Sig.$
校正模型	56.485[a]	3	18.828	37.337	0
截距	35.255	1	35.255	69.912	0
组别	3.847	2	1.923	3.814	0.024
MA-pre-learning	53.517	1	53.517	106.126	0
误差	103.377	205	0.504		
总计	1 071.500	209			

（续）

源	Ⅲ型平方和	df	均方	F	$Sig.$
校正的总计	159.862	208			

注：[a] $R^2=0.353$（调整 $R^2=0.344$）。

从数学焦虑量表后测总体上看，协方差主体效应检验发现在排除数学焦虑量表前测的混杂影响后，组别对数学焦虑量表后测总分的差异具有显著影响（$F=7.2$，$P=0.001$），如表 4-10 所示。在成对比较中，练习班的数学焦虑后测显著高于教具班（$P=0.002$），同时显著高于游戏班（$P=0.001$），游戏班与教具班无显著差异（$P=0.862$），详见附录 D 附表 D-11。

表 4-10　三年级数学焦虑量表后测总体的主体间效应检验

源	Ⅲ型平方和	df	均方	F	$Sig.$
校正模型	78.948[a]	3	26.316	64.667	0
截距	13.269	1	13.269	32.606	0
组别	5.860	2	2.930	7.200	0.001
MA-pre	76.098	1	76.098	186.999	0
误差	83.423	205	0.407		
总计	1 318.219	209			
校正的总计	162.371	208			

注：[a] $R^2=0.486$（调整 $R^2=0.479$）。

三年级游戏班、教具班、练习班的数学焦虑量表的前后测组间差异情况如图 4-3 所示。总体来看，在前测中，各班的数学焦虑程度无显著差异；在后测中，游戏班和教具班的数学焦虑程度均值低于常规的练习班。具体来看，在数学焦虑的测评维度，游戏班和教具班的焦虑程度均值都显著低于练习班；在数学焦虑的学习维度，教具班的焦虑程度均值显著低于练习班；从总体来看，游戏班和教具班的焦虑程度均值显著低于练习班。

（2）数学学习动机

在数学学习动机量表的前测中，*Levene* 检验显示胜任维度、兴趣维度以及总表的方差齐性（$P>0.05$），详见附录 D 附表 D-12。描述统计结果如表 4-11 所示，经单因素方差分析，发现各组在数学学习动机量表的胜任维度上无显著差异（$F=1.573$，$P=0.21$），各组在兴趣维度上有显著差异（$F=4.914$，$P=0.008$），事后检验 HSD 法发现练习组显著高于游戏组（$P=0.008$）；数学学习动机量表总体上，单因素方差分析显示各组有显著差异（$F=3.633$，$P=0.028$），事后检验 HSD 法，发现练习组显著高于游戏组（$P=0.045$），如表 4-12 所示。

表 4-11　三年级各班数学学习动机量表前后测的描述统计

项目	组别	前测			后测		
		N	均值	标准差	N	均值	标准差
内在动机-胜任	游戏	69	3.417 4	0.780 45	69	3.938 8	0.705 96
	教具	67	3.662 7	0.776 32	67	3.973 5	0.751 13
	练习	73	3.583 3	0.905 39	73	3.676 7	0.617 90
	总数	209	3.554 0	0.827 29	209	3.929 8	0.667 67
内在动机-兴趣	游戏	69	3.800 7	0.912 11	69	4.123 2	0.697 45
	教具	67	4.126 9	0.854 33	67	4.171 6	0.937 65
	练习	73	4.221 8	0.731 90	73	4.137 0	0.709 61
	总数	209	4.052 4	0.849 63	209	4.143 5	0.782 76
内在动机	游戏	69	3.587 8	0.755 3	69	3.938 8	0.705 96
	教具	67	3.869 0	0.674 18	67	3.973 5	0.751 13
	练习	73	3.879 4	0.735 80	73	3.881 3	0.543 80
	总数	209	3.779 8	0.732 40	209	3.929 8	0.667 67

表 4-12　三年级数学学习动机量表前测单因素方差分析及事后比较

项目	范围	平方和	df	均方	F	显著性	事后比较
IMIpre-胜任	组间	2.142	2	1.071	1.573	0.21	
	组内	140.216	206	0.681			
	总数	142.358	208				
IMIpre-兴趣	组间	6.838	2	3.419	4.914	0.008	练习>游戏
	组内	143.313	206	0.696			
	总数	150.150	208				
IMIpre	组间	3.801	2	1.901	3.633	0.028	练习>游戏
	组内	107.772	206	0.523			
	总数	111.573	208				

数学学习动机量表的后测的描述统计如表 4-11 所示。协方差主体间效应检验发现排除前测分数的混杂影响后，组别没有对胜任维度的后测分数的差异产生显著影响（$F=1.575$，$P=0.21>0.05$），详见附录 D 附表 D-13。在数学学习动机量表的兴趣维度后测中，协方差分析的主体间效应检验发现，在排除兴趣维度前测成绩的混杂影响后，组别没有对兴趣维度的后测分数有显著影响（$F=0.769$，$P=0.465$），详见附录 D 附表 D-14。

协方差主体效应检验发现，在排除量表总体前测分数的混杂影响下，组别没有对数学学习动机量表的后测总体分数的差异有显著影响（$F=2.116$，$P=0.123$），详见附录 D 附表 D-15；在成对比较中，游戏组显著高于练习组（$P=0.041<0.05$），详见附录 D 附表 D-16。

三年级游戏班、教具班、练习班内在动机量表的前后测组间差异情况汇总如图 4-4 所示。总体来看，在后测中，三个班级的动机水平基本一致。

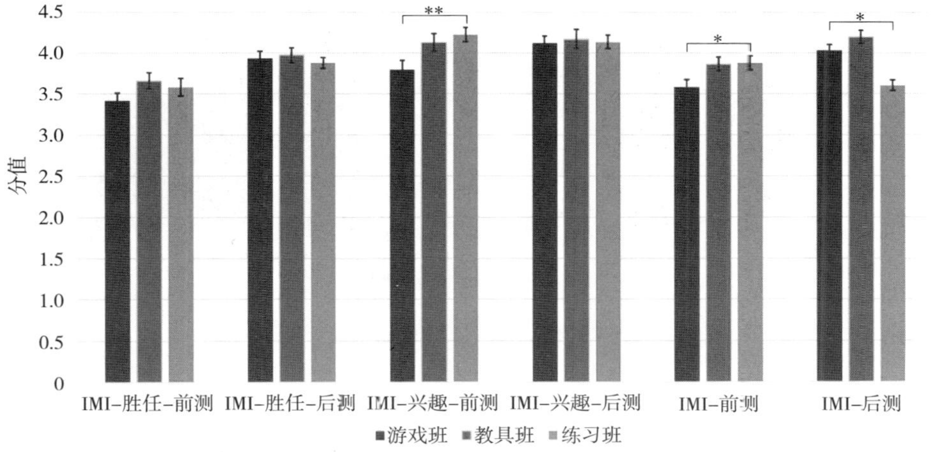

图 4-4　三年级各班内在动机量表的前后测组间差异

注：**在 0.01 水平上显著相关；*在 0.05 水平上显著相关。

（3）自我效能感

自我效能感的前后测量表的描述统计结果见表 4-13。在前测中，自我效能感分数的 *Levene* 检验显示各组方差齐性（$P=0.931$），单因素方差分析显示各组的自我效能感分数无显著差异（$F=2.069$，$P=0.129$），详见附录 D 附表 D-17。后测各组的自我效能感分数的误差方差等同性 *Levene* 检验显示误差方差齐性（$P=0.714$），协方差主体间效应检验显示组别对后测自我效能感分数无显著影响（$F=1.152$，$P=0.318$），详见附录 D 附表 D-18。三年级游戏班、教具班、练习班自我效能感量表的前后测组间差异情况汇总见图 4-5。总体来看，三个组别在自我效能感方面的前后测均值无显著差异。

表 4-13　三年级各班自我效能感前测、后测的描述统计

项目	组别	前测			后测		
		N	均值	标准差	*N*	均值	标准差
自我效能感	游戏	69	4.084 6	1.362 76	69	4.637 7	1.208 28
	教具	67	4.432 8	1.398 67	67	4.616 9	1.172 43
	练习	73	4.536 8	1.373 86	73	4.552 5	1.253 66
	总数	209	4.354 2	1.385 29	209	4.601 3	1.207 83

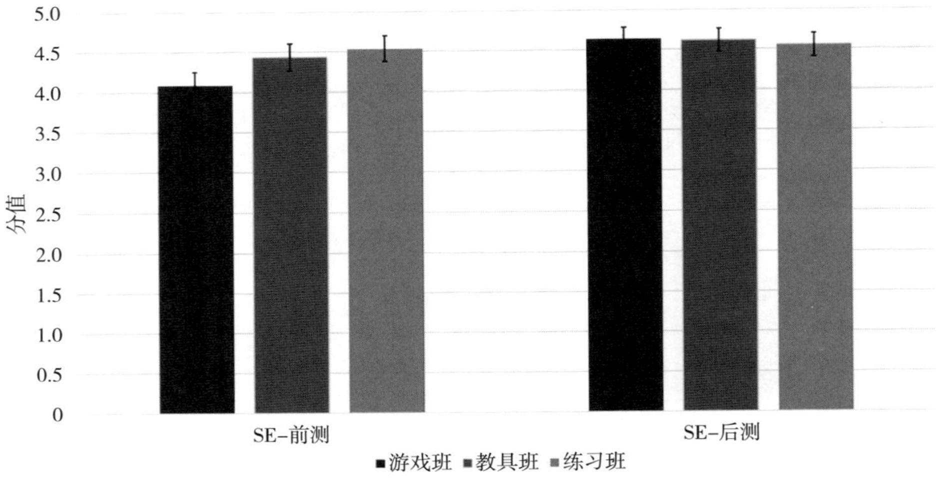

图 4-5　三年级各班自我效能感量表的前后测组间差异

2. 组内差异

游戏班在数学焦虑量表的前后测配对样本 t 检验中，数学测量焦虑维度的后测分数均值较前测有显著下降（$P=0$），数学学习焦虑无显著变化（$P=0.365$），数学焦虑量表整体的后测分值均值较前测有显著下降（$P=0.003$）。相比前测，数学学习动机的两个维度（胜任、兴趣）以及量表整体的分数均值在后测中有显著提高（$P<0.01$）。后测的自我效能感也较前测有显著提高（$P=0.001$），如表 4-14 所示。

配对样本 t 检验显示，教具班数学测评焦虑维度的后测分数均值与前测无显著差异（$P=0.062$），数学学习焦虑维度的后测分数均值显著低于前测（$P=0.031$），数学焦虑量表整体的后测分数均值较前测有显著下降（$P=0.006$）。数学学习动机的胜任维度（$P=0.068$）、兴趣维度（$P=0.663$）以及量表总体（$P=0.16$）的后测分数均值较前测无显著差异。自我效能感量表的后测分数均值与前测无显著差异（$P=0.196$），如表4-14所示。

经配对样本 t 检验，发现练习班数学焦虑量表的总体及其两个维度的前后测分数均值无显著差异（$P>0.05$）。内在动机量表的胜任维度的后测分数均值较前测无显著差异（$P=0.361$），兴趣维度的后测分数均值较前测无显著差异（$P=0.378$），内在动机量表的后测较前测无显著变化（$P=0.981$）。自我效能感前后测分数均值无显著差异（$P=0.929$），如表 4-14所示。

表 4-14　三年级各班数学焦虑量表、数学学习动机量表、自我效能感量表的配对样本 *t* 检验结果

班级	样本	项目	均值	标准差	均值的标准误	*t*	*df*	*Sig.*（双侧）
游戏班	对 1	MA-测评-post-MA-测评-pre	−0.445 65	0.878 53	0.105 76	−4.214	68	0
	对 2	MA-学习-post-MA-学习-pre	−0.090 58	0.824 68	0.099 28	−0.912	68	0.365
	对 3	MA-post-MA-pre	−0.268 12	0.714 95	0.086 07	−3.115	68	0.003
	对 4	IMI-胜任-post-IMI-胜任-pre	0.373 91	0.772 25	0.092 97	4.022	68	0
	对 5	IMI-兴趣-post-IMI-兴趣-pre	0.322 46	0.964 54	0.116 12	2.777	68	0.007
	对 6	IMI-post-IMIpre	0.351 05	0.737 43	0.088 78	3.954	68	0
	对 7	SEpost-SEpre	0.553 06	1.299 14	0.156 40	3.536	68	0.001
教具班	对 1	MA-测评-post-MA-测评-pre	−0.204 42	0.882 87	0.107 86	−1.895	66	0.062
	对 2	MA-学习-post-MA-学习-pre	−0.168 25	0.622 92	0.076 10	−2.211	66	0.031
	对 3	MA-post-MA-pre	−0.186 33	0.541 12	0.066 11	−2.819	66	0.006
	对 4	IMI-胜任-post-IMI-胜任-pre	0.152 24	0.671 58	0.082 05	1.856	66	0.068
	对 5	IMI-兴趣-post-IMI-兴趣-pre	0.044 78	0.838 16	0.102 40	0.437	66	0.663
	对 6	IMI-post-IMIpre	0.104 48	0.602 05	0.073 55	1.420	66	0.160
	对 7	SEpost-SEpre	0.184 08	1.153 66	0.140 94	1.306	66	0.196
练习班	对 1	MA-post-测评-MA-pre-测评	0.180 56	0.953 39	0.111 59	1.618	72	0.110
	对 2	MA-post-学习-MA-pre-学习	0.193 97	1.028 30	0.120 35	1.612	72	0.111
	对 3	MA-post-MA-pre	0.187 27	0.819 79	0.095 95	1.952	72	0.055
	对 4	IMI-胜任-post-IMIpre-胜任	0.093 38	0.867 92	0.101 58	0.919	72	0.361
	对 5	IMI-兴趣-post-IMIpre-兴趣	−0.084 84	0.816 47	0.095 56	−0.888	72	0.378
	对 6	IMI-post-IMIpre	0.001 91	0.688 28	0.080 56	0.024	72	0.981
	对 7	SEpost-SEpre	0.015 75	1.513 84	0.177 18	0.089	72	0.929

注：MA 代表数学焦虑量表，IMI 代表数学学习内在动机量表，SE 代表自我效能感量表。

图 4－6、图 4－7、图 4－8 展示了三年级各班在数学焦虑、内在动机、自我效能感方面的组内差异。总体来看，在组内差异方面，游戏班和教具班的数学焦虑程度都有所下降，数学学习的内在动机和自我效能感只有游戏班明显提高。练习班的数学焦虑程度、内在动机水平以及自我效能感水平无显著变化。教具班的内在动机和自我效能感水平无显著变化。

总体来看，在组间差异方面，经协方差分析发现，在后测中，组别未对第一类测试题目的差异产生显著影响，但对第二类题目和第三类题目以及题目总

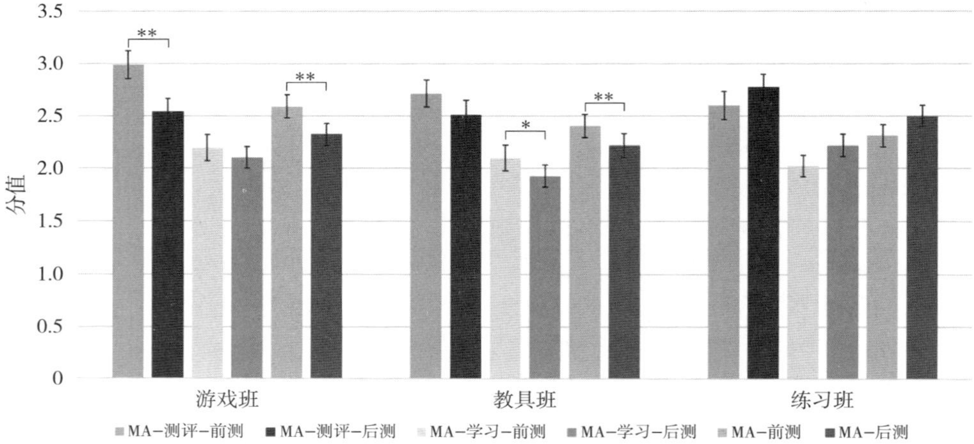

图 4－6　三年级各班数学焦虑量表组内差异

注：**在 0.01 水平上显著相关；* 在 0.05 水平上显著相关。

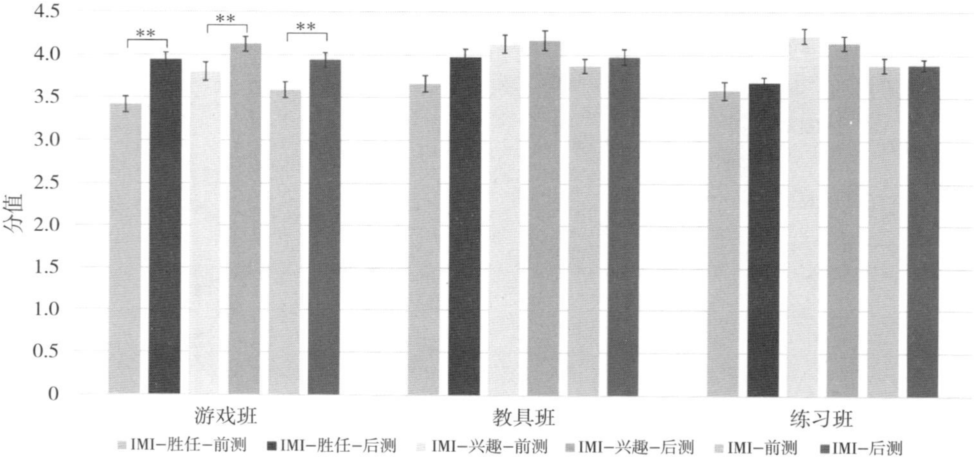

图 4－7　三年级各班数学学习内在动机量表组内差异

注：**在 0.01 水平上显著相关。

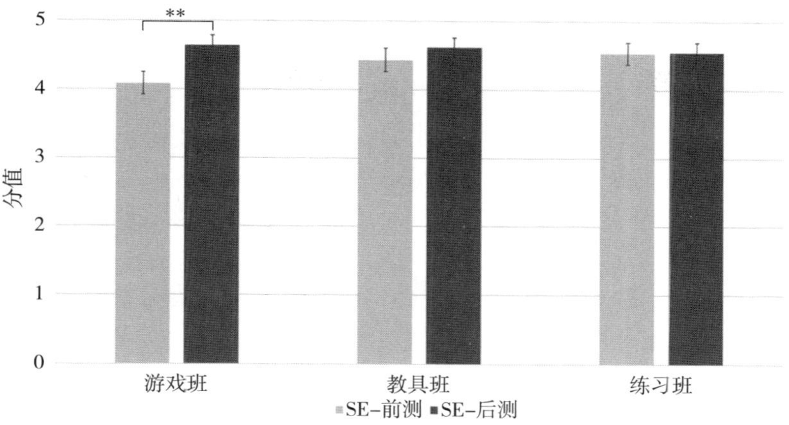

图 4-8　三年级各班自我效能感量表组内差异

注：**在 0.01 水平上显著相关。

体的差异产生了显著影响，游戏班显著高于教具班，同时游戏班显著高于练习班。在主体性体验范畴内，组别对后测中的数学焦虑的测评维度和学习维度以及量表总体的差异都产生了显著影响，大体上练习班的数学焦虑程度显著高于教具班和游戏班。在数学学习的内在动机方面，组别没有对后测的内在动机的胜任维度、学习维度以及量表总体的差异产生显著影响，但在动机量表总体方面，游戏班的动机显著高于练习班。在自我效能感方面，组别没有对自我效能感的差异产生显著影响。

在组内差异方面，在完成分数的初步认识这一单元的学习后，配对样本 t 检验显示各班在各类分数知识的测评中基本上都有显著提高（除教具班的第三类知识无显著提高外），游戏班的数学测评焦虑以及数学焦虑总体程度显著下降，数学学习内在动机的胜任维度、兴趣维度以及动机总体程度都显著提高，自我效能感显著提高。教具班的数学学习焦虑以及数学焦虑总体程度显著下降，数学学习内在动机的各个维度及总体无显著变化，自我效能感无显著变化。练习班在数学焦虑、内在学习动机、自我效能感的各个维度及量表总体的组内差异都无显著差异。

（三）认知体验与主体性体验的相关与回归分析

在检验三年级游戏班、教具班和练习班在认知体验和主体性体验方面的组间差异和组内差异的同时，为进一步理解认知体验和主体性体验的关系，本研究就后测的成绩数据与问卷数据进行相关分析。

首先，如表 4-15 所示，发现三年级儿童的分数概念性知识后测总分与数学测评焦虑（$r=-0.231$）和数学学习焦虑（$r=-0.244$）在 0.01 水平上呈显著负相关，与自我效能感在 0.05 水平上呈显著正相关（$r=0.17$）。这说明分数概念性知识的认知成果在一定程度上与主体性体验范畴的数学焦虑与自我效能感有关。在相关强度上看，分数概念性知识后测总分与数学测评焦虑和数学学习焦虑的相关性属于弱相关，与自我效能感的相关关系属于极弱相关。这说明分数概念性知识水平虽然与主体性体验有关，但其认知成果主要与教育干预有关，即教育干预引发了分数概念性知识认知水平的变化。

其次，在主体性体验范畴内，总体上看数学学习焦虑与数学学习内在动机及自我效能感呈显著负相关。其中，数学测评焦虑与数学学习焦虑呈显著正相关，且属于强相关（$r=0.641$）；数学测评焦虑与内在动机的胜任维度（$r=-0.356$）和兴趣维度（$r=-0.247$）在 0.01 水平上呈显著负相关，属于弱相关；与自我效能感在 0.01 水平上呈负相关（$r=0.341$），属于弱相关。数学学习焦虑与内在动机的胜任维度（$r=-0.164$）和兴趣维度（$r=-0.259$）呈显著负相关，相关程度较弱；与自我效能感在 0.01 水平上呈显著负相关（$r=-0.237$），相关程度较弱。内在动机的胜任维度与兴趣维度（$r=0.494$）和自我效能感（$r=0.421$）在 0.01 水平上呈显著正相关，且呈中等程度相关；内在动机的兴趣维度与自我效能感（$r=0.142$）在 0.05 水平上呈显著正相关，相关程度较弱。各维度显著相关说明主体性体验范畴内的子范畴之间相互关联，构成了主体性体验的有机整体，这客观地说明应当以系统性思维来关注儿童学习过程中的主体性体验。

表 4-15　三年级儿童的分数概念性知识认知体验与主体性体验的相关分析

项目	分析项	MA-post-测评	MA-post-学习	IMI-胜任-post	IMI-兴趣-post	SE-post	后测三类总分
MA-post-测评	相关性	1	0.641**	−0.356**	−0.247**	−0.341**	−0.231**
	显著性		0	0	0	0	0.001
	N	209	209	209	209	209	209
MA-post-学习	相关性	0.641**	1	−0.164*	−0.259**	−0.237**	−0.244**
	显著性	0		0.018	0	0.001	0
	N	209	209	209	209	209	209
IMI-胜任-post	相关性	−0.356**	−0.164*	1	0.494**	0.421**	0.115
	显著性	0	0.018		0	0	0.097
	N	209	209	209	209	209	209

（续）

项目	分析项	MA-post-测评	MA-post-学习	IMI-胜任-post	IMI-兴趣-post	SE-post	后测三类总分
IMI-兴趣-post	相关性	−0.247**	−0.259**	0.494**	1	0.142*	0.087
	显著性	0	0	0		0.041	0.209
	N	209	209	209	209	209	209
SEpost	相关性	−0.341**	−0.237**	0.421**	0.142*	1	0.170*
	显著性	0	0.001	0	0.041		0.014
	N	209	209	209	209	209	209
后测三类总分	相关性	−0.231**	−0.244**	0.115	0.087	0.170*	1
	显著性	0.001	0	0.097	0.209	0.014	
	N	209	209	209	209	209	209

注：**在 0.01 水平（双侧）上显著相关；* 在 0.05 水平（双侧）上显著相关；MA 代表数学焦虑量表，IMI 代表数学学习内在动机量表，SE 代表自我效能感量表。

本研究使用 SPSS 软件借助逐步多元回归的方法，探讨三体性体验范畴内的数学焦虑感、数学学习内在动机、自我效能感等自变量与效标变量的关系，结果如表 4-16 所示。

表 4-16　主体性体验各因素对认知成果的逐步多元回归分析摘要表

源	*R*	R^2	调整 R^2	*F*	*F* 更改	*B*	标准系数
截距						26.679	
数学学习焦虑	0.244	0.059	0.055	13.059***	13.059***	−1.642	−0.244

在主体性体验范畴内的数学测评焦虑、内在学习动机的胜任维度、内在学习动机的兴趣维度以及自我效能感的回归系数均未达到显著水平而被排除在回归模型以外，数学学习焦虑的回归系数达到显著水平，进入回归模型。数学学习焦虑对于效标变量“后测总分”的预测力为 5.9%，即数学学习焦虑这一因素解释了变异量的 5.9%。在标准化回归系数方面，数学学习焦虑的 β 值为 −0.244，数值为负，表示其对“后测总分”具有负向影响。

三、讨论与结论

（一）游戏化学习对发展分数认知能力的效果评价与作用机制

本研究将游戏化学习应用于学校教育中，与课堂教学进行整合，开展准实验研究以检验游戏的应用效果。在分数概念性知识的认知成果方面，经协方差统计分析方法排除了前测成绩的混杂影响后，发现在后测中，组别对后测成绩有显著影响，游戏班、教具班和做题班在第一类测试题目分数与图形的成绩均值无显著差异，且正确率较高。这表明经过教师教学以及不同形式的准实验处理，各组儿童都能够很好地掌握部分与整体这类知识。

在后测中，经协方差分析，发现在测量儿童分数数值理解的第二类题目分数与数轴以及第三类题目分数比较大小，游戏班的成绩均值都显著高于教具班，同时显著高于练习班，教具班和练习班的成绩均值无显著差异。游戏班在分数与数轴分数比较大小方面的突出表现说明游戏班儿童在经过游戏体验之后，数值理解能力得以发展。通过玩分数游戏 Run Fraction，儿童对分数的数值有了更深的理解与掌握，更倾向于将分数作为一个具有数值的数字整体进行理解，进而在分数与数轴以及分数比较大小的题目中有更好的表现。后测总分的协方差分析表明游戏班的成绩均值显著高于教具班，同时显著高于练习班，教具班和练习班无显著差异。这表明游戏班在单元学习后，分数概念性知识方面的整体掌握情况较好。

经过分数概念性知识教学单元分数的初步认识的学习，游戏班、教具班和练习班在各类测试题目及题目总分的成绩均值基本上都有显著提升，但教具班的第三类题目分数比较大小的后测成绩均值与前测均值无显著差异。这说明准实验中的三种学习方式都是有效的，无论是常规的做题练习班，还是使用普及度较高的教具的班级，以及使用精心设计的分数游戏 Run Fraction 的班级，儿童的分数概念性知识水平都有显著的提高。其认知成果同时也要归功于本单元的教师教学，有效的课堂教学是游戏化学习与课堂教学优化整合的前提。

结合统计数据，可以发现在课堂教学课时相同的情况下，游戏班在部分与整体知识方面的认知水平与教具班、练习班一致，还通过玩分数游戏 Run Fraction 提高了数值理解能力，在分数与数轴、分数比较大小的题目中有显著高于教具班和练习班的认知水平。这体现了在与课堂教学结合的场景中，分数游戏 Run Fraction 可以作为教师课堂教学的补充，能够有效地提高儿童分数的数值理解能力，提升分数概念性知识认知水平。

在与课堂教学进行整合的应用场景中，分数游戏 Run Fraction 在认知体验的范畴内，为什么能够提高儿童的分数概念性知识水平？第一，Run Fraction 在设计之初考虑到儿童对分数概念性知识的掌握现状以及分数教学现状，着重关注了分数概念性知识的第二类测量解释知识，并运用数轴的方式辅助儿童理解分数的数值，因此该游戏有助于发展儿童的数值理解能力。第二，在内容设计方面，Run Fraction 较好地平衡了部分与整体知识与测量解释知识的联结关系，如给出待匹配的分数是以“部分与整体”的图形方式进行呈现。

游戏对两类知识的对应与平衡关系的重视有助于儿童理解不同分数含义的转换关系，进而对分数概念性知识有更加综合性、系统性的理解。第三，在与课堂教学整合的过程中，游戏化学习不但有助于吸引保持学生的注意力、提高学习动机、培养学习兴趣，同时也成为教师课堂教学的补充。目前小学数学教材在分数概念性知识单元的主要授课内容是部分与整体，尚未强调数值理解与测量解释知识。本研究的准实验数据结果表明，在总课时相同的情况下，游戏班的学生不但很好地掌握了部分与整体知识，借助玩分数游戏 Run Fraction，他们也很好地掌握测量解释知识。第四，分数游戏的游戏化设计有助于儿童有持续的认知投入。目前，该游戏一共有 19 个关卡，每个关卡包含 10 个数字任务，儿童在玩完整个游戏时，至少完成了 190 个数字任务。而游戏的趣味性有助于让儿童有持续的认知投入，在游戏中有持续的知识习得与知识实践的学习行为，这也是提高学习效果的基础。

（二）游戏化学习对优化主体性体验的效果评价与作用机制

在主体性体验方面，本研究测量了三年级儿童的数学焦虑、内在动机以及自我效能感。经协方差统计分析后发现，在排除前测分数的混杂影响后，在后测中，练习班的数学测评维度的焦虑以及数学焦虑整体的程度都显著高于教具班和游戏班，同时数学练习维度的焦虑程度显著高于教具班。这表明在学习完“分数的初步认识”这一单元后，练习班儿童的数学焦虑程度明显高于教具班和游戏班。经配对样本 t 检验，发现游戏班和教具班在数学焦虑量表上整体的数据显示焦虑程度有显著下降，同时，游戏班的数学测评维度和教具班的数学学习维度的焦虑程度显著下降。这表明在分数概念性知识的学习中，游戏和教具的使用都能够有效降低儿童的数学焦虑。但与此同时，练习班的数学焦虑程度（整体以及维度）都没有显著变化。

在数学学习的内在动机方面，在排除前测分数的混杂影响后，协方差分析表明，组别没有对数学学习内在动机的胜任“兴趣”维度以及量表总体的差异产生显著影响，但在内在动机量表总体方面的事后分析发现，游戏班内在动机显著高于练习班。同时，配对样本 t 检验显示，只有游戏班在内在动机的胜任、兴趣维度以及总体有显著提高，教具班和练习班的内在动机各维度及总体都无显著变化。分数学习是小学数学学习的重难点，成功的分数学习需要兴趣与动机的支撑。分数游戏 Run Fraction 不但激发了儿童对于游戏学习内容的兴趣，还提高了儿童的数学学习兴趣，并转化成儿童数学学习动机的提高，这有助于儿童的知识获得，丰富认知成果。就教具的使用而言，虽然儿童对新奇的教具有一定的好奇心，教具的使用也引发了数学焦虑的下降，但儿童对于教具使用的兴趣最终未能转化为数学学习动机的提高。可见相比教具的使用，基于电子游戏的学习更有助于提高儿童的数学学习动机，激发数学学习的兴趣。常规的练习班的数学动机水平无显著变化，这也表明在学习分数概念性知识的过程中，学习者需要额外的教育干预以提高数学学习动机。

在自我效能感方面，经协方差分析排除了前测分数的混杂影响后，组别未对自我效能感的后测分数产生显著影响，说明游戏、教具和做题的学习方式未能产生自我效能感的组间差异。但在配对样本 t 检验中，发现只有游戏班的自我效能感的后测分数较前测有显著提高。说明玩分数游戏能够提高儿童的自我效能感。

综合来看，在游戏化学习与课堂教学整合的研究中，本研究发现在课堂教学中使用分数游戏 Run Fraction 能够优化儿童的主体性体验，包括有效降低儿童的数学焦虑感，提高数学学习动机和提高自我效能感。在准实验对比研究中发现，虽然在课堂上应用教具能够在一定程度上降低数学焦虑感，但教具的使用未能对数学学习的内在动机产生实质性影响，也未能有效提升自我效能感。因此，相比于常规课堂教学以及使用较为普遍的教具学习，与课堂教学整合的基于 Run Fraction 的游戏化分数学习能够优化儿童学习过程中的主体性体验。

那么为什么与课堂教学整合的游戏化分数学习能够优化儿童的主体性体验？第一，除了教育性以外，分数游戏 Run Fraction 还具备一定的娱乐特征，这些娱乐特征有助于优化儿童的主体性体验。这款游戏在设计上，综合考虑了动机理论、自我效能感、需求层次等理论，建立了多元的奖励机制，以最大限度地满足学习者在游戏中的心理诉求；在场景设计方面，该游戏创建了 3D 的虚拟场景，并重视了场景的变换，尽可能创造游戏的沉浸感和临场体验感；在声音设计方面，这款游戏也精心挑选了与游戏情节、人物动作相匹配的音乐与声音，创造了较好的视听体验。第二，游戏的即时反馈机制有助于培养儿童对于学习内容的自信心，进而提高学习动机，提升学习的自我效能感。相比于传统常规的练习方式，儿童在游戏中能够迅速得到反馈，并被迫依据反馈立即调整学习行为，否则将会面临游戏中的惩罚。因此游戏的即时反馈能够让儿童在短时间内迅速调整学习行为，同时游戏中的闯关失败或是闯关成功都可能会引发儿童的情绪变化，促进个人反思，增加儿童的情感投入。第三，游戏化学习方式丰富了课堂教学方式，本研究发现，教具的使用和游戏的使用都有助于降低儿童的数学焦虑感，这表明在常规的课堂教学以外，增加一些新颖的学习体验，有助于优化儿童在学习过程中的情绪状态。

（三）主体性体验对促进分数认知发展的作用机制

结合相关分析的数据结果，可以发现儿童的分数概念性知识的认知成果与主体性体验的确有一定的相关性，优化儿童的主体性体验有助于提高认知水平。游戏化学习的优势之一就是借助基于技术的游戏化元素创造娱乐氛围，让儿童在轻松愉悦的环境中获得学习体验。在本次准实验过程中，游戏班儿童的数学焦虑程度显著下降，数学内在学习动机和自我效能感显著提高，这说明游戏干预优化了儿童的主体性体验；与此同时，游戏班不但在“部分与整体”的知识获得上有很好的表现，在体现分数数值理解的测试中也有显著优异的表现，这说明儿童在游戏化学习过程中获得的良好的主体性体验有助于儿童的知识获得，提高分数的概念性知识水平。

回归分析的数据结果也支持了主体性体验对于认知成果的影响作用，儿童的数学学习焦虑程度能够预测分数概念性知识水平。在本次实验中，游戏班的数学焦虑水平显著下降，且显著低于常规的练习班，在分数概念性知识的后测中，游戏班在第二类、第三类题目以及总分均值都显著高于教具班和练习班。这说明游戏化学习可以通过降低儿童的数学焦虑感，优化主体性体验，进而提高认知水平。同时，主体性体验范畴内的各个因素也具有一定的关联性，这提示教育研究者与实践者应当充分关注儿童在数学学习过程中的兴趣、情绪、动机，并给予恰当的教育干预。小学阶段，尤其是三四年级，是发展儿童基本数学技能，培养数学学习兴趣的基础时期。

与此同时，主体性体验的部分因素虽然与认知成果呈显著相关，但相关程度较弱；主体性体验与认知成果的回归分析也显示，虽然数学学习焦虑能够预测分数概念性知识水平，但 R^2 值较小，预测效果较弱。这说明主体性体验对认知成果有一定影响，但影响程度较小，认知成果的产生主要源于教育干预。这也客观地说明游戏化学习的认知成果主要源于游戏所提供的认知内容与认知方式，教育游戏的设计必须首先立足于学习内容的设计，并关注认知内容与游戏元素的有机融合。

四、本章小结

本章将分数游戏 Run Fraction 与课堂教学进行整合，并开展了准实验研究，从认知体验与主体性体验两个维度，探究基于此游戏的游戏化分数学习与课堂教学整合的方式在提高三年级儿童分数概念性知识水平、优化学生主体性体验方面的效果。研究发现，在数学课堂教学的练习环节使用分数游戏 Run Fraction，学生的分数概念性知识水平显著提高，同时数学焦虑感显著下降，数学学习的内在动机以及自我效能感显著提高。同时，在与教具班和练习班的对比中，发现在课时相同的情况下，游戏班不但在理解分数“部分与整体”的含义中实现了与教具班和练习班一致的认知成果，数值理解能力也得到充分发展。

在评估分数游戏 Run Fraction 与课堂教学整合的效果外，还基于统计分析结果，对主体性体验与认知成果的关系进行讨论。主体性体验的部分因素与认知成果呈显著相关，主体性体验的优化有助于提高分数的认知水平，三年级的数学学习焦虑程度能够预测分数概念性知识成绩，这说明开展游戏化学习优化学习者情绪、发展数学学习兴趣的必要性。引发分数认知水平变化的主要因素是教育干预，包括课堂教学、游戏化学习等。

第五章　分数游戏 Run Fraction 在课外学习中的应用效果研究

在第四章中，本研究尝试将所开发的分数游戏 Run Fraction 应用于三年级的分数概念性知识单元的课堂教学中，并开展了准实验研究，在认知成果和主体性体验成果两个维度评估了游戏化分数学习与课堂教育整合的应用效果。在研究游戏化分数学习与课堂教育整合的效果的同时，第五章继续将分数游戏 Run Fraction 应用于课外的数学学习场景中（第二课堂自主探究），通过准实验研究评估基于 Run Fraction 的游戏化分数学习在课外学习场景中的应用效果。

针对四、五年级学生开展课外学习场景中的游戏化分数学习，主要基于以下三个研究背景方面的考虑。

第一，从学习需求的角度看，虽然四、五年级的学生已经在三年级学习了“分数的初步认识”这一讲授分数概念性知识的单元，但在分数概念性知识学习现状的调研中，发现四、五年级学生在强调分数数值理解的测量解释分数概念性知识的测试中答题正确率较低。其中在分数概念性知识水平测试的第二类题目分数与数轴，四年级的正确率 46.82%，五年级的正确率 34.85%；在第三类题目分数比较大小测试中，四年级的正确率 52.31%，五年级的正确率 50.87%。同时，相对于分数与图形这类知识的高正确率（四年级 76.58%；五年级 85.99%），四、五年级儿童在测量解释这部分知识的答题正确率相对较低。

第二，依据数字发展的整合理论，分数的数值理解能力有助于提高儿童的有理数理解水平，以数值的方式理解分数有助于儿童更好地理解小数、比例和百分数。四年级是发展儿童有理数理解能力的重要时期，分数数值知识的丰富将有助于理解有理数的数值，同时也将为五年级学习分数复杂的计算知识打下基础。从儿童的数学能力发展的角度，良好的分数的数值理解能力有助于儿童分数估算与计算能力的发展（Siegler et al.，2011）。五年级学生即将学习分数的计算知识，以课外数学学习的方式对儿童的测量解释知识进行强化，有助于提高儿童的分数数值理解能力，为接下来系统地学习分数的运算知识奠定基础。

第三，从游戏化学习的应用的视角看，近年来随着移动技术的发展与普及，课外学习成为游戏化学习的重要应用场景（Chang et al.，2018；Denham et al.，2018）。学习者可以在游戏化学习中，基于丰富的学习体验对概念进行深入的理解（Oh et al.，2018）。在我国的基础教育阶段，课外学习也是学生获得知识、发展技能的重要途径。因此，在课外学习场景中，学生能否通过游戏化学习的方式，提高分数概念性知识水平，并优化主体性体验，是需要重视并回答的研究问题。

考虑到四、五年级学生的分数概念性知识水平、儿童分数能力的发展路径，以及游戏化学习对于课外数学学习的潜在支撑，本章将基于前文所提出的游戏化学习体验的理论框架，参考 Run Fraction 在认知内容和游戏化元素这两个方面的设计初衷，围绕游戏化分数学习的认知成果以及主体性体验对分数游戏 Run Fraction 在课外学习场景中的应用效果进行评估。

一、四年级小学生游戏化分数学习的应用效果研究

（一）研究设计

本节研究在北京市顺义区一所公立小学的四年级开展，随机选取三个班级开展准实验研究。在实验任务设计方面，考虑到当前做练习题依然是小学生课外数学学习的常规方式之一，因此本研究将游戏化分数学习与做分数练习题的效果进行对比研究，此外，还设置了不进行其他课外分数学习干预的控制组。游戏班每天在课余时间，在学校机房玩 20 分钟分数游戏 Run Fraction，共 5 天；练习班每天在课余时间，在班级做 20 分钟分数概念性知识练习题，共 5 天，练习题的主要内容是常规分数概念性知识的练习题，质量由该年级数学教师进行把控，练习题与游戏内容的知识点保持一致；控制班不进行任何课外分数学习活动。在实验周期的设计方面，基于分数游戏的教育目的，主要参考游戏化分数学习相关经典研究的设计（e. g. Riconscente，2013），在一周的连续 5 天内进行游戏干预。同时游戏的内容模块设计也能够匹配每天 20 分钟，共 5 天的游戏内容需求。

三个班级在实验开始前，进行分数概念性知识水平前测，并填写主体性体验范畴内的相关量表前测；在实验结束后，进行分数概念性知识水平后测，并填写主体性体验范畴内的相关量表的后测。准实验研究所使用的分数认知成果测试及问卷的详细信息请见本研究第三章“六、分数游戏应用效果的评价工具”分数游戏 Run Fraction 应用效果的测量与评价工具的介绍。参考游戏的主要定位是练习型自主探究类游戏，在学生玩游戏、做题的过程

中，教师和研究者不进行任何有关学习内容的指导，同时各班的数学任课教师在实验周期内不进行任何与分数知识有关的教学活动。

实验班级的具体任务安排如表 5－1 所示：

表 5－1　四年级课外游戏化分数学习准实验任务安排

实验组别	实验任务安排
游戏班（A 班）	日常数学课程学习＋每天玩 20 分钟分数游戏，共 5 天
做题班（D 班）	日常数学课程学习＋每天做 20 分钟分数练习题，共 5 天
控制班（B 班）	日常数学课程学习

（二）研究结果

在分数游戏 Run Fraction 在课外学习场景的应用效果评估中，本章继续依据游戏化学习体验的理论框架，使用第三章“六、分数游戏应用效果的评价工具”中介绍的游戏化学习应用效果的测量与评价工具，从基于情境的认知体验和基于动机的主体性体验两个维度来评估分数游戏在课外学习场景的应用效果。依据组间差异的数据结果分析准实验中不同干预处理所引发的在认知成果和主体性体验方面的差异；同时，依据组内差异的数据结果分析实验处理所引发的前后变化。在此基础上，借助 SPSS 统计工具进行相关分析和回归分析，以深入理解游戏化学习过程中主体性体验与认知体验的关系。

1. 认知体验结果

（1）组间差异

在前测中，游戏班（A 班）、做题班（D 班）和控制班（B 班）在第一类题目分数与图形的成绩均值都在 11.5～11.8 之间（总分 15 分），正确率较高；第二类题目分数与数轴的成绩均值在 6.8～7.7 之间（总分 15 分），正确率较低；第三类题目分数比较大小的成绩均值在 5.3～6.6 之间（总分 17 分），正确率较低，描述统计请见表 5－2。*Levene* 检验显示三个班级在三类题目和前测总分的均值都无显著差异（$P>0.05$），详见附录 D 附表 D－19；单因素方差分析显示三个班级在三类题目和前测总分的均值无显著差异（$P>0.05$），详见附录 D 附表 D－20。在后测中，在第一类题目中，游戏班的成绩均值是 12.6，标准差为 2.25；练习班的成绩均值为 10.74，标准差为 2.49；控制班的成绩均值为 10.3，标准差为 3.57。在第二类题目中，游戏班的成绩均值为 9.17，标准差为 2.87；做题班的成绩均值为 5.74，标准差为 2.93；控制班的成绩均值为 5.875，标准差为 3.11。

表 5-2　四年级各班前后测各类成绩及总成绩的描述统计结果

测试类别	组别	前测			后测		
		N	均值	标准差	N	均值	标准差
第一类测试	游戏班	32	11.580 6	2.352 41	32	12.600 0	2.251 88
	做题班	35	11.718 8	1.736 03	35	10.742 9	2.489 30
	控制班	33	11.718 8	2.636 69	33	10.303 0	3.566 20
	总数	100	11.674 6	2.240 36	100	11.192 0	2.966 88
第二类测试	游戏班	32	7.645 2	3.729 12	32	9.172 4	2.874 46
	做题班	35	6.843 8	2.691 05	35	5.742 9	2.934 01
	控制班	33	6.818 2	3.450 13	33	5.875 0	3.109 96
	总数	100	7.091 8	3.291 63	100	6.883 9	3.341 02
第三类测试	游戏班	32	6.032 3	3.569 44	32	9.741 9	3.991 67
	做题班	35	6.593 8	3.243 63	35	5.657 1	2.827 83
	控制班	33	5.375 0	3.697 55	33	6.454 5	3.072 98
	总数	100	6.011 9	3.503 87	100	7.227 4	3.728 60
总分	游戏班	32	25.258 1	8.439 41	32	31.514 3	7.160 95
	做题班	35	25.156 3	5.816 35	35	22.142 9	6.188 90
	控制班	33	23.911 9	7.802 42	33	22.632 6	7.054 61
	总数	100	24.778 2	7.346 67	100	25.303 3	7.979 74

协方差分析表明在排除前测成绩的混杂影响，组别对后测中的第一类题目的成绩均值的差异产生显著影响（$P=0.001$），游戏班成绩均值显著高于控制班（$P=0$），同时游戏班成绩均值显著高于练习班（$P=0.003$），做题班成绩均值和控制班无显著差异（$P=0.484$）（表 5-3），详见附录 D 附表 D-21。

表 5-3　四年级各班后测第一类成绩的主体间效应检验

源	Ⅲ型平方和	df	均方	F	$Sig.$
校正模型	231.776[a]	3	77.259	11.595	0
截距	92.306	1	92.306	13.853	0
组别	103.102	2	51.551	7.737	0.001
第一类前测	135.198	1	135.198	20.291	0
误差	639.657	96	6.663		
总计	13 397.520	100			
校正的总计	871.434	99			

注：[a] $R^2=0.266$（调整 $R^2=0.243$）。

在后测第二类成绩的协方差检验中，组别对后测第二类成绩的差异有显著影响（$P=0$），成对比较发现游戏班成绩均值显著高于练习班（$P=0$），同时游戏班成绩均值显著高于控制班（$P=0$）（表 5-4），同时，做题班成绩均值和控制班无显著差异（$P=0.82$），详见附录 D 附表 D-22。

表 5-4　四年级各班后测第二类成绩的主体间效应检验

源	Ⅲ型平方和	*df*	均方	*F*	*Sig.*
校正模型	460.611[a]	3	153.537	22.871	0
截距	242.139	1	242.139	36.069	0
组别	193.511	2	96.756	14.413	0
第二类前测	213.858	1	213.858	31.856	0
误差	644.465	96	6.713		
总计	5 843.915	100			
校正的总计	1 105.076	99			

注：[a] $R^2=0.417$（调整 $R^2=0.399$）。

在后测中，第三类成绩的协方差分析表明组别对这类成绩的差异有显著影响（$P=0$），游戏班的成绩均值显著高于做题班（$P=0$），游戏班的成绩均值显著高于控制班（$P=0$），控制班的成绩均值显著高于做题班（$P=0.014$）（表 5-5），详见附录 D 附表 D-23。

表 5-5　四年级各班后测第三类成绩的主体间效应检验

源	Ⅲ型平方和	*df*	均方	*F*	*Sig.*
校正模型	760.638[a]	3	253.546	39.532	0
截距	319.299	1	319.299	49.784	0
组别	334.594	2	167.297	26.085	0
第三类前测	452.295	1	452.295	70.521	0
误差	615.708	96	6.414		
总计	6 599.905	100			
校正的总计	1 376.346	99			

注：[a] $R^2=0.553$（调整 $R^2=0.539$）。

在后测中，在排除前测总分的混杂影响后，组别对后测总分的差异具有显著影响（$P=0$），成对比较发现游戏班成绩均值显著高于做题班（$P=0$），游戏班显著高于控制班（$P=0$），做题班和控制班无显著差异（$P=0.296$）（表 5-6），详见附录 D 附表 D-24。

表 5-6　四年级各班后测总成绩的主体间效应检验

源	Ⅲ型平方和	*df*	均方	*F*	*Sig.*
校正模型	3 923.089[a]	3	1 307.696	52.728	0
截距	768.82	1	768.82	31	0
组别	1 668.456	2	834.228	33.637	0
前测总分	2 103.645	1	2 103.645	84.822	0
误差	2 380.857	96	24.801		
总计	70 329.86	100			
校正的总计	6 303.946	99			

注：[a] $R^2=0.622$（调整 $R^2=0.611$）。

图 5-1 展示了四年级游戏班、做题班、控制班各类分数测试题目前后测的组间差异情况。总体来看，在后测中，游戏班在分数概念性知识的各类题目和总分中都有较好的表现。具体来看，在后测中，在检验部分与整体知识的第一类题目分数与图形中，游戏班有显著优异的表现；在检验测量解释知识的第二类题目和第三类题目中，游戏班也有显著优异的表现；在后测中总分也有非常好的表现。

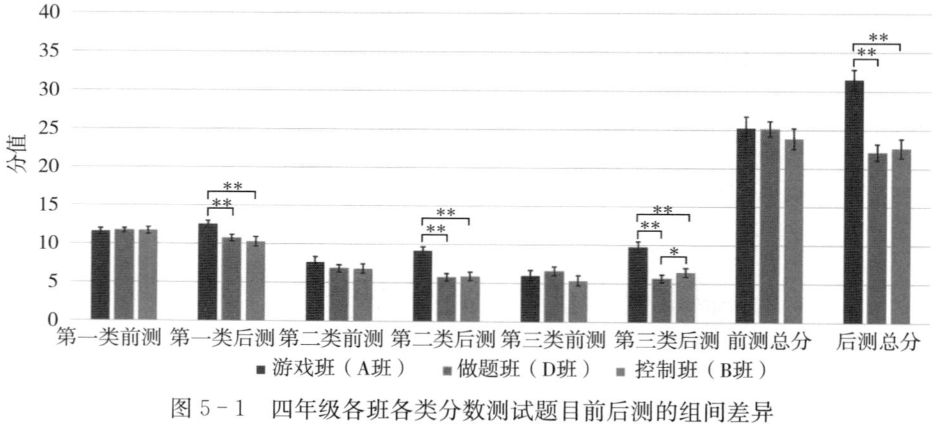

图 5-1　四年级各班各类分数测试题目前后测的组间差异

注：**在 0.01 水平上显著相关；* 在 0.05 水平上显著相关。

（2）组内差异

配对样本 t 检验结果如表 5-7 所示，游戏班各类题目的后测，即分数与图形（$P=0.001$）、分数与数轴（$P=0.013$）、分数比较大小（$P=0$），以及分数概念性知识后测总分（$P=0$），均值都显著高于前测水平。做题班在后测中，第一类题目均值和前测无显著差异（$P=0.071$），第二类（$P=0.022$）和第三类题目（$P=0.031$）及总分上（$P=0.003$）有显著下降。配对样本

t 检验显示，在后测中，控制班第一类题目成绩均值有显著下降（P=0.019），第二类（P=0.128）、第三类（P=0.052）以及总分（P=0.22）较前测无显著变化。组内差异整体情况如图 5-2 所示。

表 5-7　四年级各班前后测各类题目成绩及总成绩配对样本 t 检验结果

班级	项目	均值	标准差	均值的标准误	t	df	*Sig.*（双侧）
游戏班	第一类后测-第一类前测	1.019 35	1.612 90	0.285 12	3.575	31	0.001
	第二类后测-第二类前测	1.527 25	3.257 96	0.575 93	2.652	31	0.013
	第三类后测-第三类前测	3.709 68	3.019 45	0.533 77	6.950	31	0
	后测总分-前测总分	6.255 28	5.517 29	0.975 33	6.415	31	0
做题班	第一类后测-第一类前测	−0.975 89	3.101 37	0.524 23	−1.862	34	0.071
	第二类后测-第二类前测	−1.100 89	2.723 29	0.460 32	−2.392	34	0.022
	第三类后测-第三类前测	−0.936 61	2.464 33	0.416 55	−2.248	34	0.031
	后测总分-前测总分	−3.013 39	5.591 50	0.945 14	−3.188	34	0.003
控制班	第一类后测-第一类前测	−1.415 72	3.285 86	0.572 00	−2.475	32	0.019
	第二类后测-第二类前测	−0.943 18	3.463 69	0.602 95	−1.564	32	0.128
	第三类后测-第三类前测	1.079 55	3.070 43	0.534 49	2.020	32	0.052
	后测总分-前测总分	−1.279 36	5.868 44	1.021 56	−1.252	32	0.220

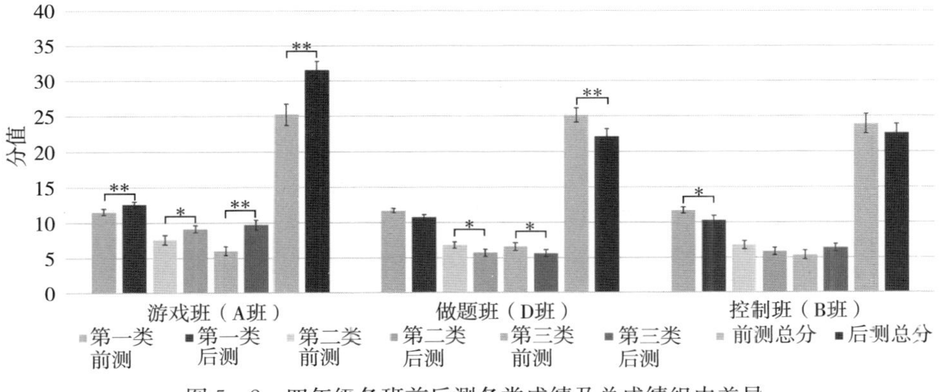

图 5-2　四年级各班前后测各类成绩及总成绩组内差异

注：**在 0.01 水平上显著相关；* 在 0.05 水平上显著相关。

2. 主体性体验结果

(1) 组间差异

主体性体验范畴内的数学焦虑量表、数学学习内在动机量表、自我效能感量表的描述统计结果如表 5-8 所示。方差齐性检验发现除内在动机的兴趣维度和自我效能感外，其他量表维度的方差齐性，详见附录 D 附表 D-25。单因素方差分析显示各班的量表及维度都有显著差异（$P<0.05$），事后分析结果如表 5－9 所示，其中方差齐性的事后分析方法为 Turkey 法，方差不齐的事后分析方法为 Tamhane's T2 法。

表 5－8　四年级各班前后测各类量表维度及量表总体的描述统计结果

项目	组别	前测			后测		
		N	均值	标准差	N	均值	标准差
数学焦虑-测评	游戏班	32	1.875 0	0.903 62	32	2.148 4	0.797 83
	做题班	35	2.507 1	0.845 05	35	2.571 4	0.892 31
	控制班	33	2.500 0	0.986 73	33	2.356 1	0.732 96
	总数	100	2.302 5	0.950 01	100	2.365 0	0.822 60
数学焦虑-学习	游戏班	32	1.765 6	0.948 13	32	1.984 4	0.737 63
	做题班	35	2.035 7	0.772 08	35	2.185 7	0.860 37
	控制班	33	2.401 5	1.091 41	33	2.121 2	0.793 33
	总数	100	2.070 0	0.968 62	100	2.100 0	0.796 93
数学焦虑	游戏班	32	1.875 0	0.903 62	32	2.148 4	0.797 83
	做题班	35	2.507 1	0.845 05	35	2.571 4	0.892 31
	控制班	33	2.500 0	0.986 73	33	2.356 1	0.732 96
	总数	100	2.302 5	0.950 01	100	2.365 0	0.822 60
内在动机-胜任	游戏班	32	4.392 4	0.555 19	32	4.270 8	0.550 11
	做题班	35	4.038 1	0.547 62	35	3.536 5	0.905 68
	控制班	33	3.723 9	0.614 96	33	3.683 5	0.799 85
	总数	100	4.047 8	0.628 59	100	3.820 0	0.826 78
内在动机-兴趣	游戏班	32	4.476 6	0.551 24	32	4.375 0	0.827 94
	做题班	35	4.221 4	0.587 15	35	3.678 6	1.070 27
	控制班	33	3.727 3	0.880 26	33	3.757 6	1.046 73
	总数	100	4.140 0	0.748 16	100	3.927 5	1.028 81
内在动机	游戏班	32	4.392 4	0.555 19	32	4.270 8	0.550 11
	做题班	35	4.038 1	0.547 62	35	3.536 5	0.905 68
	控制班	33	3.723 9	0.614 96	33	3.683 5	0.799 85
	总数	100	4.047 8	0.628 59	100	3.820 0	0.826 78
自我效能感	游戏班	32	5.406 3	0.810 92	32	5.187 5	0.793 96
	做题班	35	4.314 3	1.295 90	35	4.095 2	1.187 00
	控制班	33	4.626 3	1.088 95	33	4.395 8	1.220 31
	总数	100	4.766 7	1.173 50	100	4.544 0	1.172 60

表 5-9　四年级各班前测各类量表维度及量表总体的单因素方差分析结果

项目	范围	平方和	*df*	均方	*F*	显著性	事后比较
数学焦虑－测评－pre	组间	8.601	2	4.301	5.166	0.007	做题班>游戏班
	组内	80.748	97	0.832			控制班>游戏班
	总数	89.349	99				
数学焦虑－学习－pre	组间	6.633	2	3.316	3.729	0.028	控制班>游戏班
	组内	86.252	97	0.889			
	总数	92.885	99				
数学焦虑－pre	组间	8.601	2	4.301	5.166	0.007	做题班>游戏班
	组内	80.748	97	0.832			控制班>游戏班
	总数	89.349	99				
内在学习动机－胜任－pre	组间	7.264	2	3.632	11.061	0	游戏班>做题班
	组内	31.853	97	0.328			游戏班>控制班
	总数	39.117	99				
内在学习动机－兴趣－pre	组间	9.478	2	4.739	10.007	0	游戏班>控制班
	组内	45.937	97	0.474			做题班>控制班
	总数	55.415	99				
内在学习动机－pre	组间	7.264	2	3.632	11.061	0	游戏班>控制班
	组内	31.853	97	0.328			游戏班>做题班
	总数	39.117	99				
自我效能感－pre	组间	20.903	2	10.452	8.783	0	游戏班>控制班
	组内	115.430	97	1.190			游戏班>做题班
	总数	136.333	99				

在后测中，经协方差分析，在排除前测分值的混杂影响后，发现组别未对数学焦虑量表的数学测评焦虑维度的差异产生显著影响，详见附录 D 附表 D-26；组别未对数学焦虑量表的数学学习焦虑维度的差异产生显著影响，详见附录 D 附表 D-27；组别未对数学焦虑量表总体的差异产生显著影响，详见附录 D 附表 D-28。数学焦虑量表前后测的组间差异情况如图 5-3 所示。

在内在动机量表胜任维度的后测中，如表 5-10 所示，协方差分析显示组别对分值差异有显著影响（$P=0.01$），成对比较中发现游戏班显著高于做题班（$P=0.002$），游戏班与控制班无显著差异（$P=0.109$），做题班和控制班无显著差异（$P=0.141$），详见附录 D 附表 D-29。

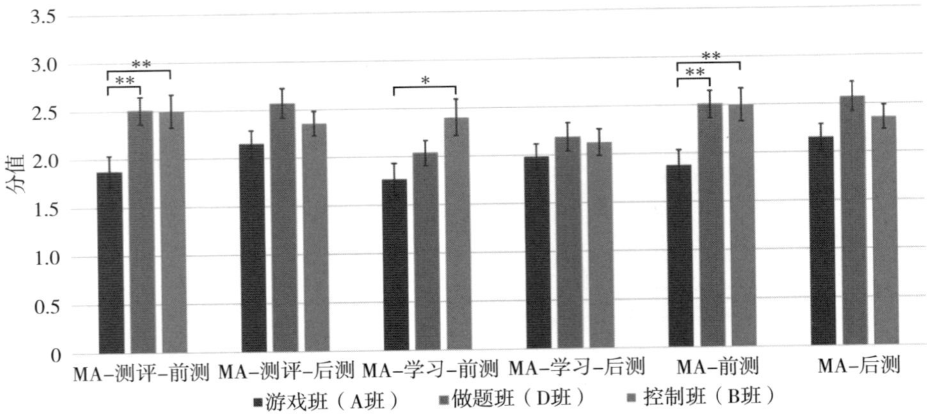

图 5-3　数学焦虑量表前后测的组间差异

注：**在 0.01 水平上显著相关；* 在 0.05 水平上显著相关。

表 5-10　四年级各班内在动机量表“胜任”维度后测协方差分析主体间效应检验

源	Ⅲ型平方和	*df*	均方	*F*	*Sig.*
校正模型	17.093[a]	3	5.698	10.260	0
截距	11.660	1	11.660	20.997	0
组别编号	5.417	2	2.708	4.877	0.01
IMI-胜任-pre	6.726	1	6.726	12.112	0.001
误差	53.311	96	0.555		
总计	1 464.680	100			
校正的总计	70.404	99			

注：[a] $R^2=0.243$（调整 $R^2=0.219$）。

在内在动机量表兴趣维度的后测中，如表 5-11 所示，协方差分析显示组别对分值差异有显著影响（$P=0.046$），成对比较中发现游戏班显著高于做题班（$P=0.017$），游戏班与控制班无显著差异（$P=0.498$），练习班和控制班无显著差异（$P=0.105$），详见附录 D 附表 D-30。

表 5-11　四年级各班内在动机量表“兴趣”维度后测协方差分析主体间效应检验

源	Ⅲ型平方和	*df*	均方	*F*	*Sig.*
校正模型	26.101[a]	3	8.700	10.615	0
截距	5.479	1	5.479	6.685	0.011
组别编号	5.222	2	2.611	3.186	0.046

（续）

源	Ⅲ型平方和	df	均方	F	$Sig.$
IMI－兴趣－pre	16.571	1	16.571	20.218	0
误差	78.686	96	0.820		
总计	1 647.313	100			
校正的总计	104.787	99			

注：[a] $R^2=0.249$（调整 $R^2=0.226$）。

在内在动机量表的后测中，如表 5－12 所示，协方差分析显示组别对分值差异有显著影响（$P=0.01$），成对比较中发现游戏班显著高于做题班（$P=0.003$），游戏班与控制班无显著差异（$P=0.199$），做题班和控制班无显著差异（$P=0.095$），详见附录 D 附表 D－31。

表 5－12　四年级各班内在动机量表总体后测协方差分析主体间效应检验

源	Ⅲ型平方和	df	均方	F	$Sig.$
校正模型	17.735[a]	3	5.912	11.365	0
截距	6.340	1	6.340	12.188	0.001
组别编号	5.032	2	2.516	4.836	0.010
IMI－pre	7.804	1	7.804	15.001	0
误差	49.938	96	0.520		
总计	1 526.914	100			
校正的总计	67.674	99			

注：[a] $R^2=0.262$（调整 $R^2=0.239$）。

图 5－4 展示了四年级各班在数学学习内在动机量表前后测的组间差异。总体来看，在后测中，游戏班的动机水平高于做题班。游戏班在内在动机的胜任维度、兴趣维度和动机整体均值方面都显著高于做题班。

在自我效能感量表的后测中，如表 5－13 所示，协方差分析显示组别对分值差异有显著影响（$P=0.008$），成对比较中发现游戏班显著高于做题班（$P=0.003$），同时游戏班显著高于控制班（$P=0.023$），做题班和控制班无显著差异（$P=0.362$），详见附录 D 附表 D－32。图 5－5 展示了四年级各班在自我效能感量表前后测的组间差异。

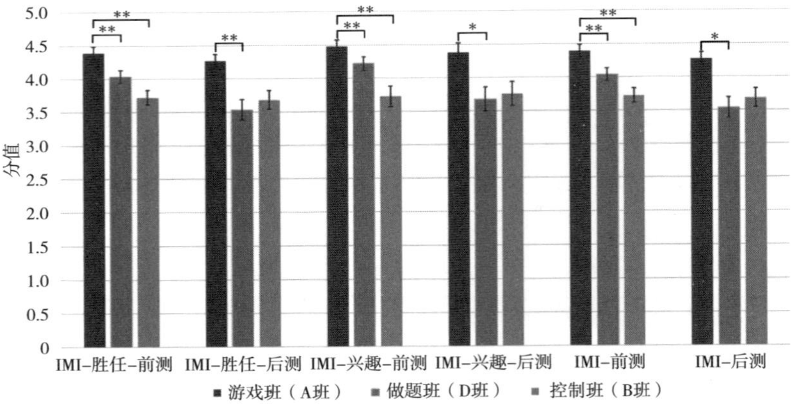

图 5－4　四年级各班在数学学习内在动机量表前后测的组间差异

注：**在 0.01 水平上显著相关；* 在 0.05 水平上显著相关。

表 5－13　四年级各班自我效能感量表后测协方差分析主体间效应检验

源	Ⅲ型平方和	*df*	均方	*F*	*Sig.*
校正模型	25.308[a]	3	8.436	7.308	0
截距	63.595	1	63.595	55.092	0
组别	11.619	2	5.81	5.033	0.008
SE－pre	4.284	1	4.284	3.711	0.057
误差	110.815	96	1.154		
总计	2 200.879	100			
校正的总计	136.123	99			

注：[a]$R^2=0.186$（调整 $R^2=0.160$）。

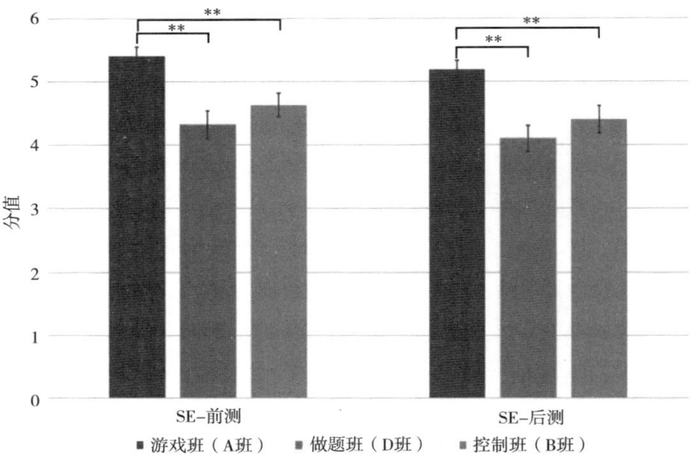

图 5－5　四年级各班在自我效能感量表前后测的组间差异

注：**在 0.01 水平上显著相关。

(2) 组内差异

如表 5-14 所示，在主体性体验范畴内的各类量表中，游戏班数学焦虑总体的后测显著高于前测（$P=0.04$），其他无显著差异（$P>0.05$）。做题班的内在动机在胜任（$P=0.008$）、兴趣（$P=0.009$）两个维度以及总体（$P=0.005$）都有显著下降，表明每天做分数题降低了做题班学生的数学学习动机。控制班在后测中，数学学习焦虑程度显著下降（$P=0.023$），其他无显著差异（$P>0.05$）。四年级各班数学焦虑量表前后测组内差异如图 5-6 所示，四年级各班数学学习内在动机量表前后测组内差异如图 5-7 所示，四年级各班自我效能感量表前后测组内差异如图 5-8 所示。

表 5-14　四年级各班主体性量表前后测的配对样本 t 检验结果

班级	项目	均值	标准差	均值的标准误	t	df	*Sig.*（双侧）
游戏班	MA-测评-post-MA-测评-pre	0.328 13	1.016 87	0.179 76	1.825	31	0.078
	MA-学习-post-MA-学习-pre	0.218 75	0.677 25	0.119 72	1.827	31	0.077
	MA-post-MA-pre	0.273 44	0.721 53	0.127 55	2.144	31	0.040
	IMI-胜任-post-IMI-胜任-pre	−0.137 50	0.745 63	0.131 81	−1.043	31	0.305
	IMI-兴趣-post-IMI-兴趣-pre	−0.101 56	0.825 16	0.145 87	−0.696	31	0.491
	IMI-post-IMI-pre	−0.121 53	0.643 17	0.113 70	−1.069	31	0.293
	SE-post-SE-pre	−0.218 75	1.014 62	0.179 36	−1.220	31	0.232
做题班	MA-测评-post-MA-测评-pre	−0.021 43	1.250 55	0.211 38	−0.101	34	0.920
	MA-学习-post-MA-学习-pre	0.150 0	1.111 77	0.187 92	0.798	34	0.430
	MA-post-MA-pre	0.064 29	1.106 62	0.187 05	0.344	34	0.733
	IMI-胜任-post-IMI-胜任-pre	−0.468 57	0.986 91	0.166 82	−2.809	34	0.008
	IMI-兴趣-post-IMI-兴趣-pre	−0.542 86	1.167 08	0.197 27	−2.752	34	0.009
	IMI-post-IMI-pre	−0.501 59	0.979 22	0.165 52	−3.030	34	0.005
	SE-post-SE-pre	−0.219 05	1.731 94	0.292 75	−0.748	34	0.459
控制班	MA-测评-post-MA-测评-pre	−0.007 58	0.876 08	0.152 51	−0.050	32	0.961
	MA-学习-post-MA-学习-pre	−0.280 30	0.672 44	0.117 06	−2.395	32	0.023
	MA-post-MA-pre	−0.143 94	0.648 11	0.112 82	−1.276	32	0.211

（续）

班级	项目	均值	标准差	均值的标准误	t	df	$Sig.$（双侧）
控制班	IMI－胜任－post－IMI－胜任－pre	－0.096 97	0.743 51	0.129 43	－0.749	32	0.459
	IMI－兴趣－post－IMI－兴趣－pre	0.030 30	0.762 29	0.132 70	0.228	32	0.821
	IMI－post－IMI－pre	－0.040 40	0.628 43	0.109 40	－0.369	32	0.714
	SE－post－SE－pre	－0.230 43	1.276 65	0.222 24	－1.037	32	0.308

注：MA 代表数学焦虑量表，IMI 代表数学学习内在动机量表，SE 代表自我效能感量表。

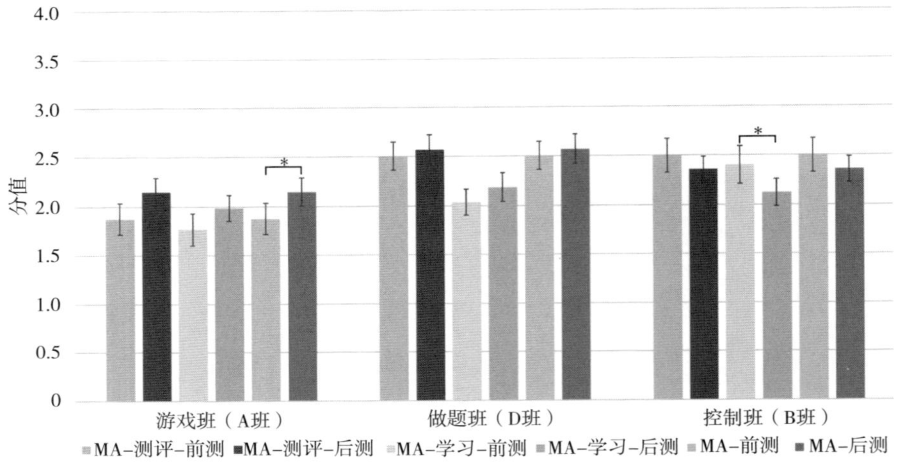

图 5－6　四年级各班数学焦虑量表前后测组内差异

注：＊在 0.05 水平上显著不相关。

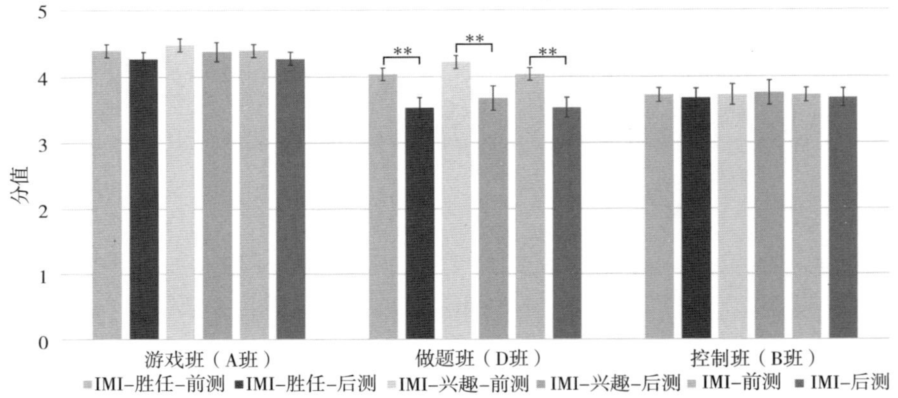

图 5－7　四年级各班数学学习内在动机量表前后测组内差异

注：＊＊在 0.01 水平上显著相关。

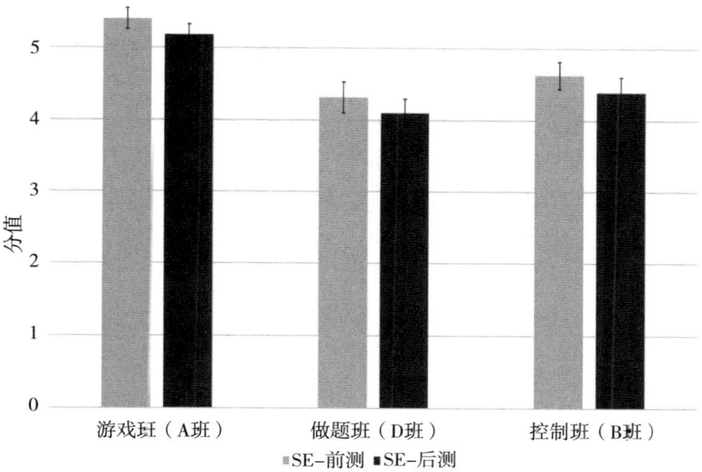

图 5－8　四年级各班自我效能感量表前后测组内差异

3. 认知体验与主体性体验的相关与回归分析

在检验四年级游戏班（A 班）、做题班（D 班）和控制班（B 班）在分数概念性知识课外学习中的认知体验和主体性体验方面的组间差异和组内差异的同时，为进一步理解认知体验和主体性体验的关系，本研究对后测的成绩数据与问卷数据进行进一步相关分析。

如表 5－15 所示，首先，四年级儿童的分数概念性知识后测总分与数学测评焦虑后测在 0.05 水平上呈显著负相关（$r=-0.197$），相关程度较弱；分数概念性知识后测总分与自我效能感在 0.05 水平上呈显著正相关（$r=0.211$），呈弱相关。同时，后测总分与数学学习焦虑、数学内在动机的胜任维度和兴趣维度都无显著相关性。因此，可以发现四年级儿童在课外的分数概念性知识认知成果在一定程度上与主体性体验有关，但相关程度较弱，客观地说明认知成果的产生除了与主体性体验有关外，主要由教育干预引发。此外，四年级参与实验的三个班级，只有做题班的后测总分显著低于前测。为进一步理解此现象，本研究继续对做题班的认知体验与主体性体验的相关性进行分析，发现后测总分与数学内在动机的胜任维度在 0.05 水平上呈显著正相关（$r=0.366$，$P=0.03$），相关系数接近中等程度。与此同时，做题班的前后测配对样本 t 检验显示该班数学学习内在动机的胜任维度和兴趣维度都有显著下降。这部分地说明做题班后测成绩的不理想可能与教育干预方式引发的数学学习动机的下降有关。

其次，在主体性体验的各维度系统一致性方面，四年级儿童的数学焦虑、内在动机以及自我效能感相互之间具有显著的相关性。数学测评焦虑与数学学习焦虑在0.01水平上显著正相关，相关系数为0.593，接近强相关；数学测评焦虑与数学学习内在动机的胜任维度在0.01水平上呈显著负相关，相关系数为−0.581，数学测评焦虑与数学学习内在动机的兴趣维度在0.01水平上呈显著负相关，相关系数为−0.424；数学测评焦虑与自我效能感在0.01水平上呈负相关，相关系数为−0.273。这说明了数学测评焦虑与数学学习内在动机和自我效能感存在负相关关系。同时，数学学习焦虑与内在动机的胜任维度（$r=-0.296$）、兴趣维度（$r=-0.379$）呈显著负相关，但与自我效能感没有显著相关（$P=0.08$）。数学学习内在动机的胜任维度与兴趣维度在0.01水平上呈显著相关（$r=0.595$），相关程度接近强相关；胜任维度与自我效能感在0.01水平上呈显著正相关（$r=0.453$）；自我效能感与内在动机的兴趣维度在0.05水平上呈正相关（$r=0.253$），相关程度较弱。整体来看，除了数学学习焦虑与自我效能感无显著相关性外，四年级儿童主体性体验范畴内的子维度呈现出高度的内部相关性。

表5-15　四年级儿童的分数概念性知识认知体验与主体性体验的相关分析

项目	分析	MA-测评-post	MA-学习-post	IMI-胜任-post	IMI-兴趣-post	SE-post	后测总分
MA-测评-post	相关性	1	0.593**	−0.581**	−0.424**	−0.273**	−0.197*
	显著性（双侧）		0	0	0	0.006	0.049
	N	100	100	100	100	100	100
MA-学习-post	相关性	0.593**	1	−0.296**	−0.379**	−0.176	−0.128
	显著性（双侧）	0		0.003	0	0.080	0.203
	N	100	100	100	100	100	100
IMI-胜任-post	相关性	−0.581**	−0.296**	1	0.595**	0.453**	0.149
	显著性（双侧）	0	0.003		0	0	0.138
	N	100	100	100	100	100	100
IMI-兴趣-post	相关性	−0.424**	−0.379**	0.595**	1	0.253*	0.126
	显著性（双侧）	0	0	0		0.011	0.211
	N	100	100	100	100	100	100

（续）

项目	分析	MA－测评－post	MA－学习－post	IMI－胜任－post	IMI－兴趣－post	SE－post	后测总分
SE－post	相关性	－0.273**	－0.176	0.453**	0.253*	1	0.211*
	显著性（双侧）	0.006	0.080	0	0.011		0.035
	N	100	100	100	100	100	100
后测总分	相关性	－0.197*	－0.128	0.149	0.126	0.211*	1
	显著性（双侧）	0.049	0.203	0.138	0.211	0.035	
	N	100	100	100	100	100	100

注：** 在 0.01 水平（双侧）上显著相关；* 在 0.05 水平（双侧）上显著相关，MA 代表数学焦虑量表，IMI 代表数学学习内在动机量表，SE 代表自我效能感量表。

本研究使用 SPSS 软件借助逐步多元回归的方法，探讨主体性体验范畴内的数学焦虑感、数学学习内在动机、自我效能感等自变量与效标变量的关系，结果如表 5－16 所示。

表 5－16　四年级儿童主体性体验各因素对认知成果的逐步多元回归分析摘要表

源	R	R^2	调整 R^2	F	F 更改	B	标准系数
截距						18.766	
自我效能感	0.211	0.045	0.035	4.586*	4.586*	1.439	0.211

注：* 在 0.05 水平上显著相关。

在主体性体验范畴内的数学测评焦虑、数学学习焦虑、内在学习动机的胜任维度以及内在学习动机的兴趣维度的回归系数均未达到显著水平而被排除在回归模型以外，自我效能感的回归系数达到显著水平，进入回归模型。自我效能感对于效标变量“后测总分”的预测力为 4.5%，即自我效能感这一因素解释了变异量的 4.5%。在标准化回归系数方面，自我效能感的 β 值为 0.211，数值为正，表示其对“后测总分”具有正向影响。

（三）讨论与结论

1. Run Fraction 在课外数学学习中对于发展四年级儿童分数认知能力的效果评价

本次准实验研究将基于游戏 Run Fraction 的分数概念性知识学习与做分数练习题（以及控制班）在课外数学学习场景中对于发展四年级儿童分数认知

能力的效果进行对照研究。在分数概念性知识的认知成果方面，经协方差统计分析方法排除了前测成绩的混杂影响后，发现在后测中，组别对于后测成绩的差异有显著影响。在第一类测试题目分数与图形方面，游戏班的成绩均值显著高于做题班，同时显著高于控制班，做题班的成绩均值与控制班无显著差异。在组内差异方面，配对样本 t 检验的统计结果显示游戏班的第一类测试题目成绩均值的后测较前测有显著提高，做题班无显著差异，控制班有所下降。三个班级在第一类题目分数与图形成绩的组间差异和组内差异说明分数游戏 Run Fraction 在课外数学学习场景中，能够提高儿童在部分与整体这一维度的分数概念性知识水平。

在分数概念性知识的数值理解能力方面，经协方差统计分析，发现游戏班在第二类题目分数与数轴以及第三类题目分数比较大小的成绩均值都显著高于做题班和控制班。与此同时，在组内差异方面，游戏班在这两类题目的后测表现较前测有显著提高，做题班有所下降，控制班无显著变化。以上数据结果首先说明了在课外数学学习中，Run Fraction 有助于提高儿童的分数数值理解能力。在三类题目的后测总分方面，游戏班总分均值显著高于做题班和控制班，做题班和控制班的总分均值无显著差异。在组内差异方面，游戏班的后测成绩总分较前测有显著提高，支持了分数游戏 Run Fraction 对于提高儿童分数概念性知识水平的作用功能。

在课外数学学习场景中，在认知体验范畴内，分数游戏 Run Fraction 能够提高四年级儿童的分数概念性知识水平主要有以下三个方面的原因。

第一，在认知层面，分数游戏 Run Fraction 为学习者理解有理数的数值含义提供了恰当的学习支架。就学习者已有的知识体系而言，四年级儿童在三年级已完成分数概念性知识的学习，实现了分数生活体验向正式分数数字含义理解的转变，分数部分与整体的含义是理解分数其他含义的基础。在有理数认知体系方面，在学习完分数之后，又学习了小数和百分数，在数字认知范围拓展的过程中，也会逐渐对有理数的数值有一定程度的理解。因此，在有理数知识有一定积累的基础上，在数学认知层面，儿童需要一定的认知辅助，对有理数的数值进行直观的体验与理解。分数游戏 Run Fraction 基于心理学、认知神经科学在数字认知方面的研究发现，以数轴作为核心的认知辅助工具，对分数的数值进行了呈现，引导了儿童以数值的方式理解数字含义。以数值的方式理解分数的数字含义符合脑科学领域的人脑以数值的方式进行分数加工的研究发现。在数字发展过程中，以数轴作为核心认知辅助工具的分数游戏 Run Fraction 可以作为数值理解的“助推器”，帮助儿童以数值的方式理解有理数。

第二，学习效率与有效反馈是课外数学学习认知效果的基本保障，技术的使用有助于实现高效率、高质量的课外数学学习。高效的学习意味着在单位时间内，学习者可以最大限度地获取知识，实现与自身学习水平相对应的学习成果，取得学业进展。在课外学习中，相较于统一的、无差异的做题方式，教育游戏能够借助关卡晋级的游戏元素，实现不同难度系数的学习内容的设置，为不同认知水平的学习者提供相对个性化的学习通道，提供了充足的学习内容。例如认知水平较高的学习者可以相对顺利地完成关卡任务，顺利晋级，最大限度地获取游戏的认知内容；认知水平较低的学习者也有机会在游戏中进行更多的试错与探究，虽然晋级速度较慢，但却可以获得与自己认知水平相匹配的认知成果。因此基于游戏的学习有助于实现个性化的课外学习，提高学习者的学习效率。在学习反馈地提供方面，电子游戏的一大优势即是为学习者提供持续的即时反馈。在游戏中的每一个认知任务，学习者都能够得到自身学习行为的反馈，在游戏奖惩机制的刺激下，学习者需要根据反馈及时调整学习策略以避免闯关失败、争取闯关成功。因此游戏中的反馈与提示具有一定的学习指导的特征，帮助学习者不断反思认知策略、调整学习行为。这种即时的、准确的、个性化的反馈是标准化的做题方式所不具备的。

第三，基于游戏 Run Fraction 的分数学习能够帮助儿童提高分数认知水平，也与游戏化学习方式对于主体性体验的优化作用有关，具体分析内容在下文“认知成果与主体性体验关系探究”小节中呈现。

2. Run Fraction 在课外数学学习中对于优化四年级儿童主体性体验的效果评价

在针对四年级课外分数学习的准实验中，研究发现在排除前测分数的混杂影响后，组别未对数学测评焦虑、数学学习焦虑的后测分数差异有显著影响。同时，游戏班的数学测评焦虑维度和数学学习焦虑的后测分数均值与前测无显著差异。这说明分数游戏 Run Fraction 不能有效地降低四年级学生的数学焦虑。相较于三年级学生在与课堂教学整合的游戏化分数学习中，数学焦虑感显著下降的事实结果，Run Fraction 未能在降低数学焦虑感方面发挥作用。

协方差统计结果显示在数学学习的内在动机以及自我效能感方面，组别对内在动机的胜任维度、兴趣维度以及自我效能感后测的差异产生了显著影响，游戏班的内在动机和自我效能感程度都优于做题班。与此同时，组内差异的统计结果显示游戏班的内在动机的胜任维度、兴趣维度以及自我效能感的前后测无显著差异。同时，值得关注的是，做题班内在动机胜任维度、兴趣维度以及内在动机总体的显著下降，可能是引发游戏班内在动机的后测水平显著高于做题班的重要原因。此事实客观地说明虽然游戏化分数学习在课外学习场景中对于提高四年级学生的数学学习内在学习动机和自我效能感的作用是有限的，但却保持了儿童的动机水平和自我效能感水平。与之形成对比的是，做题班数学学习内在动机的显著下降，这说明单纯做题的方式可能引发儿童的数学学习胜任感和数学学习兴趣的下降，相关分析也表明做题班的后测分数概念性知识成绩与内在动机的胜任维度具有显著的正相关关系，数学学习动机的下降可能会引发数学成绩的下降。

综合来看，分数游戏 Run Fraction 对于降低四年级儿童的数学焦虑感、提高数学学习内在动机以及自我效能感的作用与效果是不明显的。事实的背后可能存在三个原因。其一，是有关游戏化学习优化主体性体验的人群特征，在三年级的准实验研究中发现，分数游戏能够有效优化三年级儿童的主体性体验，但却没有显著优化四年级儿童的主体性体验，可能原因是随着年龄的增长，儿童自身对于数学学习的态度与动机逐渐稳定，不会轻易受到外界干预的影响。其二，就学习内容而言，四年级儿童虽然非常有必要学习分数的数值知识，但其所属的分数的概念性知识并不是四年级阶段的数学学习内容，因此在游戏中萌发的兴趣与动机很难转化为对于数学学习的兴趣与动机。其三，游戏化学习对于优化四年级学生主体性体验作用的不明显可能与较短的干预周期有关。在本次准实验研究中，学生只进行了 5 天的游戏化学习体验，而对于数学学习的焦虑感、动机与自我效能程度的改变可能需要长期的教育干预。

3. 认知成果与主体性体验关系探究

借助相关分析，在本次研究中发现四年级儿童的分数概念性知识成绩与数学测评焦虑以及自我效能感有关，因此儿童的分数概念性知识学习水平在一定程度上与主体性体验有关，并受到主体性体验的影响。较为明显的证据是做题班成绩的下降与内在动机水平的下降有关。儿童对持续的做练习题的过程会产生厌倦感，降低对数学学习的兴趣感，进而引发成绩的下降。在游戏化学习的过程中，虽然四年级儿童的主体性体验的各维度并没有显著变化，但持续的分数课外游戏化学习并没有引发儿童消极情绪的产生，这也是保障学习效果产生的基础。总体来看，四年级游戏班儿童在三类测试题目及总分后测都较前测有显著提高，在主体性体验范畴内的各个子维度均无显著变化，数学学习内在动机的两个维度和自我效能感显著高于做题班；而四年级做题班儿童在反映分数数值理解能力的第二类题目、第三类题目以及后测总分都有显著下降，在主体性体验范畴内的内在动机的胜任维度和兴趣维度也都有显著下降；四年级控制班儿童的分数概念性知识水平基本无显著变化，该班在主体性体验范畴内的各个子维度均无显著变化。回归分析发现四年级儿童的自我效能感能够预测儿童的分数成绩，这也说明主体性体验对于认知成果具有一定影响。同时，在本次准实验中，主体性体验范畴内的各个因素具有一定的关联性，也提示了教育研究者与实践者应当充分关注儿童在课外数学学习过程中的兴趣、情绪、动机的水平，选择恰当的学习媒介与学习方式，优化主体性体验。

此外，在此次研究中发现，虽然主体性体验的部分因素与分数认知成果呈显著相关，但相关程度较弱；主体性体验与认知成果的回归分析也说明，虽然自我效能感能够预测分数概念性知识认知水平，但 R^2 值较小，预测效果较弱。说明虽然主体性体验对认知体验有一定影响，但影响程度较弱，分数概念性认知水平的差异主要源于教育干预方式的差异。游戏化学习的认知成果的产生主要源于游戏内含的认知内容与认知辅助。

二、五年级小学生游戏化分数学习的应用效果研究

（一）研究设计

开展五年级准实验研究的目的是探究分数游戏 Run Fraction 在课外数学学习中的应用效果，因此在实验设计方面与四年级学生准实验研究一致。此部分研究在北京市顺义区一所公立小学的五年级开展，随机选取三个班级开展准实验研究。游戏班每天在课余时间，在学校机房玩 20 分钟分数游戏 Run Fraction，共 5 天；练习班班每天在课余时间，在班级做 20 分钟分数概念性知识练习题，共 5 天，练习题的主要内容是常规分数概念性知识的练习题，质量由该年级数学教师进行把控，练习题的知识点与游戏涉及的知识点一致；控制班不进行任何课外分数学习活动。在实验周期的设计方面，基于分数游戏的教育目的，主要参考游戏化分数学习相关经典研究的设计（e. g. Riconscente，2013），与前文四年级的准实验设计一致，在一周的连续 5 天内进行游戏干预。同时游戏的内容模块设计也能够匹配每天 20 分钟，共 5 天的游戏内容需求。

三个班级在实验开始前，进行分数概念性知识水平前测，并填写主体性体验范畴内的相关量表前测；在实验结束后，进行分数概念性知识水平后测，并填写主体性体验范畴内的相关量表的后测。准实验研究所使用的分数认知成果测试及问卷的详细信息请见本研究第三章“六、分数游戏应用效果的评价工具”分数游戏 Run Fraction 应用效果的测量与评价工具的介绍。在学生玩游戏、做题的过程中，教师和研究者不进行任何有关学习内容的指导，同时各班的数学教师在实验期间不进行任何与分数知识有关的教学活动。

实验班级的具体任务安排如下表 5-17 所示：

表 5-17　五年级课外游戏化分数学习准实验任务安排

实验组别	实验任务安排
游戏班（A 班）	日常数学课程学习＋每天玩 20 分钟分数游戏，共 5 天
做题班（D 班）	日常数学课程学习＋每天做 20 分钟分数练习题，共 5 天
控制班（B 班）	日常数学课程学习

（二）研究结果

1. 认知体验结果

（1）组间差异

如表 5 - 18 所示，在前测的第一类题目中，三个班级的成绩均值在 11.9～13.2 之间；三个班级第二类题目的成绩均值在 7.20～8.94 之间，第三类题目的成绩均值在 7.5～8.5 之间，总分在 27.00～30.14 之间。单因素方差分析显示三个班级在各类题目前测和前测总分上无显著差异（$P>0.05$），详见附录 D 附表 D - 33。

表 5 - 18　五年级各班前后测各类成绩及总成绩的描述统计结果

测试类别	组别	前测			后测		
		N	均值	标准差	*N*	均值	标准差
第一类测试	游戏班	33	12.242 4	2.537 60	33	12.848 5	2.063 39
	做题班	32	11.937 5	2.381 89	32	12.250 0	2.723 85
	控制班	31	13.166 7	1.572 33	31	12.645 2	1.644 15
	总数	96	12.439 2	2.252 11	96	12.583 3	2.184 47
第二类测试	游戏班	33	7.212 1	3.285 93	33	8.787 9	3.781 18
	做题班	32	8.935 5	3.089 37	32	7.031 3	4.518 67
	控制班	31	8.500 0	3.041 38	31	8.322 6	4.118 15
	总数	96	8.202 5	3.197 35	96	8.052 1	4.171 00
第三类测试	游戏班	33	7.593 8	4.091 60	33	10.939 4	4.847 29
	做题班	32	8.354 8	4.099 95	32	9.062 5	4.398 96
	控制班	31	8.466 7	4.514 67	31	9.366 7	4.331 92
	总数	96	8.129 3	4.208 89	96	9.805 9	4.566 22
总分	游戏班	33	27.048 3	8.033 91	33	32.575 8	8.775 07
	做题班	32	29.227 8	8.057 42	32	28.343 8	9.539 76
	控制班	31	30.133 3	7.649 55	31	30.334 4	8.267 48
	总数	96	28.771 0	7.944 28	96	30.441 3	8.960 32

在第一类题目的后测中，协方差分析显示组别对后测成绩的差异无显著影响（$P=0.201$），详见附录 D 附表 D - 34。在第二类题目的后测中，如表 5 - 19 所示，协方差分析显示组别对后测成绩的差异有显著影响（$P=0.002$），游戏班成绩均值显著高于做题班（$P=0$），详见附录 D 附表 D - 35。

表 5-19　五年级各班第二类题目后测协方差分析主体间效应检验

源	Ⅲ型平方和	*df*	均方	*F*	*Sig.*
校正模型	627.137ª	3	209.046	18.752	0
截距	28.852	1	28.852	2.588	0.111
组别	150.269	2	75.135	6.740	0.002
第二类前测	573.656	1	573.656	51.459	0
误差	1 025.602	92	11.148		
总计	7 877	96			
校正的总计	1 652.740	95			

注：ªR^2=0.379（调整 R^2=0.359）。

在第三类题目的后测中，如表 5-20 所示，协方差分析显示组别对后测成绩的差异有显著影响（*P*=0.001），游戏班显著高于做题班（*P*=0.001），同时游戏班显著高于控制班（*P*=0.002），做题班和控制班无显著差异（*P*=0.77），详见附录 D 附表 D-36。

表 5-20　五年级各班第三类题目后测协方差分析主体间效应检验

源	Ⅲ型平方和	*df*	均方	*F*	*Sig.*
校正模型	1 236.588ª	3	412.196	50.957	0
截距	176.272	1	176.272	21.791	0
组别	125.506	2	62.753	7.758	0.001
第三类前测	1 170.524	1	1 170.524	144.704	0
误差	744.196	92	8.089		
总计	11 211.730	96			
校正的总计	1 980.784	95			

注：ªR^2=0.624（调整 R^2=0.612）。

在题目总体后测中，如表 5-21 所示，协方差分析显示组别对后测成绩的差异有显著影响（*P*=0），游戏班显著高于做题班（*P*=0），同时游戏班显著高于控制班（*P*=0），做题班和控制班无显著差异（*P*=0.39），详见附录 D 附表 D-37。

表 5-21　五年级各班后测总分协方差分析主体间效应检验

源	Ⅲ型平方和	*df*	均方	*F*	*Sig.*
校正模型	4 903.008ª	3	1 634.336	55.192	0

（续）

源	Ⅲ型平方和	df	均方	F	$Sig.$
截距	151.483	1	151.483	5.116	0.026
组别	682.920	2	341.460	11.531	0
前测总分	4 611.518	1	4 611.518	155.732	0
误差	2 724.296	92	29.612		
总计	965 880	96			
校正的总计	7 627.304	95			

注：[a]$R^2=0.643$（调整 $R^2=0.631$）。

图 5-9 展示了五年级各班在前后测各类成绩和总成绩的组间差异。总体来看，游戏班在第二类、第三类题目以及题目总体的后测中，都有较好的表现。其中在第二类题目的后测中，成绩均值显著高于做题班；在第三类题目的后测中，成绩均值显著高于做题班和控制班；后测总分的均值显著高于做题班和控制班。

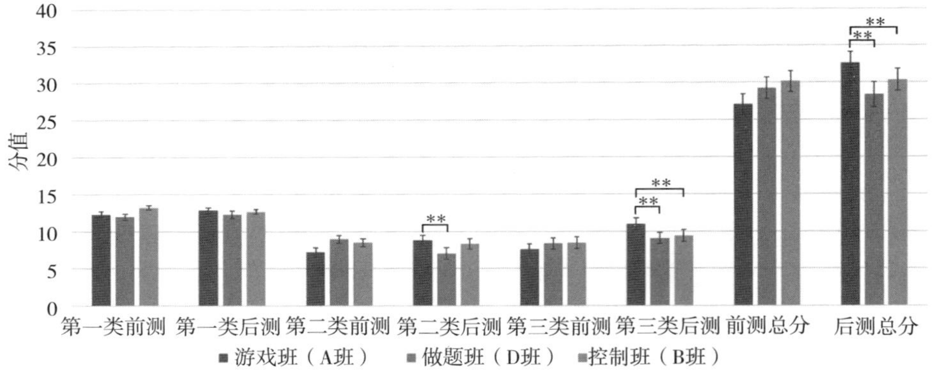

图 5-9　五年级各班在前后测各类成绩和总成绩的组间差异

注：**在 0.01 水平上显著相关。

（2）组内差异

如表 5-22 所示，游戏班配对样本 t 检验，显示第二类（$P=0.012$）和第三类题目（$P=0$）及题目总体（$P=0$）都有显著提高。做题班配对样本 t 检验，表明第一类、第三类题目及题目总体都没有显著变化，第二类题目显著下降（$P=0.004$）。控制班配对样本 t 检验，表明各类题目及题目总体都没有显著提高（$P>0.05$）。

表 5－22　五年级各类题目及测试总分前后测的配对样本 t 检验结果

班级	项目	均值	标准差	均值的标准误	t	df	$Sig.$（双侧）
游戏班	第一类后测-第一类前测	0.606 06	2.014 62	0.350 70	1.728	32	0.094
	第二类后测-第二类前测	1.575 76	3.400 65	0.591 98	2.662	32	0.012
	第三类后测-第三类前测	3.345 64	2.799 82	0.487 39	6.864	32	0
	后测总分-前测总分	5.527 46	5.239 71	0.912 12	6.060	32	0
做题班	第一类中测-第一类前测	0.312 50	2.038 94	0.360 44	0.867	31	0.393
	第二类中测-第二类前测	−1.904 23	3.434 84	0.607 20	−3.136	31	0.004
	第三类中测-第三类前测	0.707 66	2.779 84	0.491 41	1.440	31	0.160
	后测总分-前测总分	−0.884 07	5.781 24	1.021 99	−0.865	31	0.394
控制班	第一类后测-第一类前测	−0.521 51	1.569 82	0.281 95	−1.850	30	0.074
	第二类后测-第二类前测	−0.177 42	3.318 00	0.595 93	−0.298	30	0.768
	第三类后测-第三类前测	0.900 00	3.150 53	0.565 85	1.591	30	0.122
	后测总分-前测总分	0.201 08	5.420 23	0.973 50	0.207	30	0.838

图 5－10 展示了五年级各班在各类测试题目及总分的前后测的组间差异，总体来看，只有游戏班的三类题目和成绩总分在显著提高。做题班和控制班的分数概念性知识水平基本没有显著变化。

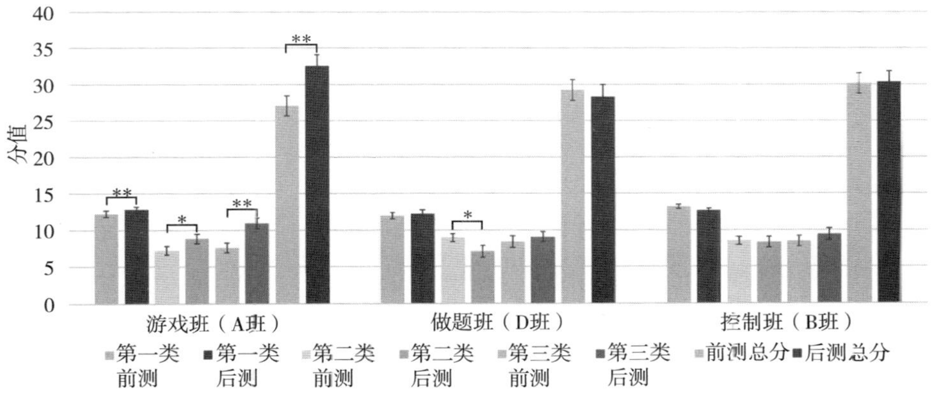

图 5－10　五年级各班在各类测试题目及总分的前后测组间差异

注：**在 0.01 水平上显著相关；* 在 0.05 水平上显著相关。

2. 主体性体验结果

(1) 组间差异

五年级各班的主体性范畴内量表的前测描述性统计如表 5-23 所示。前测成绩方差齐性检验结果详见附录 D 附表 D-38，单因素分析结果如表 5-24 所示（方差齐性使用 Turkey 法，方差不齐使用 Tamhane's T2 法）。

表 5-23　五年级各班主体性体验量表前测的描述统计结果

项目	组别	前测			后测		
		N	均值	标准差	*N*	均值	标准差
数学焦虑-测评	游戏班	33	2.909 1	0.807 24	33	2.719 7	0.774 99
	做题班	32	2.050 8	0.884 94	32	1.855 5	0.908 69
	控制班	31	2.161 3	0.864 94	31	2.112 9	0.753 02
	总数	96	2.381 5	0.927 71	96	2.235 7	0.886 46
数学焦虑-学习	游戏班	33	2.628 8	0.864 04	33	2.340 9	0.838 10
	做题班	32	1.828 1	0.833 85	32	1.703 1	0.843 47
	控制班	31	1.967 7	0.784 60	31	1.911 3	0.666 30
	总数	96	2.148 4	0.893 38	96	1.989 6	0.825 51
数学焦虑	游戏班	33	2.909 1	0.807 24	33	2.719 7	0.774 99
	做题班	32	2.050 8	0.884 94	32	1.855 5	0.908 69
	控制班	31	2.161 3	0.864 94	31	2.112 9	0.753 02
	总数	96	2.381 5	0.927 71	96	2.235 7	0.886 46
内在动机-胜任	游戏班	33	3.346 8	0.780 13	33	3.814 8	0.698 69
	做题班	32	4.024 3	0.929 08	32	3.941 0	0.941 96
	控制班	31	3.759 9	0.585 91	31	3.685 2	0.853 02
	总数	96	3.706 0	0.821 57	96	3.815 0	0.833 42
内在动机-兴趣	游戏班	33	3.454 5	0.895 86	33	3.878 8	0.984 49
	做题班	32	4.078 1	1.118 82	32	3.890 6	1.121 52
	控制班	31	4.040 3	0.649 03	31	3.675 0	1.055 05
	总数	96	3.851 6	0.946 31	96	3.816 9	1.047 93
内在动机	游戏班	33	3.346 8	0.780 13	33	3.814 8	0.698 69
	做题班	32	4.024 3	0.929 08	32	3.941 0	0.941 96
	控制班	31	3.759 9	0.585 91	31	3.685 2	0.853 02
	总数	96	3.706 0	0.821 57	96	3.815 0	0.833 42

（续）

项目	组别	前测			后测		
		N	均值	标准差	N	均值	标准差
自我效能感	游戏班	33	3.626 3	1.287 65	33	3.697 0	1.331 68
	做题班	32	5.041 7	1.169 35	32	4.677 1	1.457 85
	控制班	31	4.397 8	1.139 91	31	4.655 6	1.218 63
	总数	96	4.347 2	1.326 22	96	4.333 2	1.405 06

表 5-24　五年级各班主体性体验各类量表前测的单因素方差分析结果

项目	范围	平方和	df	均方	F	显著性	事后比较
数学焦虑-测评-pre	组间	14.189	2	7.094	9.764	0	游戏班>做题班
	组内	67.573	93	0.727			游戏班>控制班
	总数	81.762	95				
数学焦虑-学习-pre	组间	11.910	2	5.955	8.665	0	游戏班>做题班
	组内	63.913	93	0.687			游戏班>控制班
	总数	75.822	95				
数学焦虑-pre	组间	14.189	2	7.094	9.764	0	游戏班>做题班
	组内	67.573	93	0.727			游戏班>控制班
	总数	81.762	95				
内在学习动机-胜任-pre	组间	7.590	2	3.795	6.243	0.003	做题班>游戏班
	组内	56.533	93	0.608			
	总数	64.123	95				
内在学习动机-兴趣-pre	组间	7.949	2	3.974	4.792	0.010	做题班>游戏班
	组内	77.124	93	0.829			控制班>游戏班
	总数	85.072	95				
内在学习动机-pre	组间	7.590	2	3.795	6.243	0.003	做题班>游戏班
	组内	56.533	93	0.608			
	总数	64.123	95				
自我效能感-pre	组间	32.664	2	16.332	11.299	0	做题班>游戏班
	组内	134.428	93	1.445			控制班>游戏班
	总数	167.093	95				

数学测评焦虑维度后测的协方差分析，发现组别未对后测分数差异有显著影响，详见附录 D 附表 D-39；组别未对数学学习焦虑后测差异有显著影响，详见附录 D 附表 D-40；组别未对数学焦虑量表总体后测的差异有显著影响，详见附录 D

附表 D－41。图 5－11 展示了五年级各班数学焦虑量表的前后测组间差异。

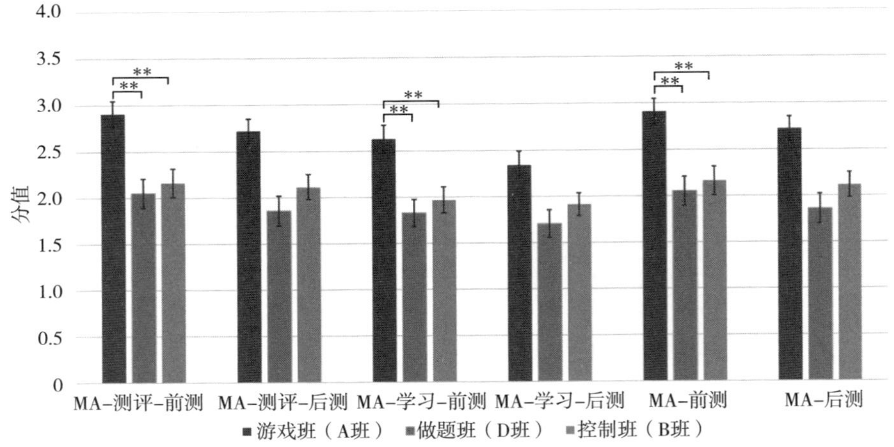

图 5－11　五年级各班数学焦虑量表的前后测组间差异

注：**在 0.01 水平上显著相关。

经协方差分析，发现在内在动机量表的后测中，组别未对胜任、兴趣维度及量表总体的后测分数差异有显著影响，详见附录 D 附表 D－42、附录 D 附表 D－43、附录 D 附表 D－44。图 5－12 展示了数学学习内在动机前后测的组间差异情况。

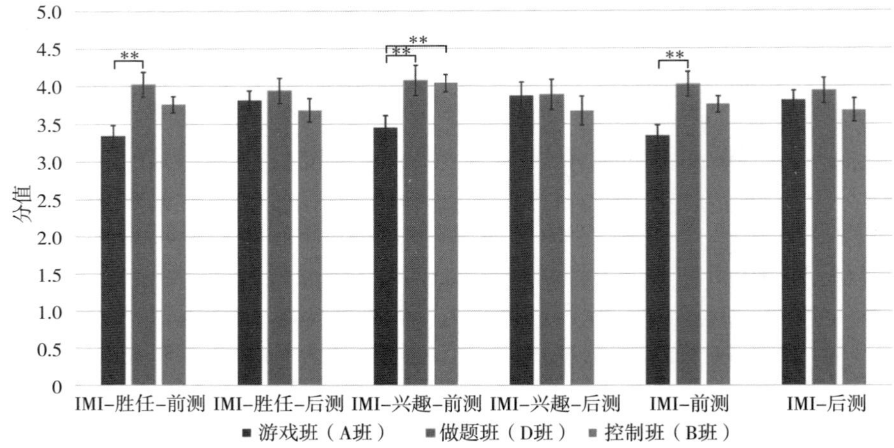

图 5－12　五年级各班数学学习内在动机量表的前后测组间差异

注：**在 0.01 水平上显著相关。

如表 5－25 所示，在自我效能感量表后测中，协方差分析发现组别未对后测分数差异有显著影响。五年级各班自我效能感量表的前后测组间差异情况如图 5－13 所示。

表 5-25　五年级后测自我效能感量表协方差分析主体间效应检验

源	Ⅲ型平方和	df	均方	F	$Sig.$
校正模型	84.760[a]	3	28.253	25.288	0
截距	11.653	1	11.653	10.430	0.002
组别	3.776	2	1.888	1.690	0.190
SE-pre	64.396	1	64.396	57.638	0
误差	102.788	92	1.117		
总计	1 990.119	96			
校正的总计	187.548	95			

注：[a] $R^2=0.452$（调整 $R^2=0.434$）。

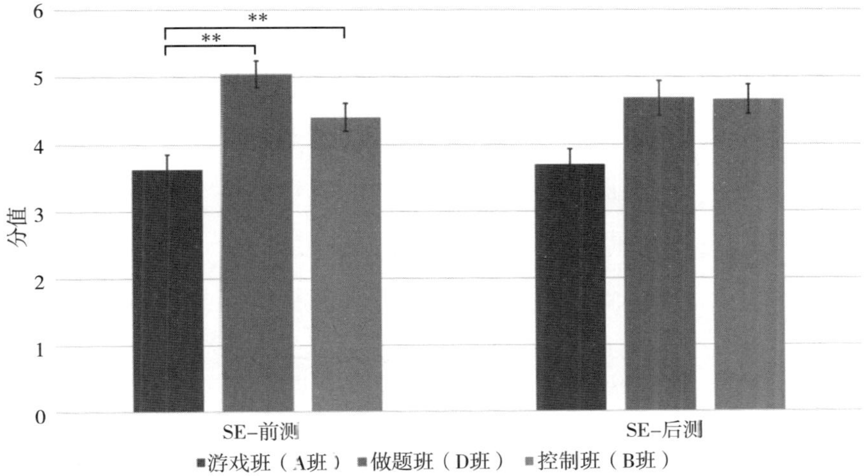

图 5-13　五年级各班自我效能感量表的前后测组间差异

注：**在 0.01 水平上显著相关。

(2) 组内差异

经配对样本 t 检验（表 5-26），发现游戏班的数学学习内在动机的胜任维度（$P=0.001$）和内在动机量表总体的后测均值较前测有显著提升（$P=0.003$），其他无显著差异。做题班的主体性体验范畴内的数学焦虑、内在学习动机都无显著变化（$P>0.05$），自我效能感显著下降（$P=0.03$）。控制班的主体性体验范畴内的量表各个维度都无显著差异（$P>0.05$）。

表 5－26　五年级各班主体性体验各类量表前后测配对样本 t 检验

班级	项目	均值	标准差	均值的标准误	t	df	*Sig.*（双侧）
游戏班	MA－测评－post－MA－测评－pre	−0.090 91	0.977 92	0.170 23	−0.534	32	0.597
	MA－学习－post－MA－学习－pre	−0.287 88	0.960 39	0.167 18	−1.722	32	0.095
	MA－post－MA－pre	−0.189 39	0.866 66	0.150 87	−1.255	32	0.218
	IMI－胜任－post－IMI－胜任－pre	0.503 03	0.795 49	0.138 48	3.633	32	0.001
	IMI－兴趣－post－IMI－兴趣－pre	0.424 24	1.342 64	0.233 72	1.815	32	0.079
	IMI－post－IMI－pre	0.468 01	0.847 45	0.147 52	3.172	32	0.003
	SE－post－SE－pre	0.070 71	0.992 18	0.172 72	0.409	32	0.685
做题班	MA－测评－post－MA－测评－pre	−0.265 63	0.803 06	0.141 96	−1.871	31	0.071
	MA－学习－post－MA－学习－pre	−0.125 00	0.698 50	0.123 48	−1.012	31	0.319
	MA－post－MA－pre	−0.195 31	0.653 72	0.115 56	−1.690	31	0.101
	IMI－胜任－post－IMI－胜任－pre	0	0.590 24	0.104 34	0	31	1
	IMI－兴趣－post－IMI－兴趣－pre	−0.187 50	1.060 66	0.187 50	−1	31	0.325
	IMI－post－IMI－pre	−0.083 33	0.679 68	0.120 15	−0.694	31	0.493
	SE－post－SE－pre	−0.364 58	0.905 42	0.160 06	−2.278	31	0.03
控制班	MA－测评－post－MA－测评－pre	−0.040 32	0.736 25	0.132 24	−0.305	30	0.763
	MA－学习－post－MA－学习－pre	−0.056 45	0.717 95	0.128 95	−0.438	30	0.665
	MA－post－MA－pre	−0.048 39	0.636 30	0.114 28	−0.423	30	0.675
	IMI－胜任－post－IMI－胜任－pre	0.157 85	1.000 87	0.179 76	0.878	30	0.387
	IMI－兴趣－post－IMI－兴趣－pre	−0.365 32	1.051 48	0.188 85	−1.934	30	0.063
	IMI－post－IMI－pre	−0.074 67	0.954 53	0.171 44	−0.436	30	0.666
	SE－post－SE－pre	0.257 71	1.397 80	0.251 05	1.027	30	0.313

注：MA 代表数学焦虑量表，IMI 代表数学学习内在动机量表，SE 代表自我效能感量表。

图 5 - 14 展示了五年级各班数学焦虑量表前后测组内差异，可以发现各班的数学焦虑程度都没有显著差异。图 5 - 15 展示了五年级各班数学学习内在动机量表前后测组内差异，可以发现只有游戏班的数学学习动机水平有显著提高。图 5 - 16 展示了五年级各班自我效能感量表前后测组内差异，发现做题班的自我效能感显著下降。

3. 认知体验与主体性体验的相关与回归分析

在检验五年级游戏班（A 班）、做题班（D 班）和控制班（B 班）在分数概念性知识课外学习中的认知体验和主体性体验方面的组间差异和组内差异的同时，为进一步理解五年级儿童的认知体验和主体性体验的关系，本研究对后测的成绩数据与问卷数据进行进一步相关分析。

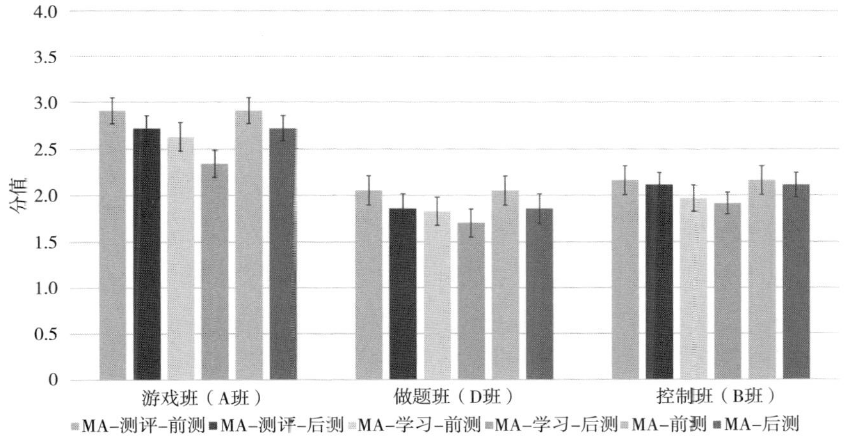

图 5 - 14　五年级各班数学焦虑量表前后测组内差异

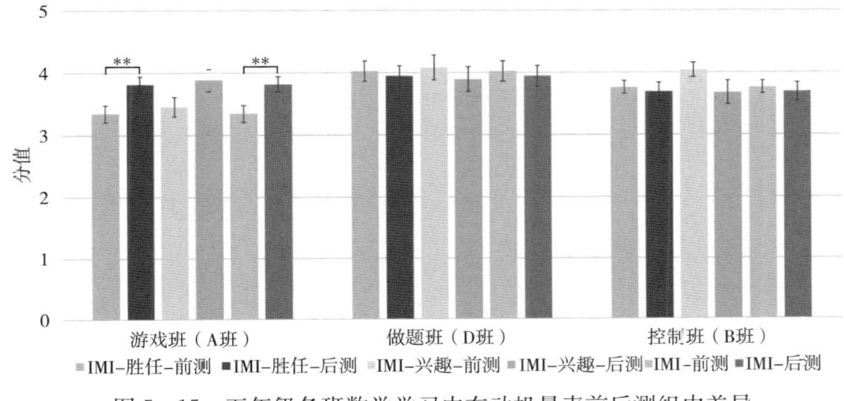

图 5 - 15　五年级各班数学学习内在动机量表前后测组内差异

注：**在 0.01 水平上显著相关。

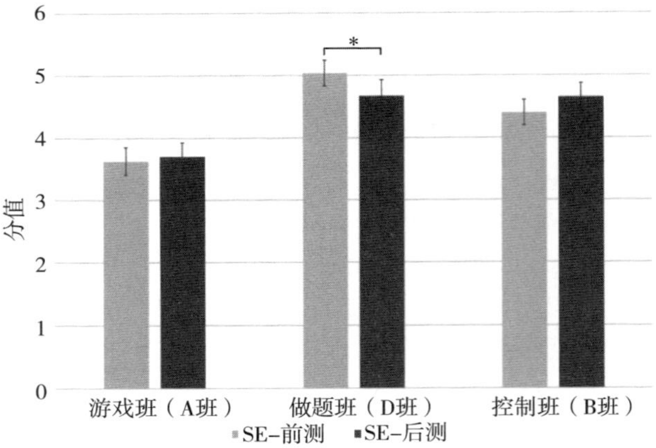

图 5-16　五年级各班自我效能感量表前后测组内差异

注：* 在 0.05 水平上显著相关。

首先，在主体性体验与认知成果的关联性方面，反映五年级儿童课外分数学习成果的后测总分在一定程度上与主体性体验有关。后测总分与数学学习焦虑在 0.05 水平上呈负相关（$r=-0.228$），相关程度较弱；后测总分与自我效能感在 0.05 水平上呈正相关（$r=0.244$），相关程度较弱。后测总分与数学测评焦虑、数学学习焦虑、内在动机的胜任维度和兴趣维度都无显著相关性。这说明五年级儿童分数课外分数学习成果部分地与主体性体验有关。

其次，在主体性体验范畴内的各维度关联性方面，数学测评焦虑与数学学习焦虑在 0.01 水平呈显著正相关（$r=0.678$），属于强相关；数学测评焦虑与数学学习内在动机的胜任维度在 0.01 水平上呈显著负相关（$r=-0.366$），相关强度较弱；数学测评焦虑与数学学习内在动机的兴趣维度无显著相关（$P=0.17$）；数学测评焦虑与自我效能感在 0.01 水平上呈显著负相关（$r=-0.538$），属于中等相关强度。数学学习焦虑与数学学习内在动机的胜任维度在 0.01 水平上呈显著负相关（$r=-0.296$），与兴趣维度无显著相关，与自我效能感在 0.01 水平上呈负相关（$r=-0.498$），属于中等相关强度。数学学习内在动机的胜任维度与兴趣维度在 0.01 水平上呈显著正相关（$r=0.568$），同时与自我效能感在 0.01 水平上呈正相关（$r=0.548$），两项相关系数均属于中等相关程度。数学学习内在动机的兴趣维度与自我效能感无显著相关关系（$P=0.076$）。

总体来看，五年级学生课外分数学习的认知成果与主体性体验有关（数学学习焦虑以及自我效能感），但相关程度较弱，客观说明了分数概念性知识认知水平的变化主要由教育干预引发。同时主体性体验范畴内的各维度存在一定的相关性，说明儿童学习过程中的数学焦虑感、内在动机与自我效能感存在一定的关联性（表 5-27）。

表 5－27　五年级儿童的分数概念性知识认知体验与主体性体验的相关分析

项目	分析项	MA－测评－post	MA－学习－post	IMI－胜任－post	IMI－兴趣－post	SE－post	后测总分
MA－测评－post	相关性	1	0.678**	－0.366**	－0.141	－0.538**	－0.077
	显著性（双侧）		0	0	0.17	0	0.456
	N	96	96	96	96	96	96
MA－学习－post	相关性	0.678**	1	－0.296**	－0.166	－0.498**	－0.228*
	显著性（双侧）	0		0.003	0.106	0	0.025
	N	96	96	96	96	96	96
IMI－胜任－post	相关性	－0.366**	－0.296**	1	0.568**	0.548**	0.185
	显著性（双侧）	0	0.003		0	0	0.071
	N	96	96	96	96	96	96
IMI－兴趣－post	相关性	－0.141	－0.166	0.568**	1	0.182	0.01
	显著性（双侧）	0.17	0.106	0		0.076	0.926
	N	96	96	96	96	96	96
SE－post	相关性	－0.538**	－0.498**	0.548**	0.182	1	0.244*
	显著性（双侧）	0	0	0	0.076		0.017
	N	96	96	96	96	96	96
后测总分	相关性	－0.077	－0.228*	0.185	0.01	0.244*	1
	显著性（双侧）	0.456	0.025	0.071	0.926	0.017	
	N	96	96	96	96	96	96

注：** 在 0.01 水平（双侧）上显著相关；* 在 0.05 水平（双侧）上显著相关。MA 代表数学焦虑量表，IMI 代表数学学习内在动机量表，SE 代表自我效能感量表。

本研究使用 SPSS 软件借助逐步多元回归的方法，探讨主体性体验范畴内的数学焦虑感、数学学习内在动机、自我效能感等自变量与效标变量的关系，结果如表 5－28 所示。

表 5－28　五年级儿童主体性体验各因素对认知成果的逐步多元回归分析摘要表

源	R	R^2	调整 R^2	F	F 更改	B	标准系数
截距						23.703	
自我效能感	0.244	0.059	0.049	5.943	5.943	1.555	0.244

五年级儿童课外分数学习的主体性体验各因素对认知体验的回归分析结果与四年级的结果具有一致性。在主体性体验范畴内的数学测评焦虑、数学学习焦虑、内在学习动机的胜任维度以及内在学习动机的兴趣维度的回归系数均未达到显著水平而被排除在回归模型以外，自我效能感的回归系数达到显著水平，进入回归模型。自我效能感对于效标变量“后测总分”的预测力为5.9%，即自我效能感这一因素解释了变异量的5.9%。在标准化回归系数方面，自我效能感的β值为0.244，数值为正，表示其对“后测总分”具有正向影响。

（三）讨论与结论

1. Run Fraction 在课外数学学习中对于发展五年级儿童分数认知能力的效果评价

本次准实验研究将基于游戏 Run Fraction 的分数概念性知识学习与做分数练习题（以及控制班）在课外数学学习场景中对于发展五年级儿童分数认知能力的效果进行对照研究。在分数概念性知识认知水平方面，经协方差分析，排除了前测成绩的混杂影响后，组别未对第一类测试题目的组间差异产生显著影响。同时，游戏班、做题班、控制班在第一类测试题目的前后测成绩无显著差异。对于三个组别而言，无论是游戏还是做题都没有显著提高五年级学生在部分与整体这类分数概念性知识的学业表现。可能原因是五年级学生在这类知识的前测正确率已经基本达到80%以上，说明五年级儿童在进行课外分数概念性知识学习之前，已经能够充分地掌握了分数“部分与整体”这类知识。

在分数的数值理解能力方面，在第二类测试题目分数与数轴的后测中，协方差分析结果显示组别对后测成绩的差异产生显著影响，游戏班显著高于做题班；在第三类测试题目分数比较大小的后测中，协方差分析结果显示组别也对后测成绩的差异产生显著影响，游戏班显著高于做题班，同时显著高于控制班。与此同时，游戏班的这两类测试题目的后测成绩均值都显著高于前测；练习班的第二类题目的后测成绩较前测显著下降，第三类题目的前后测成绩均值无显著差异；控制班各类题目的前后测成绩均值都无显著差异。

这说明分数游戏 Run Fraction 能够有效提高五年级儿童的分数数值理解能力。就分数概念性知识掌握的整体水平看，协方差分析显示游戏班的后测成绩显著高于做题班，并显著高于控制班；配对样本 t 检验显示游戏班经过一周的游戏化学习体验后，分数概念性知识水平显著提高。这说明基于 Run Fraction 的游戏化分数学习体验有助于提高五年级儿童的分数概念性知识水平。

在课外分数学习方面，针对五年级儿童的准实验在认知方面的研究结果与四年级儿童的准实验结果具有一定的一致性。在组内差异方面，基于 Run Fraction 的游戏化分数学习体验都显著提高了游戏班儿童的分数数值理解能力；同时在组间差异方面，组别对后测成绩的差异产生显著影响，游戏班在分数概念性知识水平方面基本显著高于做题班和控制班。分数游戏 Run Fraction 对于五年级儿童分数概念性知识认知的促进作用的讨论分析与第四章针对四年级相关研究的讨论基本一致。就学习者的知识体系而言，游戏中的数轴帮助五年级儿童深入地理解了分数的数值含义，对分数数值的理解也有助于儿童理解有理数的数值。就技术使用的优势而言，如游戏的即时反馈机制，在课外的数学学习场景中，分数游戏有助于儿童高效、高质量的提高分数概念性知识水平。

参与准实验研究的五年级学生将在五年级下学期继续学习更为复杂的分数计算知识。在课外的数学学习活动中，五年级学生进行分数概念性知识的游戏化学习体验，有助于巩固在三年级习得的部分与整体方面的知识，同时掌握一定的分数数值知识，这部分知识的掌握将有助于儿童进一步学习分数的程序性知识，提高分数计算能力。这在一定程度上体现了教育技术对于辅助教育教学的优势，即能够让学习者不受时间、空间以及教师因素的限制，获得高质量的课外学习体验，为正式的学校教育提供支持。

2. Run Fraction 在课外数学学习中对于优化五年级儿童主体性体验的效果评价

在针对五年级课外分数学习的准实验中，发现在排除前测分数的混杂影响后，组别未对数学测评焦虑和数学学习焦虑的后测分数差异产生显著影响。同时，配对样本 t 检验发现，游戏班、做题班和控制班在数学焦虑的两个维度的前后测分数都无显著差异。这说明对于五年级学生的课外数学学习活动而言，Run Fraction 并不能在降低数学焦虑感方面发挥作用，这与四年级学生在数学焦虑方面的研究结果具有一致性。

在数学学习的内在动机和自我效能感方面，协方差统计结果显示组别未对这两个方面的子维度的后测分数差异产生显著影响。与此同时，组内差异的统计结果显示游戏班的内在学习动机的胜任维度的后测分数较前测有显著提高，兴趣维度和自我效能感的后测分数较前测无显著差异；做题班内在学习动机的胜任维度、兴趣维度的后测分数均值较前测无显著差异，自我效能感显著下降；控制班的内在学习动机的胜任维度、兴趣维度以及自我效能感的前后测分数无显著差异。这说明组别虽然对主体性体验的后测差异无显著影响，但分数游戏 Run Fraction 在一定程度上优化了游戏班学生的主体性体验，提高了学生数学学习的内在动机水平，与四年级的课外分数学习基本一致，这种功能和作用是有限的。此外，做题班的自我效能感显著下降，也说明做题的方式可能会引发儿童数学学习的自我效能感的下降。相关分析的统计结果也说明在后测中的自我效能感与概念性知识后测成绩存在显著的正相关关系，自我效能感的下降可能会引发分数成绩的下降。

综合来看，与四年级学生的研究数据结果一致，分数游戏 Run Fraction 对于优化五年级儿童的课外分数学习的主体性体验的功能与效果也是不明显的。其原因除了本章四年级相关研究部分（三）讨论与结论一节中所分析的三个原因外，对于五年级儿童而言，升学压力的增加对儿童课外数学学习活动的质量与效率提出了更高的要求。课外数学活动对于认知发展的有效性得到更多的关注，儿童学习过程中的主体性体验质量逐渐被忽视。同时，随着儿童年龄的增长，儿童对数学学习本身的兴趣与动机可能更加趋于稳定，不会轻易受到学习干预方式的影响。

3. 认知成果与主体性体验关系探究

与四年级研究发现较为一致的是，五年级儿童的分数概念性知识成绩与数学学习焦虑以及自我效能感有关，因此五年级儿童的分数概念性知识学习水平在一定程度上与主体性体验有关。其中明显的证据是做题班第二类测试题目分数与数轴的成绩的下降可能与该班学生自我效能感的显著下降有关。在针对做题班主体性体验与认知成果的进一步分析的过程中，发现做题班的后测成绩总分与自我效能感具有显著的正相关性（$r=0.443$，$P=0.011$），且相关强度属于中等强度。与四年级做题班情况较为相似的是，持续的练习过程可能引发了消极情绪的产生，降低了五年级儿童的自我效能感，进而引发成绩的下降。回归分析结果显示自我效能感能够预测五年级儿童的分数概念性知识后测水平。因此，为了避免消极情绪的产生，教育研究者与实践者应当充分考虑学习方式所引发的儿童心理状态的变化，如数学焦虑程度、动机与自我效能感的状态。

与此同时，和四年级研究结论相似的是，从整体来看五年级主体性体验与认知成果的相关程度较弱，主体性体验与认知成果的回归分析也表明，虽然自我效能感能够预测分数的概念性知识认知水平，但 R^2 值较小，预测效果较弱。同时，在针对五年级的准实验研究中，组别也未能对主体性体验各维度的后测分数差异造成显著影响，但组别却引发了分数概念性知识后测的显著差异。这说明虽然主体性体验与认知成果有关，但分数概念性知识水平的差异主要源于干预方式的不同。因此基于针对五年级儿童的准实验研究结果，本研究发现五年级儿童课外分数学习的认知成果的产生也主要源于游戏内涵的认知内容与认知辅助。

三、本章小结

本章将分数游戏 Run Fraction 应用于课外学习中，并将游戏化分数学习与常规的做练习题的方式进行对比，检验了 Run Fraction 对于提高四、五年级儿童分数概念性知识水平，降低数学学习焦虑、提高数学学习内在动机等方面的效果。综合来看，在课外数学学习中，相较于常规做练习题的方式，Run Fraction 能够有效提高儿童的分数概念性知识水平。并且保持学生的动机水平，但与对于三年级儿童主体性体验的优化效果相比，Run Fraction 对于优化四、五年级儿童的主体性体验的功能较为有限。

第六章　基于Run Fraction的游戏化学习过程中的学习投入状态分析

本研究第四章、第五章已经从设计研究的角度验证了分数游戏的应用效果，即分数游戏引发的学习成果，包括认知成果、主体性体验成果。本章将继续以学习过程中的学习投入状态为视角，检验基于 Run Fraction 的游戏化学习过程效果，即学习者在 Run Fraction 游戏中是否有持续的情感投入和认知投入。本章首先基于人工智能表情识别方法和 K-means 聚类方法，对学习者在游戏化学习过程中的情绪调动类型进行分析，结合学习结果数据（成绩、数学焦虑、内在动机、自我效能感）尝试描述不同情绪类型学习者的特征，同时基于游戏后台数据判断不同情绪类型的认知投入状态。接下来，为了进一步探究技术使用引发的学习投入差异，本章将基于 Run Fraction 的游戏化学习与在线视频学习引发的学习投入差异，检验游戏化学习方式的有效性。

一、背景

（一）学习与学习投入

学习投入（Learning Engagement）被认为是影响学习成果的关键因素之一（Byun et al.，2015；Kuh et al.，2008；Pike et al.，2012）。有研究表明，更好的学习投入可以提高学习成绩，从而有助于实现学习目标（Huen et al.，2016；Kaplan et al.，1997；Peng et al.，2017）。良好的学习投入状态会增强学习者的心理健康（Huen et al.，2016），这可能会影响儿童的学习成就（Hughes et al.，2008；Pietarinen et al.，2014；Handelsman et al.，2005）。如果儿童缺少情感层面和认知层面的学习投入，他们很可能在学习中只投入较少的精力和时间，并且在遭遇学习挫折时更容易放弃（Wu et al.，2010；Wang et al.，2012），学习投入低的学生更有可能辍学（Pietarinen et al.，2014）。考虑到学习投入的重要性，越来越多的研究者们致力于讨论计算机支持的学习环境中的学习投入，学习投入已成为游戏化学习研究领域的重要主题之一（Wiebe et al.，2014；Sepehr et al.，2018）。

电子游戏行业在过去几十年中发展非常迅速，玩游戏已成为人类社会生活的一部分（Kim et al.，2015）。随着电子游戏逐渐融入儿童的日常生活中，研究者认为电子游戏似乎是所有多媒体媒介中，最具吸引力的学习环境（Byun et al.，2015），认为游戏化学习对激发学习投入有积极影响（Khan et al.，2017；Bossavit et al.，2018）。在认知方面，与传统教育方式相比，儿童能够在游戏中长时间保持一定的注意力水平（Ronimus et al.，2014），游戏的娱乐特征让学习者享受"高密度且顺畅"的学习过程，沉浸其中甚至感受不到时间的流逝（Csikszentmihalyi，2008；Ke et al.，2016）。在主体性体验方面，游戏也是激励个人情感投入的重要方式（Clark，Tanner-Smith，& Killingsworth，2016），竞争挑战等游戏元素有助于让玩家获得成就感（Hung et al.，2015）。游戏化学习方式对于提高学习动机，优化情绪体验的潜力也得到了诸多研究的支持（Chu et al.，2015）。

（二）学习投入的测量

为了准确客观地测量游戏化学习中的学习投入，首先应明确学习投入这一概念的定义和架构。教育领域的学者对学习投入的定义持不同意见（D'Mello et al.，2017）。学习投入涉及可观察的学习行为，包括努力程度、课堂参与、投入时间等（Ryan，2000；Kuh，2009），也包括学习任务的情感投入，如学生在学习过程中的热情、好奇和兴趣（Skinner et al.，1993）。有些学者认为学习投入的内涵涉及三个方面：行为投入，指的是学习参与行为；情感投入，指的是学生的情感反应，如享受、紧张和兴趣；认知投入强调学生在学习上的认知投入，比如在学习策略和自我约束上的努力（Fredricks et al.，2004；Khan et al.，2017）。在游戏化学习研究领域，学习投入主要包括认知投入和情感投入这两个维度（Abdul et al.，2015）。

研究者通常采用问卷调查、观察、质性访谈等方法进行学习投入的测量。应用最为广泛的是问卷调查，这种方法侧重于测量学习投入相关的享受感、兴趣、动机和观点（Abdul et al.，2015；Wiebe et al.，2014）。考虑到数据收集的效率，问卷调查也是游戏化学习领域研究人员评估游戏化学习体验的主要方法（Wiebe et al.，2014）。观察法指的是研究者可以通过观察游戏过程和分析游戏日志，来捕捉学习者在学习过程的认知和情感投入（Ke et al.，2016）。例如，研究者可以进行视频录制，然后对学习者的身体姿态、语言、注意力状态进行编码，进而收集到有关学习者投入程度的信息（Khan et al.，2017）。此外，定性调查和访谈也可以帮助研究人员了解学习者的情感状态（Emblen-Perry，2018；Alsawaier，2018）。问卷和访谈法虽然非常便捷、易于分析，但学习者在学习过程中的投入状态与过程结束后的报告反馈可能存在差距；同时，实际的客观学习过程与主观的反馈之间也存在差距，这两种差距可能阻碍研究者接近真实的学习投入真相。此外，基于视频的观察分析似乎具有一定的客观性，但分析过程非常耗时，并容易受到研究人员偏见的影响。因此，如何有效、客观地评估新兴数字技术对学习投入的影响，依然是一个具有挑战性的研究问题（D'Mello et al.，2017）。

参考游戏化学习领域在学习投入方面的相关研究，本节研究的学习投入（Learning Engagement）定义为学习过程中的情感投入（Emotional Engagement）和认知投入（Cognitive Engagement）。基于具身认知理论（D'Mello et al.，2017），人类的面部表情和行为可以反映内在心理状态。因此，本节研究尝试采用机器学习方法，即实时卷积神经网络技术（CNN），自动分析面部表情表达的情绪以及与学习投入相关的认知行为。

二、研究工具

计算机视觉是计算机科学的子领域之一，致力于使计算机能够以类似于人类的方式查看，识别和处理图像。在过去的几十年里，计算机视觉技术已在诸多领域中应用（Bebis，et al.，2003），包括多媒体应用（Kim et al.，2002）、医学研究（You et al.，2011）、遥感技术（Benz et al.，2004）。随着大数据领域的兴起，神经网络和机器学习技术日益成熟，计算机视觉技术的应用范围更加广泛。在人工智能的浪潮中，各种深度学习和技术可以更高效地解决我们应用的问题。表情识别也是众多技术应用中的一个。表情识别首先是解决人脸检测问题。大多数人脸检测是一个“扫描”加“判别”的过程，人脸扫描算法在图像中扫描，再判定扫描数据是否是人脸。人脸检测算法的计算速度与图像尺寸、图像内容相关。在人脸识别中，通过设置“输入图像尺寸”或“脸大小尺寸限制”等方式来加速算法。提取到人脸后，我们会将不同人脸表情数据进行机器训练，用神经网络学习到分类模型。依据这个模型，输入一张人脸，就可以输出对应的表情类别。同时，利用人脸检测结果，对眼部运动和头部的运动进行计算，可以进行眨眼分析和转头动作的分析。

在教育研究领域，实时卷积神经网络（CNN）方法可以作为一种学习分析方法，帮助研究者分析学生在学习过程中的学习投入状态。这种方法可以基于图像分析出人类情绪（Arriaga et al.，2017）；通过二维和三维面部标识检测人体的头部姿态（Kazemi et al.，2014；Asthana et al.，2014），而头部姿态的改变，如扭头动作与人们之间的沟通交流有关；此外还可以定位面部标识，在视频序列中检测眨眼的动作（Soukupova et al.，2016）。

本研究使用电脑自带的摄像头对儿童的面部进行全程记录，在视频分析过程中，首先使用程序在视频中识别定位人脸，对面部表情的情绪类型进行判断（Arriaga et al.，2017），接下来通过检测面部标识，进行眨眼（Benz et al.，2004）和头部姿态（Kazemi et al.，2014）的分析。眨眼频率与头动频率都可以为判断儿童注意力状态提供参考，例如如果学生对学习内容失去兴趣，注意力可能会降低，导致他们扭头看周围或与相邻的同学聊天。通过从视频的每一帧收集这三种信息，我们能够客观地研究儿童在学习过程中的学习投入状态。

在教育研究中，计算机视觉技术为观察、测量和记录人类行为提供了更加客观、有效的方法。借助基于实时卷积神经网络技术的表情识别方法，可以从三个维度获取学习者的学习投入状态信息：面部情绪分析、眨眼和头动。

（一）面部表情分析

进行面部表情分析有两个步骤，人脸识别和情绪分类，其中面部表情分为七类（生气、厌恶、悲伤、快乐、中性、惊讶、恐惧）。程序算法首先在一个人类表情数据库进行训练，数据库的每个图像的面部情绪都划归为上述类别之一（Emblen-Perry，2018）。训练的关键在于深度学习网络可以提取图像中人类表情的情感特征因素，进而对表情进行分类。因此，程序首先从图像中进行面部识别，然后将检测到的面部图像放入卷积神经网络（CNN）进行分类，获得相应的情绪分类信息，CNN 技术架构如图 6－1 所示。

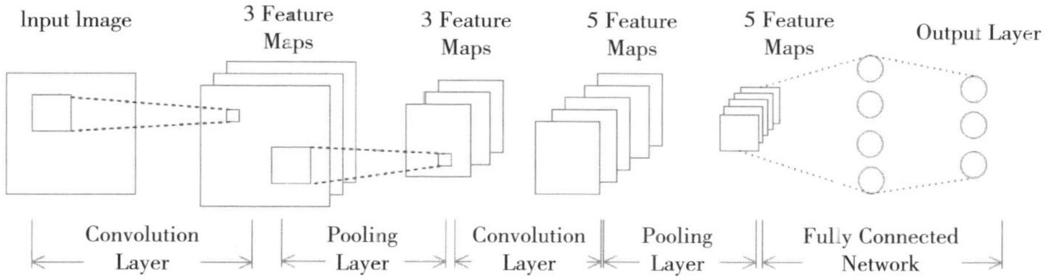

图 6－1　深层神经网络的体系结构

（二）眨眼检测

眨眼是指人眼的快速关闭与打开的动作，每个人的眨眼模式都不尽相同，差异在于眼皮关闭与打开的速度、挤压眼睛的程度和眨眼的持续时间等方面。眨眼的持续时间为 100～400 毫秒。首先使用面部标识对眼睛和眼睑轮廓进行定位，基于在图像中检测的界标（Kazemi et al.，2014），计算出眼睛纵横比（*EAR*）作为眼睛张开状态的测量值。由于在特定一帧中的 *EAR* 可能并不能正确识别出眼睛的闪烁，因此使用连续一系列帧的图像计算 *EAR*。眼睛的高度和宽度之间的 *EAR* 计算如下：

$$EAR=\frac{\|p_2-p_6\|+\|p_3-p_5\|}{2\|p_1-p_4\|}$$

其中 $p1$ 至 $p6$ 是二维图像的眼睛位置标识，如图 6－2 所示。当眼睛保持睁开时 EAR 大部分是恒定的，当闭眼时 EAR 接近零。睁眼的 EAR 的数值在个体之间具有小幅变化，但对于图像的均匀缩放和面部的平面内整体旋转是保持不变的。由于一般情况下，双眼是同步进行眨眼的，因此对双眼的 EAR 进行平均计算得出最终的 EAR。图 6－2 展示出了视频序列上的 EAR 的示例。

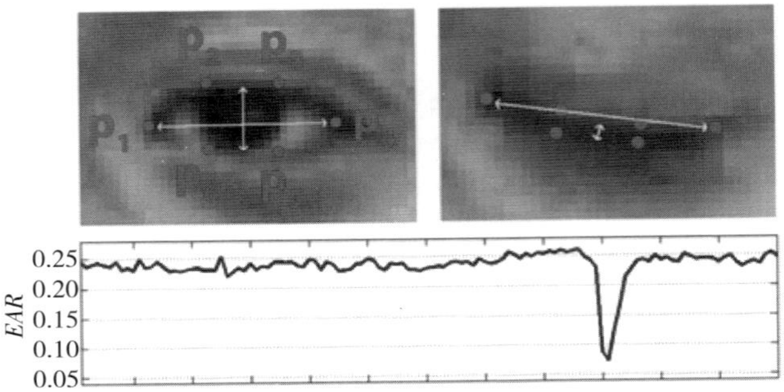

图 6－2　眨眼检测（Soukupova et al.，2016）

（三）头部姿态检测

为了捕捉头部姿态的变化，首先需要获取头部三维点和图像对应的二维的投影位置，借助 Dlib 技术可以获得面部的二维特征点，通过计算投影中的面部三维特征点和二维特征点之间的距离，可以获得头动信息。头部正向面对摄像头时，投影到图像平面上的三维点将与二维面部特征点几乎完美地对齐，两者之间的距离趋近于 0。当发生扭头等动作时，三维特征点将和二维特征点发生偏离，两者的距离增加。可以重新计算距离值，即投影三维点和二维面部特征点之间距离的平方和，以此判断出扭头动作。

总之，面部表情识别方法能够从三个方面获取学生的面部表情信息：面部表情，眨眼和头部姿势。在分析过程中，计算机程序将视频中的每一帧作为静态图片来进行检测，学生的面部表情会被分类到七种情绪之一：愤怒、厌恶、恐惧、快乐、难过、惊讶和中性（neutral）。此外，如果学生在视频中有眨眼或扭头的动作，这些动作也会被识别并计数。在计算机程序处理完整个视频之后，将出现的表情或动作的帧数除以视频可识别的所有帧数，来计算每种类型的情绪或头部动作的发生频率。例如，如果视频总共有 100 000 可识别图像帧，学生在其中的 2 000 帧中的表情为快乐，那么快乐这种情绪的出现频率为 2%。

三、游戏化学习过程中的学习投入状态分析

本节研究的主要目的是基于学习者的面部表情信息，识别儿童在玩 Run Fraction 过程中的情绪状态的差异，试图分析不同情绪表达状态学习者的情感投入和认知投入的差异。本研究对于游戏后台的数据挖掘和可视化结果呈现基于 R studio 实现。

（一）研究设计

从四年级和五年级玩分数游戏的班级中，随机抽取了 60 名学生玩分数游戏 Run Fraction 时的表情视频（使用电脑摄像头对儿童玩游戏的面部表情进行全程记录）。其中四年级学生 35 人，五年级学生 25 人。从每名学生 5 个玩游戏的表情视频中（实验周期为 5 天，每天 20 分钟），随机选择 2 个，使用实时卷积神经网络（CNN）方法进行逐帧的面部表情分析，共分析 360 万帧视频图像。图 6－3 展示了某学生的视频的分析结果，每个小图中，横轴以 3 秒为一个统计单位，纵轴为帧数，每一根竖线代表在 3 秒时间内，即 75 帧中，这种表情或动作出现的帧数。

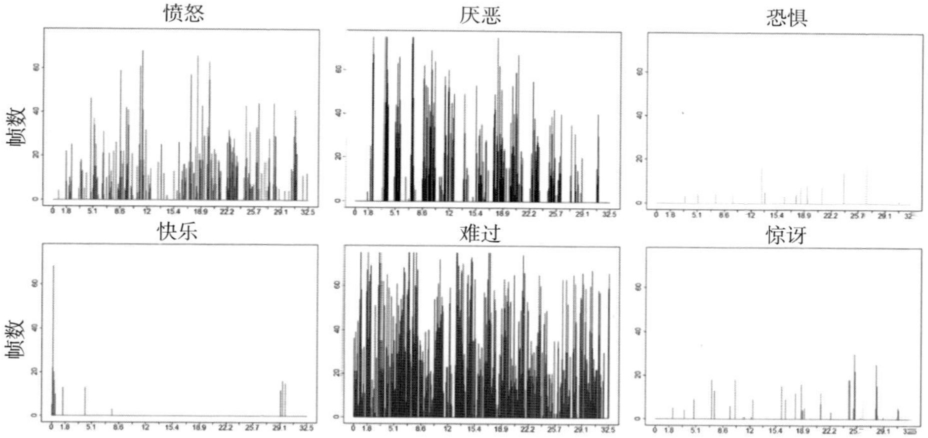

图 6－3　表情识别的案例呈现（以每帧为分析单位，以每 3 秒为统计单位）

将每种表情出现的帧数，除以视频有效识别出的总帧数，可以得出每个视频中每种表情的出现比例，再将每个学生两个视频的每种表情比例取平均值，得到每名学生每种表情的比例值，部分结果由下表所示。例如，编号为 1 的学生，愤怒表情的出现比例是 0.83%，厌恶是 0.13%，恐惧是 0.11%，快乐是 0.31%，难过是 5.71%，惊讶是 0.39%而中性表情是 92.4%（表 6－1）。

表 6-1　学生各种表情比例数据示例

编号	愤怒（%）	厌恶（%）	恐惧（%）	快乐（%）	悲伤（%）	惊讶（%）	中性（%）
1	0.838 550	0.136 149	0.114 065	0.316 621	5.716 311	0.394 277	92.484 03
2	18.473 320	0.082 381	0.334 857	0.282 030	0.403 233	10.624 010	69.800 17
3	2.406 025	11.643 890	0.710 437	0.562 772	60.192 430	0.049 187	24.435 27
4	0.317 954	0.023 815	1.410 839	2.603 857	19.523 570	0.306 739	75.813 22
5	0.469 047	0.378 631	0.166 337	15.351 860	35.929 570	0.029 326	47.675 22
6	23.820 690	0.133 513	2.214 719	3.417 720	48.819 180	0.002 084	21.592 09
7	0.036 845	0.085 027	0.042 513	0.161 551	12.671 820	0.005 668	86.996 57
8	29.697 960	0.011 929	2.175 905	1.368 519	41.723 140	0.072 318	24.950 23
9	1.280 260	0.018 236	0.281 051	0.076 260	57.410 800	0.057 852	40.875 55
10	1.226 253	0.068 322	0.211 184	23.163 920	29.707 460	0.210 026	45.412 84
11	1.378 913	0.152 568	0.139 583	1.373 632	10.439 990	0.069 792	86.445 52
12	10.936 830	0.003 276	0.225 273	0.087 193	49.995 400	0.039 308	38.712 72
13	15.517 020	1.297 773	0.597 600	0.432 799	47.950 170	0.026 319	34.178 32
14	1.074 380	0.034 466	0.650 769	6.693 858	22.704 970	0.289 023	68.552 54

在得到全部 60 名学生的面部表情频率数据后，本研究尝试采用聚类分析方法，寻找 60 名学生面部表情数据的结构特征。聚类分析是通过数学方法根据研究样本的相似性和聚类，将其划分为若干类，使得每类组内差距较小，同时组间差距较大。聚类分析是机器学习数据挖掘方法中的一种，由于聚类的数目和结构都不是预先假定好的，属于无监督学习方法（周涛 等，2012）。

通过聚类分析，本研究试图依据每名学生在玩 Run Fraction 过程中，除中性表情外的六种表情的出现频率，将具有相似情绪表情特征的学生分组，进而分析不同类型学生在玩分数游戏过程中的情绪状态差异。本研究采用聚类分析中最普遍的 K-means 算法，对 60 名学生的六类表情比例数据进行聚类分析。首先确定聚类的个数，即 K-means 算法中最优的 K，可以采用手肘法和轮廓系数法。在手肘法中，核心指标是误差平方和 SSE（sum of the squared errors），公式如下。

$$SSE = \sum_{i=1}^{K} \sum_{p \in C_i} | p - m_i |^2$$

C_i 是第 i 个簇，p 是 C_i 中的样本，m_i 是 C_i 中所有样本的均值，计算出的 SSE 是所有样本的聚类误差之和，SSE 越低，说明聚类效果越好。随着聚类数 K 的增加，样本划分更加精细，每个簇内部会越密集，因而 SSE 自然会减小，但当 K 小于真实聚类数时，K 的增大会引起 SSE 迅速减小，而当 K 大于真实聚类数后，K 再增大引起的 SSE 减小速度会减慢，因而 SSE 曲线斜率的转折点就是最佳 K 值。图 6－4 是 60 名学生表情数据在 K-means 方法聚类下，不同数值大小的 K 对应不同的 SSE 曲线，当 K 大于 3 以后，随着 K 的增加 SSE 降低速度减缓，3 是最佳聚类数。

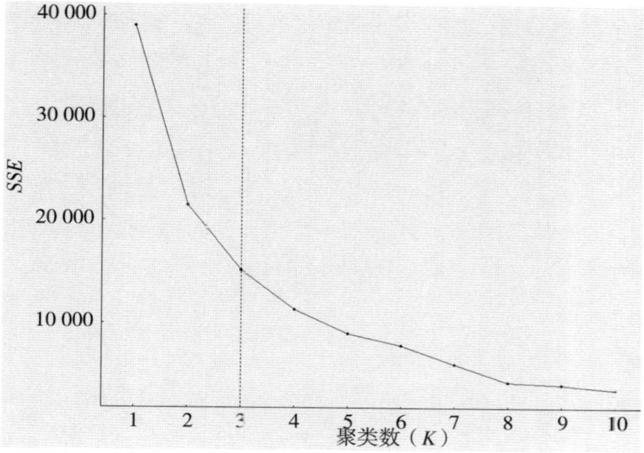

图 6－4　样本 SSE 随聚类数变化

轮廓系数（silhouette coefficient），最早由 Peter J. Rousseeuw 在 1986 年提出，可以被用来评价基于相同原始数据的不同聚类结果，轮廓系数的计算公式为：

$$s(i)=\frac{b(i)-a(i)}{max\{a(i),\ b(i)\}}$$

s（i）是第 i 个样本的轮廓系数，a（i）是样本 i 到同簇其他样本的平均距离，b（i）是样本 i 到非本身所在簇的所有样本的平均距离，s（i）取值为 -1～1，s（i）越大说明聚类效果越好，因为 a（i）越小，b（i）越大，说明 i 到同簇样本距离越近，其他簇样本距离越远，聚类效果好。所有样本的 s（i）均值为聚类结果的轮廓系数。

（二）研究结果

图 6－5 是 60 名学生的表情数据在 K-means 方法聚类下，聚类结果轮廓系数随 K 的变化情况，可见当 $K=3$ 时，轮廓系数最大，结合之前手肘法分析得出，采用 K-means 方法对 60 名学生表情数据聚类成 3 类最为合理，这 3 类的聚类结果如图 6－6 所示：

通过图 6－6 可以看出，通过聚类分析划分出的三类学生的表情差异比较明显。

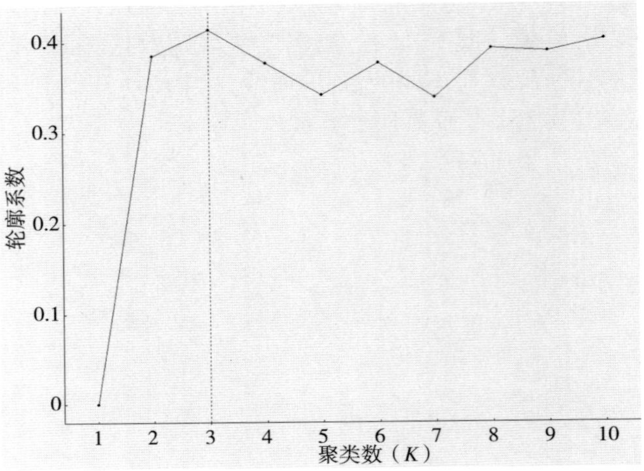

图 6－5　样本轮廓系数随聚类数变化

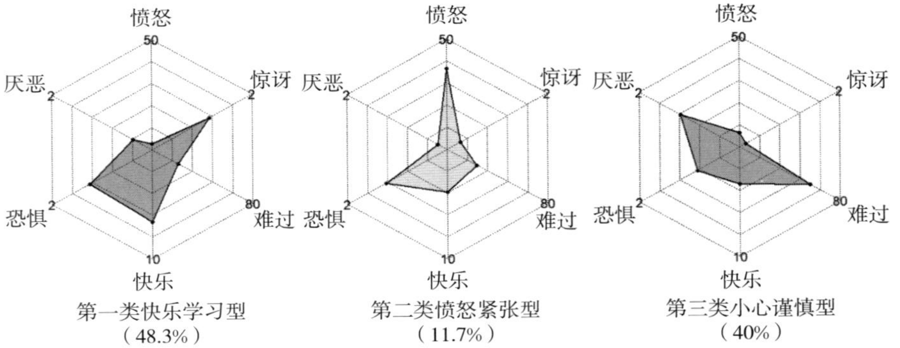

图 6－6　聚类结果及比例

第一类学生的快乐（6.62%）和惊讶（1.14%）两种积极类表情的出现频率明显高于其他学生，同时难过（20.8%）和愤怒（2.82%）三种负面表情和另外两组相比出现较少，恐惧（1.24%）和其他两组差别不大。这类学生在玩分数游戏的过程中，积极表情最多，负面情绪最少，因此被命名为快乐学习型。

第二类学生在玩分数游戏的过程中，和其他两组相比，愤怒（36.5%）表情绪的比例非常高，同时相对而言恐惧的比例也较高（1.23%）。而厌恶（0.18%）的表情同其他两组相比，均处于较低水平。这一组同学在玩游戏过程中，表现出了较多的愤怒和恐惧表情，有可能是因为游戏难度对这类儿童的认知水平有较大的挑战，使得他们在游戏中感受到了比较多的压力，因而将这一组称为愤怒紧张型。

第三类学生和另外两类相比，在玩游戏的过程中，表现出了较多的难过（55.8%）和厌恶（1.18%）表情，快乐（3.39%）和惊讶（0.12%）这两种积极表情的出现频率是最低的，恐惧（0.85%）和愤怒（6.67%）两种表情和其他两组相比，没有明显特点。通过调取这类同学的表情视频发现，他们在游戏过程中，经常表现出抿嘴、皱眉等面部动作，因而被程序识别为难过表情（由于实验伦理和个人隐私，本研究不在文中展示儿童的表情截屏）。这类同学在玩分数游戏过程中，大多仔细思考，严肃认真，以致有些患得患失，属于小心谨慎型。

以上通过对学生的表情数据进行聚类分析，将 60 名学生分成三组，快乐学习型、愤怒紧张型和小心谨慎型，那么以这三组分类为视角，可以进一步挖掘其行为数据，分析这三类同学在成绩表现、焦虑、学习动机和自我效能感方面的差异（图 6－7）。

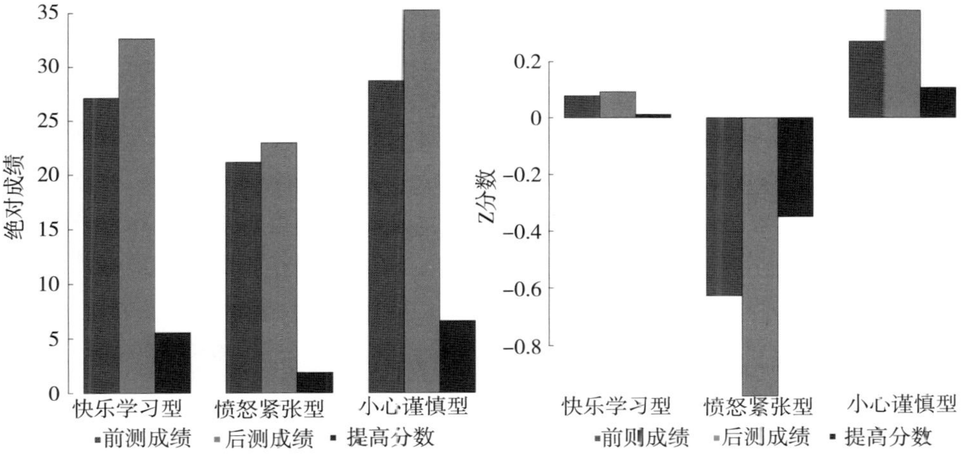

图 6－7　三种情绪表达类型儿童前后测绝对成绩数值和 Z 分数

上图 6－7 是从前后测考试成绩中，提取出三类同学的分数，然后计算每类平均分以及每人在自己班级中考试成绩的 Z 分数［（个人分数-班级均值）/标准差］得出的结果。左图中，前测成绩代表每类同学前测的平均分，后测成绩代表后测平均分，提高分数是后测平均分减去前测平均分的结果。右图中，前测成绩代表每组同学 Z 分数的平均值，Z 分数越大，说明在班级内部排名越靠前。后测成绩代表后测成绩的 Z 分数平均值，提高分数是一类同学前测到后测 Z 分数变化的平均值。

从图中可以发现，小心谨慎型学生，前测成绩、后测成绩、提高分数，都是三组中最大的，这一点在 Z 分数上也有体现，前测成绩、后测成绩、Z 分数提高的部分都是最高的。说明第三组同学属于各个班级内，学习成绩较好的学生，他们严肃认真地对待分数游戏，在玩游戏的过程中，成绩提高也是最大的。愤怒紧张型和小心谨慎型学生相比，恰恰相反，前测成绩最低、后测成绩最低，成绩提高的部分也最低，在Z分数即班级排名方面，经过一周的玩分数游戏后，这类同学的班级排名甚至还更加靠后了，这类同学可能在班级中排名比较靠后，学习能力有待提升，Run Fraction这款分数游戏，对他们而言，可能难度较大，玩起来比较吃力，他们也从游戏中提升了分数能力，但提升的幅度较为有限。快乐学习型学生，通过分数游戏提升的分数能力幅度介于愤怒紧张型和小心谨慎型学生之间，可能是班级排名中间的学生。

经单因素方差分析，发现三组学生在后测分数（$F=5.776$，$P=0.005$）和后测Z分数（$F=5.089$，$P=0.009$）存在显著差异，快乐学习型、小心谨慎型儿童的后测成绩和后测Z分数都显著高于愤怒紧张型儿童。单因素方差分析还显示三组儿童在头动和眨眼方面无显著差异。

那么三类学生在主体性体验成果上又有怎样的差异？图6-8是每类同学在前后测中的数学焦虑、学习动机和自我效能感的数值和前后测变化。这其中变化最明显的是愤怒紧张型学生。和另外两组相比，他们在前测中的数学焦虑是最高的，学习动机和自我效能感是最低的，即虽然愤怒紧张型学生在玩分数游戏可能比较吃力，但在游戏的帮助下，在后测中，他们数学焦虑大幅降低，后测的数学焦虑程度甚至低于另外两组，学习动机和自我效能感都有提升，而且提升幅度最大。这也验证了Run Fraction对于优化这类儿童主体性学习体验的效果。

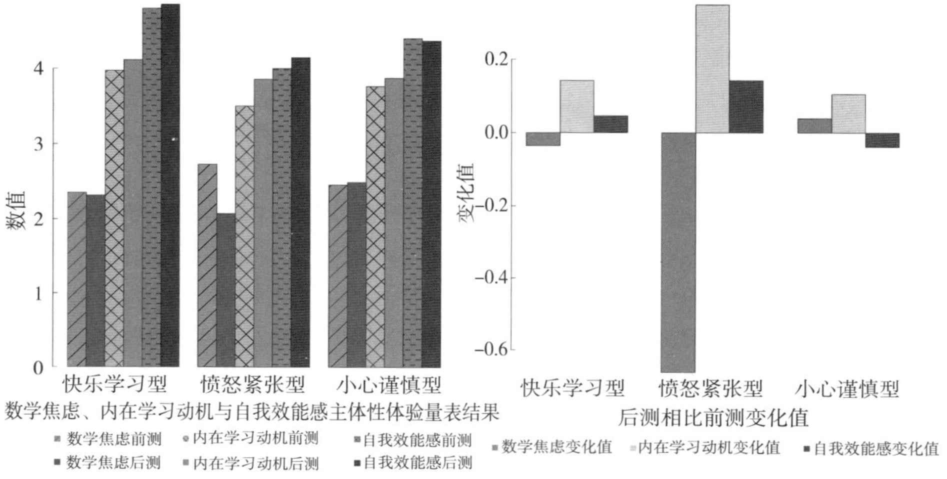

图6-8　三种情绪表达类型儿童主体性体验范畴量表结果变化

为了进一步探查不同情绪表达类型儿童的认知发展特征，本研究对游戏后台数据库进行数据挖掘，首先统计了学习者在游戏的每一关第一次玩的正确率，以可视化的方式呈现了三类情绪表达类型儿童的游戏成长过程。发现成绩排名较为靠后的愤怒紧张型儿童在游戏的初始阶段的正确率较低，此后呈逐步上升趋势，最后快乐学习型、小心谨慎型儿童的正确率能够赶上甚至超越其他两类儿童。此外，将学习者在游戏过程中的加速次数进行可视化呈现，发现愤怒紧张型儿童在正确率提升的同时，反映认知判断效率的加速操作（加速次数）也呈上升趋势；此外与表情分析较为一致的是小心谨慎型儿童的加速次数一直低于其他两类儿童，这说明他们确实在游戏中有相对慎重的游戏行为。

（三）讨论与结论

本节的主要目的是分析学习者在玩 Run Fraction 的过程中的学习投入状态，以检验 Run Fraction 对于促进学习投入的效果。基于面部表情分析和 K-means 聚类方法，发现学习者在游戏中主要呈现了三种不同类型的表情状态，即快乐学习型、愤怒紧张型、小心谨慎型。从情感投入的角度看，游戏都充分调动了这三类儿童的情绪状态，快乐学习型儿童在游戏中有了很多积极情绪的体验，愤怒紧张型儿童可能由于游戏对其认知水平带来了一定的挑战，而调动了更多愤怒的情绪体验，小心谨慎型儿童有较多的难过和厌恶的情绪状态，这也反映出小心谨慎型儿童对待游戏的认真态度，显示出他们有较高程度的认知投入。因此，可以发现虽然儿童在游戏中呈现了一定的情绪差异，但 Run Fraction 充分调动了儿童的情绪状态。

此外，本节研究建立了过程中的表情数据、游戏后台数据与结果性的成绩问卷数据的对话。发现愤怒紧张型儿童的前测成绩较低，后测成绩和后测成绩 Z 分数都显著低于其他两类儿童，这可能说明这类儿童的认知水平较低，在班级的排名相对靠后，游戏对他们来说具有一定的挑战，因此他们在游戏中呈现了很多的愤怒表情。那么虽然这类儿童在游戏中有相对愤怒紧张的情绪状态，后测成绩排名也相对靠后，但这类儿童能否在 Run Fraction 中受益呢？通过对游戏后台数据进行挖掘，以及比对测量主体性体验的问卷，可以发现这类儿童在玩 Run Fraction 之后，数学焦虑感下降明显，数学学习动机和自我效能感也有较为明显的提高，说明游戏对这类儿童的学习态度产生了积极影响。此外，发现愤怒紧张型儿童在游戏中的正确率呈上升趋势，与其他两类儿童的正确率差异缩小，甚至在最后关卡超过其他两类儿童；这类儿童在游戏中的加速次数也呈上升趋势，表明他们进行认知判断的时间缩短。因此，总结来看，认知水平较低、在班级排名较为靠后的儿童，在游戏中有相对愤怒紧张的情绪表达，但游戏能够有效优化他们的主体性体验，这类儿童能够在游戏 Run

Fraction 中学习（正确率提高、认知决策时间缩短），认知投入状态良好。但这类儿童在游戏的认知成果向正式学习迁移过程中会遇到问题，即 Run Fraction 可以提高这类儿童的认知水平，但很难迁移到正式的测评中。这可能意味着这类儿童需要一定的教师辅助或其他干预，以实现游戏认知成果向正式测评的迁移。

情绪状态表达为快乐学习型和小心谨慎型的儿童在分数概念性知识的后测中有较好的成绩表现，成绩排名也有提高。在主体性体验方面，快乐学习型儿童的数学焦虑感下降，内在学习动机和自我效能感提高。结合学习过程中的表情数据，可以发现 Run Fraction 能够优化快乐学习型儿童在过程中的主体性体验，并将游戏中获得的积极情绪迁移到正式的学习中。对于小心谨慎型儿童，游戏虽然能够较大幅度地提高这类儿童的分数成绩，但这类儿童的数学焦虑感提高，内在学习动机提高，自我效能感有轻微下降，后台数据挖掘的加速次数趋势统计也发现这类儿童在游戏中的“加速次数”较少，在游戏中相对谨慎小心。

基于三类儿童在前后测成绩、主体性范畴问卷、情绪状态、游戏中行为表现的综合分析，可以发现 Run Fraction 对于这三类儿童都是有效的，但其效果存在一定差异。对于快乐学习型儿童，他们有良好的认知水平，Run Fraction 能够提高成绩，优化主体性体验，他们能够在游戏中获得快乐，并最终迁移到正式的学习中。对于初始认知水平有限的愤怒紧张型儿童，他们虽然能够在 Run Fraction 中学习，游戏正确率呈上升趋势，甚至在游戏的最后阶段超过其他两类儿童，游戏中的决策时间也逐步缩短，他们在游戏中获得的良好的主体性体验也能够迁移到正式的学习中，但是他们在游戏认知成果向正式学习认知成果迁移的过程中存在困难。小心谨慎型儿童有非常优秀的认知水平，他们在正式分数测试中的进步最大，但 Run Fraction 对于这类儿童的主体性体验的优化程度是有限的。

四、游戏化学习与视频学习的学习投入状态对比分析

前文第五章将分数游戏 Run Fraction 应用在小学课外数学学习活动中，并将游戏化学习与做题进行对比，检验分数游戏 Run Fraction 在课外学习场景中，对于提高儿童的分数概念性知识水平、优化主体性体验的应用效果。研究发现在认知方面，相较于常规的做题方式，分数游戏 Run Fraction 能够更加有效地提高儿童的分数概念性知识水平；在学习动机等主体性体验方面，游戏化学习更有利于保持动机水平，而持续的做题方式可能引发消极情绪的产生，如动机和自我效能感的下降。对于此结果，可能的解释是计算机的使用激

发了游戏班儿童的好奇心和学习动力，让儿童在学习过程中有了更多的学习投入。那么，为了检验基于计算机的不同学习方式的差异是否会引发儿童学习过程中的情绪状态和认知投入的差异，进而确定游戏的技术形式对于学习投入的促进作用，本节研究通过将玩分数游戏 Run Fraction 和视频学习进行对比，来验证 Run Fraction 能否引发学习者更多的学习投入。

（一）研究设计

为了辨别游戏与其他基于计算机的学习方式所引发的过程中学习投入的差别，在游戏化学习对照组干预方式的选择上，需要选择使用较为普遍的计算机支持的学习方式。当前，基于视频学习的翻转课堂、MOOC 学习也已经成为小学生课外学习的重要方式。因此，本节研究确定将玩分数游戏 Run Fraction 与看同等内容难度的教学视频进行对比。

前文研究发现四年级儿童和五年级儿童的课外游戏化分数学习的效果基本一致，也考虑到学校的课程进度安排与研究效率，本节继续以四年级游戏班为实验对象开展研究。在第五章“一、四年级小学生游戏化分数学习的应用研究”的准实验研究中，游戏班学生已完成每天 20 分钟，共计 5 天的课外游戏化分数学习体验，计算机摄像头对儿童的表情状态进行全程记录；在第二周，游戏班学生每天看 20 分钟的教学视频，共计 5 天，计算机依然进行表情状态的全程记录。学生们在玩教育游戏或观看教学视频过程中，教师和研究者不进行任何教学性提示。游戏班共有 35 名学生（16 名男生和 19 名女生）。在实验结束后，每个学生共有 5 个玩游戏的面部表情视频和 5 个观看教学视频的表情视频，研究者在每类视频中随机选择抽取 2 个作为分析视频。因此视频分析素材共包括 70 个玩游戏的面部表情视频和 70 个看教学视频的面部表情视频。

（二）研究结果

在本研究中，使用面部表情识别技术共分析了 140 个视频，其中 1 个视频由于视频质量低导致无法分析，18 个视频由于分析结果包含一个或多个异常值（$|Z|>3$）而被放弃。剩下的 121 个视频分为两组，游戏组记录视频共有 57 个，视频学习组共有 64 个。

1. 游戏化学习与视频学习

表 6－2 展示了玩数学游戏组（Run Fraction）的所有视频中的七类表情的出现频率。频率从高到低依次为：中性（0.448 4）、难过（0.385 2）、愤怒（0.085 5）、快乐（0.061 1）、恐惧（0.014 0）、惊讶（0.003 2）和厌恶（0.002 6）。观看在线数学教学视频组的视频中，各种面部表情的频率是：中

性（0.510 1）、难过（0.267 1）、快乐（0.130 2）、愤怒（0.050 0）、恐惧（0.018 7）、惊讶（0.008 0）和厌恶（0.001 3）。

表 6-2　游戏组和视频观看组的面部表情，眨眼和头部姿势变化的独立样本 t 检验

表情类别	玩游戏			看视频			P	效应量
	N	均值	标准差	N	均值	标准差		
愤怒	57	0.085 5	0.136 6	64	0.050 0	0.067 3	0.079 272	0.336
厌恶	57	0.002 6	0.005 1	64	0.001 3	0.002 1	0.077 953	0.341
恐惧	57	0.014 0	0.017 8	64	0.018 7	0.020 2	0.175	0.246
快乐	57	0.061 1	0.097 0	64	0.130 2	0.135 1	0.001	0.582
难过	57	0.385 2	0.239 3	64	0.267 1	0.172 9	0.003	0.571
惊讶	57	0.003 2	0.009 2	64	0.008 0	0.022 6	0.117	0.273
中性	57	0.448 4	0.258 1	64	0.510 1	0.236 1	0.172	0.25
眨眼	57	0.013 4	0.009 1	64	0.011 6	0.006 1	0.207	0.235
头动	57	0.001 6	0.001 4	64	0.002 9	0.002 4	0	0.652

接下来，对两组每种类型的面部表情的频率差异进行双尾独立样本 t 检验，结果显示两组在快乐和难过这两种表情的出现频率存在显著差异。教育游戏组（N=57）的快乐表情的平均频率为 0.061 1，标准差为 0.097 0；在线数学组（N=64）快乐表情的平均频率为 0.130 2，标准差为 0.135 1。同时，对于教育游戏组，难过表情的平均出现频率为 0.385 2，标准差为 0.239 3，视频教学组的难过表情频率为 0.267 1，标准差为 0.172 9。因此，实验结果说明相较于看教学视频，学生在玩教育游戏时表现更多难过的表情和更少的快乐表情。

面部表情可以反映学习者的情感投入和认知投入，眨眼和头动也可以在一定程度上反映认知投入状态，尤其是头动可以反映出儿童在学习过程中的注意力保持状态。基于眨眼和头动的统计结果表明，儿童在玩分数游戏 Run Fraction 时比在观看教学视频时更加专注。如表 6-2 所示，学生在玩数学游戏时头动的平均频率为 0.001 6，标准差为 0.001 4，而在观看在线数学教学视频时学生的平均频率为 0.002 9，标准差为 0.002 4。双尾独立样本 t 检验表明学生在玩数字游戏时的头部姿势变化显著少于观看在线数学教学视频 [t（102.3）=−3.61，P=0.000，ES=0.65]。两组在眨眼的频率方面没有显著差异。学生在玩数学游戏时眨眼的平均频率为 0.013 4，标准差为 0.009 1，学生在观看教学视频时的平均眨眼频率为 0.011 6，标准差为 0.006 1。双尾独立样本 t 检验表明两组学生眨眼的平均频率没有显著差异 [t（96.8）=1.27，P=0.207]。

2. 学习投入的性别差异

(1) 游戏化学习过程中学习投入的性别差异

在记录学生玩数学游戏的 57 个视频中，其中 25 个视频的记录对象是男生，32 个是女生。如表 6-3 所示，对于男生而言，七种表情从高到低的平均频率为：中性（0.485 6）、难过（0.390 0）、快乐（0.067 4）、愤怒（0.037 3）、恐惧（0.014 9）、厌恶（0.003 5）和惊讶（0.001 6）。女生的结果是：中性（0.419 4）、难过（0.381 7）、愤怒（0.123 2）、快乐（0.056 2）、恐惧（0.013 3）、惊讶（0.004 4）和厌恶（0.001 9）。男生（$N=25$）的愤怒表情的平均频率为 0.037 4，标准差为 0.057 9，女生（$N=32$）为 0.123 2，标准差为 0.166 6。双尾独立样本 t 检验表明，在玩数学游戏时，女学生表现出比男学生更多的愤怒面部表情[t（40）$=-2.714$，$P=0.01$，$ES=0.66$]。

在认知行为方面，男生和女生的平均眨眼频率分别为 0.013 4 和 0.013 5，男生和女生改变头部姿势的平均频率分别为 0.002 0 和 0.001 3，t 检验的结果表明，在眨眼和头动方面，男生和女生之间并没有显著差异（表 6-3）。

表 6-3 游戏组中男性和女性的面部表情，眨眼和头动的独立样本 t 检验

表情类别	男生			女生			P	效应量
	N	均值	标准差	N	均值	标准差		(ES)
愤怒	25	0.037 3	0.057 9	32	0.123 2	0.166 6	0.01	0.657
厌恶	25	0.003 5	0.006 0	32	0.001 9	0.004 2	0.23	0.316
恐惧	25	0.014 9	0.019 5	32	0.013 3	0.016 7	0.733	0.039
快乐	25	0.067 4	0.088 7	32	0.056 2	0.104 3	0.671	0.115
难过	25	0.390 0	0.226 6	32	0.381 7	0.252 3	0.903	0.034
惊讶	25	0.001 6	0.003 6	32	0.004 4	0.011 8	0.266	0.305
中性	25	0.485 6	0.256 0	32	0.419 4	0.260 1	0.341	0.256
眨眼	25	0.013 4	0.008 4	32	0.013 5	0.009 7	0.973	0.011
头动	25	0.002 0	0.001 5	32	0.001 3	0.001 3	0.058	0.503

(2) 视频学习过程中学习投入的性别差异

在 64 个记录学生观看数学教学视频的记录视频中，有 31 个记录对象是男生，33 个是女生。男学生七种类型的表情从高到低的平均频率是：中性（0.535 6）、难过（0.257 7）、快乐（0.128 0），愤怒（0.040 1），恐惧（0.018 8），惊讶（0.002 8）和厌恶（0.001 1）。对于女生来说，在观看数学教学视频时面部表情的频率是：中性（0.486 1）、难过（0.276 0）、快乐（0.132 3）、愤怒（0.059 3）、恐惧（0.018 7）、惊讶（0.013 0）和厌恶（0.001 5）。t 检验表明男孩和女孩的七种面部表情平均频率都没有显著差异

（表 6 - 4）。男生和女生的平均眨眼频率分别为 0.013 0 和 0.010 4，男女学生改变头部姿势的平均频率分别为 0.002 9 和 0.002 8，t 检验的结果表明，男生和女生在头动和眨眼的频率方面均没有显著差异。

表 6 - 4　视频观看组中男性和女性的面部表情，眨眼和头部姿势变化的独立样本 t 检验

表情类别	男生			女生			P	效应量（ES）
	N	均值	标准差	N	均值	标准差		
愤怒	31	0.040 1	0.055 3	33	0.059 3	0.076 6	0.254	0.286
厌恶	31	0.001 1	0.001 7	33	0.001 5	0.002 5	0.389	0.186
恐惧	31	0.018 8	0.019 2	33	0.018 7	0.021 4	0.973	0.004
快乐	31	0.128 0	0.127 7	33	0.132 3	0.143 7	0.899	0.032
难过	31	0.257 7	0.154 1	33	0.276 0	0.190 8	0.676	0.105
惊讶	31	0.002 8	0.003 0	33	0.013 0	0.030 8	0.067	0.459
中性	31	0.535 6	0.256 2	33	0.486 1	0.216 7	0.409	0.209
眨眼	31	0.013 0	0.006 6	33	0.010 4	0.005 5	0.089	0.429
头动	31	0.002 9	0.002 6	33	0.002 8	0.002 4	0.828	0.040

（三）讨论与结论

本节研究旨在运用面部表情识别技术，通过比较儿童在游戏化学习和视频学习中的面部表情和认知行为差异，探究基于游戏化学习方式能否激发学习者的情感投入和认知投入。

基于面部表情的分析，从独立样本 t 检验的结果可以明显看出，与观看在线数学教学视频相比，学生在玩 Run Fraction 时表现出更多难过的表情和更少的快乐表情，这表明学生在玩游戏 Run Fraction 过程中可能有更多的情感参与，同时，难过属于一种表达努力、积极思考的表情，这可能说明儿童在玩 Run Fraction 的过程中有较多的情感参与和认知投入，在游戏中有了一定的压力感和情境的临场感。在本章“三、游戏化学习过程中的学习投入状态”中，发现难过表情较多的小心谨慎型儿童在后测中取得的进步是最大的，这也说明难过表情的出现说明儿童在玩 Run Fraction 的过程中有更多的认知投入。此外，在认知投入方面，学生在游戏化学习过程中的头动频率更低，说明在玩游戏时儿童的交流、走神行为更少，和看数学教学视频相比，儿童在玩游戏的过程中的注意力更加集中，这也说明了学生在游戏化学习过程中有更多的认知投入。

那么儿童为什么会在游戏化学习中有更多的情感投入和认知投入呢？第一，电子游戏的娱乐特征有助于学习者进入心流状态。在三维沉浸式虚拟的游戏环境中进行角色扮演，有助于缩短虚拟世界与现实世界之间的距离，使玩家更加专注于游戏任务（Byun et al.，2015；Barab et al.，2012）。如果游戏化身撞向了数轴墙的错误位置，化身形象会被猛烈地反弹回来，并发出“砰”的撞击声。如果儿童对游戏化身具有同情心，他们可能会因为失败且痛苦的撞击而感到悲伤，这也是儿童进行行为策略调整的动力。Run Fraction 内含的故事情节也有助于将儿童迅速带入到故事情节中，玩家需要努力到达目的地，才能尽快获得宝藏。第二，为了平衡学习者技能与游戏挑战，平衡游戏的不确定性和控制感，Run Fraction 的难度随游戏关卡逐渐增加。场景的变换有助于保持儿童的好奇心，因此在游戏中儿童会努力集中注意力，以完成游戏中的挑战。第三，游戏所提供的即时反馈是儿童调整行为与策略的依据和动力（Plass et al.，2016）。游戏元素，如能量棒、积分、计时、排行榜，可以迫使玩家在游戏中投入更多的精力。这或许可以解释与看教学视频相比，儿童在玩游戏的过程中的相互交流、东张西望的动作更少。心流理论是理解游戏化学习体验的重要理论，依据该理论，如果游戏挑战与玩家技能能够实现平衡，那么玩家更容易投入到游戏过程中（Csikszentmihalyi，2008；Wiebe et al.，2014）。这与 Gee 的观点一致，即最佳游戏难度应当设置于学习者能力的上缘，以此保持游戏的挑战感（Gee，2003）

在性别差异方面，本研究发现，女生在玩 Run Fraction 时比男生有更多的愤怒表情。这反映出女生也许在玩游戏时会比男生感到的压力更大，这可能与女生较少的游戏体验有关（Tsai，2017），在发现自己需要努力才能掌握游戏策略时，女生可能会更加紧张。另一种可能的解释是，女生在游戏中有更多的情感投入。一项研究发现女生的游戏动机显著高于男生（Chung et al.，2017），女生在游戏中有更高的参与度（Khan et al.，2017）。

五、本章小结

本章主要在第四章、第五章学习结果研究的基础上，围绕游戏化学习过程中的学习投入状态，继续检验 Run Fraction 对于促进学习者情感投入和认知投入的应用效果。使用人工智能表情识别方法对 570 万帧视频图像进行自动识别，并使用 K-means 方法基于表情数据对儿童在游戏中的情绪类型进行聚类。同时，使用数据挖掘方法对不同情绪表达类型的学习者的游戏行为数据进行分析。结合游戏过程中的学习投入状态数据、游戏行为数据以及游戏结束后的成绩问卷数据，发现 Run Fraction 对于不同情绪表达类型的学习者有不同的作用效果。此外，为了验证 Run Fraction 的游戏技术使用对于学习投入状态的影响，本章研究还将游戏化学习与视频学习进行对比，发现儿童在游戏中有更多的情感投入和认知投入。

第七章　讨论与结论

回顾教育游戏在过去几十年间的发展历程，不难发现技术发展确实为教育创新带来了前所未有的机遇。游戏技术成功实现了虚拟化的认知情境创建，为学习者提供了即时、有效的信息反馈，也让寓教于乐的理念得到了更加广泛的认可，虚拟现实等新兴技术也似乎展示了未来游戏化学习的无限可能。然而，机遇与挑战并存，虽然游戏化学习是当前的研究热点之一，但教育游戏依然面临着“后劲不足”的发展困境。教育游戏研究者终究需要回答“如何设计科学、有效、有趣的教育游戏”这一问题。与此同时，在世界各国纷纷启动“脑计划”、人工智能蓬勃发展的时代背景下，教育游戏研究也应当与时俱进，解决如何借助认知神经科学领域有关学习基础机制的最新研究进展进行游戏开发，如何运用人工智能、数据挖掘等新技术建构数字时代的游戏化学习效果评价体系的问题。

以此为方向，本研究以基础教育领域的核心教育问题之一——分数的认知，作为游戏化学习的切入点，提出了两大研究问题“如何基于游戏化学习、分数认知的相关理论，设计一款科学、有效、有趣的分数游戏?”“相较于常规学习方式，所设计的分数游戏能否有良好的应用效果，为何产生这些效果?”。围绕问题一，本研究首先针对游戏化学习理论进行系统建构，归纳了游戏化学习体验框架，并以此作为文章整体的内在研究线索。接下来以学习科学的跨学科视角，基于游戏化学习理论、目标知识理论、学习需求分析，进行分数游戏的设计开发。围绕问题二，本研究将分数游戏应用于与课堂教学整合、课外学习两大场景中，运用准实验研究方法评估游戏化学习成果，同时运用人工智能表情识别方法，对游戏化学习过程中的学习投入状态进行分析。最后，结合理论研究、量化研究结果，进行教育游戏设计原则的归纳，提炼教育游戏的整体设计、认知内容设计和游戏化元素设计的核心原则，并纵览全文分析游戏化学习促进教育教学的作用机制。图 7－1 呈现了本研究从理论分析到作用机制探究的逐步推进、层层展开式的研究路径，理论研究所建构的基于情境的认知体验和基于动机的主体性体验是本研究的内隐线索。

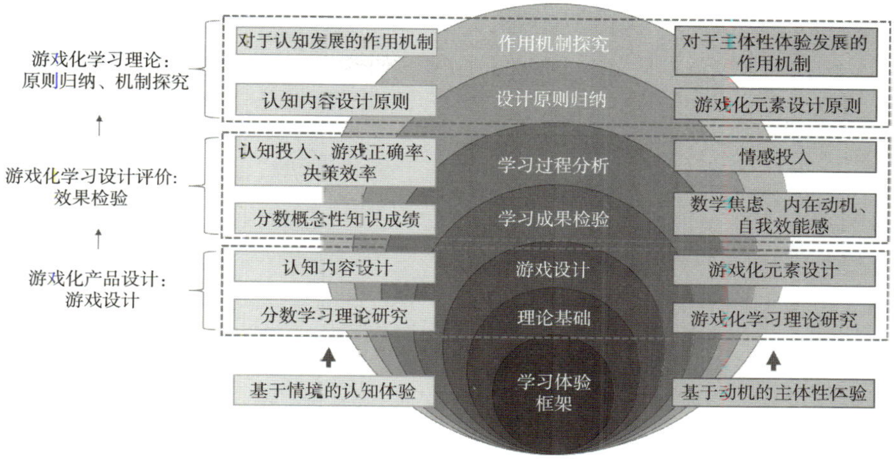

图 7-1　本研究的研究路径总结

一、研究发现与总结

（一）游戏化学习理论的系统建构

对游戏化学习相关理论进行系统化建构是进行教育游戏设计的基础，也是实现教育游戏创新的源泉。本研究第二章对真实学习环境理论、体验学习理论、生成性学习理论的核心要素进行分析，通过理论推演，归纳了学习体验的三种类型，即基于情境的认知体验、基于协作的社会性体验和基于动机的主体性体验。在此框架下，运用理论描述了游戏化学习体验的内容与特征，并借助理论分析了游戏化学习对认知和主体性发展的潜在功能。

基于情境的认知体验强调了游戏化环境为学习者提供了认知真实性的学习情境。虚拟学习情境的价值体现在为学习者提供了更多获得隐性知识的实践机会；从实践效率的角度看，区别于物理环境的真实性，教育游戏所提供的虚拟环境强调认知真实性，这是学习效率和学习迁移的重要保障；从认知体验的形式上看，教育游戏也为开展高效的具身认知创造了可能。就游戏媒介的认知辅助功能而言，从多媒体认知理论的视角看，游戏对于图像、声音的双重呈现有助于记忆编码，提升学习效果；从心流理论的视角看，游戏的梯度难度设置和多层次认知辅助有助于实现技能和挑战的平衡，促进不同水平的个性化学习；依据认知神经科学领域的研究成果，游戏能够发展支持学习行为的核心认知能力，如空间认知能力、执行控制能力，这些都是支持学科学习的基本能力。

基于动机的主体性体验主要强调了动机和情绪在学习过程中的重要性。动机在学习中具有重要作用，诸多理论也对动机的影响因素进行分析，为教育游戏的设计提供了理论参考。Malone 和 Lepper 的动机理论认为挑战、好奇、控制、幻想能够激发内在动机，合作、竞争、自尊因素能够对集体动机造成影响。ARCS 动机模型认为注意、相关、信心和满足感这四大因素影响了学生的动机水平。自我决定理论将动机看作一个从无动机、外部动机到内部动机转化的连续过程。成就动机理论认为成就动机、权力动机、亲和动机影响了人的行为。对学习者情绪进行优化也是游戏化学习区别于常规学习方式的显著特征，目前认知神经科学领域的研究已经支持了情绪对认知的重要影响，也为游戏促进情绪调节进而影响认知提供了更多的证据。游戏化学习对于学习者主体性发展的功能还可以通过自我效能感、需求层次理论、社会认知理论的主体性视角进行解释。

基于协作的社会性体验主要关注了游戏化学习过程中的指导性体验和学习者之间的协作互动。由于本研究设计的分数游戏主要聚焦于情境化的数学知识自主探究，因此只涉及基于情境的认知体验和基于动机的主体性体验。

建构游戏化学习体验的理论框架具有三个方面的价值。第一，依据理论对游戏化学习可能涉及的学习体验进行划分是对游戏化学习功能场域的界定，这是理解教育游戏功能和局限的基础。第二，此框架为系统化的理论梳理提供支架，进而为教育游戏设计的多元理论参考提供了可能。第三，理论体系奠定了游戏设计与应用评估的结构框架，本研究依据游戏化学习体验框架展开了理论研究、游戏设计、应用评估，并以此框架进行教育游戏设计原则的归纳和游戏化学习作用机制的分析。

（二）游戏化学习产品的设计开发

在游戏设计的理论依据方面，本研究在游戏化学习相关理论的系统调研基础上，以学习科学的跨学科视角对分数学习的相关理论进行综述。教育学从较为宏观的视角，讨论了儿童分数认知能力的发展过程，认为分数概念性知识是程序性知识学习的基础。在分数概念性知识范畴内，分数部分与整体的含义是理解分数概念的基础，数字发展的整合理论（Integrated Theory of Numerical Development）认为测量解释知识是分数能力发展的关键，美国数学教育顾问委员会从 2008 年开始倡导分数教学应当充分关注测量解释知识的学习。心理学从较为微观的表征视角提出了整数偏见理论，认为自然数知识可能会给分数知识的建构带来障碍。认知神经科学从神经活动的角度，发现人脑以数值的形式进行分数的加工，最为典型的证据是一项运用 ROI 分析方法的脑科学研究发现，只有分数的整体距离能够调节顶内沟的激活。跨学科视角的分数学习研究综述发现，分数的数值理解对于儿童的分数认知发展具有重要价值，对分数数值理解的强调符合脑科学的研究发现。

在理论研究的基础上，为了明确游戏化分数学习需求，本研究首先开展了针对 300 多名小学生的分数概念性知识水平的试点调研。基于数据统计结果，发现无论是否接受了正式的分数教育，儿童对部分与整体的掌握程度较高，对分数的数值知识的理解程度较低。此外，为了分析分数的教学现状，本研究以学习科学的跨学科视角建构了教材分析编码体系，选取我国主流小学教材——北师大版和人教版教材，对分数概念性知识单元讲授性内容涉及的 202 个分数表征进行逐一编码分析。研究发现两版教材都充分重视了分数符号的教学，主要以“数形结合”的方式开展教学；分数部分与整体是分数概念性知识教学的绝对主体，两版教科书尚未重视分数的数值理解。

在理论研究和学习需求分析的基础上，本研究确定了游戏的定位，即目标知识领域为分数的概念性知识，着重关注分数数值理解，以数轴作为核心认知辅助工具，内容标准上尽可能匹配教材知识点。在使用定位方面，明确了分数游戏主要是对课堂教学的补充，可以在课堂教育和课外教育中进行使用。围绕认知体验，分别进行了认知辅助工具、分数表征、内容框架和教学支架的设计。围绕主体性体验，设计了游戏情境、游戏化身、奖励机制、排行榜、故事线和游戏声音。游戏化元素的设计围绕认知内容的设计开展，后文详细介绍了本研究基于理论、游戏设计和实证数据归纳的教育游戏的设计原则。游戏开发主要采用 Unity 3D 平台和 C# 语言实现客户端开发，采用 MySQL 完成数据库的开发。

（三）游戏化学习效果的测量评价

在游戏化学习评价方面，本研究建构了游戏化学习的多维评估体系。横向以时间为轴，分别评估过程中的学习投入状态和结束后的学习结果；纵向以学习体验类型展开，分别评估基于情境的认知体验和基于动机的主体性体验，如图 7－2 所示。

在游戏化学习结束后的学习结果评估范畴内，为测量儿童分数概念性知识水平的变化，本研究参考国外相关研究的测量方法，从三大权威题库中进行测试题目的选择，包括美国国家教育进展测评（NAEP）、国际数学与科学趋势评估（TIMSS）以及加州标准测试。为测量儿童的数学焦虑、数学学习的内在动机以及自我效能感，本研究选取了美国心理学会 PsycTESTS 数据库发布的以及其他权威量表。为了确保研究的信效度，本研究对分数概念性知识测试题目进行信度和区分度检验，对所有量表进行信度分析、探索性因子分析和验证性因子分析。

在游戏化学习过程中的学习投入评估范畴内，本研究主要采用人工智能图像识别的方法，捕捉儿童在学习过程中的情绪状态和相关认知行为信息，进而

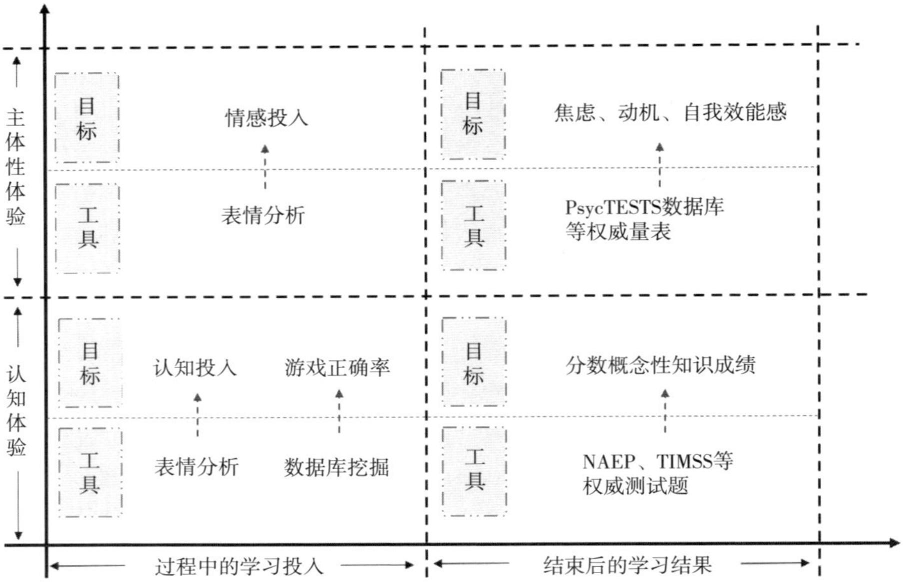

图 7-2　本研究的游戏化学习效果的多维评价体系

判断学习者的认知投入和情感投入状态。传统的视频分析只能对部分时间节点或是片段进行人工编码分析，信息捕捉量有限，不但会耗费研究人员的大量精力，而且容易受到研究者偏见的影响。目前人工智能表情识别技术已经非常成熟，这种方法能够对学习者的情绪状态进行全程的、客观的、自动化的逐帧分析，可以成为教育技术研究的辅助性工具。本研究共对 570 万帧视频进行自动分析，研究精度提高，且不受研究者偏见影响。学习者在游戏过程中的表现也是游戏化学习效果检验的重要信息来源，本研究主要对后台数据库的学习者关卡正确率变化趋势以及反映游戏策略的操作行为进行数据挖掘和可视化呈现，以此作为检验学习效果的证据补充。

此外，还需要说明的是教育性是教育游戏的本质属性，因此针对游戏化学习结果的检验是本研究进行游戏效果评估的主体，游戏过程中的学习投入状态和游戏行为表现的检验只作为学习成果检验的补充。即本研究游戏效果检验的主要工具是常规的知识测试、问卷量表报告，人工智能表情识别和数据挖掘是效果检验的补充工具。

（四）游戏化分数学习的应用效果

依据上文介绍的游戏化学习效果的测量评价体系，本研究开展了一系列量化研究工作以验证 Run Fraction 的应用效果。游戏效果验证的场景包括与课堂教学整合的游戏化学习以及课外游戏化学习。

1. 基于情境的认知体验评价

在认知体验范畴内，在认知成果方面，无论是与课堂教育整合，还是应用于课外数学学习活动中，分数游戏 Run Fraction 都能显著提高儿童分数的概念性知识水平，且效果优于做题等常规干预方式，特别是有效地提高了儿童的分数数值理解能力。针对三年级儿童，分数游戏化学习与课堂教学进行整合的学习效果良好，在相同的学习时间内，游戏班儿童不但在分数部分与整体题目有和其他班级一致的表现，还在体现分数数值理解能力的题目中有优异的表现。针对四、五年级儿童的课外数学学习，Run Fraction 显著提高了儿童的分数概念性知识水平，经过每天 20 分钟，共 5 天的游戏化分数学习干预，四年级游戏班儿童的分数测试总成绩提高了 24.8%，五年级游戏班儿童的分数测试总成绩提高了 20.4%。儿童对分数概念性知识的深入理解为程序性知识的学习奠定了基础，良好的分数数值理解能力也是儿童数学能力发展的基础。

在认知投入方面，相较于视频学习，儿童在游戏化学习中有更好的注意力水平和更多的专注表情。在游戏行为表现方面，通过后台数据挖掘，发现随着游戏难度的提高，儿童的正确率较为平稳且有上升趋势。尤其值得注意的是认知水平相对有限的儿童虽然在游戏的初始阶段正确率较低，但是最终也能实现和其他认知水平儿童一致的正确率水平。整体来看，儿童在游戏中的知识获得能够迁移到正式的测试中，分数概念性知识水平显著提高。但同时也发现，对于认知水平有限的儿童，即使他们在游戏中有很好的表现和认知水平提高，但他们很难将游戏中的认知成果迁移到正式的测试中。这可能意味着基于个性化学习的考虑，游戏需要为这类儿童提供更多的教学性支持。

2. 基于动机的主体性体验评价

在主体性体验范畴内，在主体性体验成果方面，总体来看 Run Fraction 有助于优化学习者的学习态度和学习情绪，但对于不同年龄儿童的主体性体验的优化程度具有一定的差异性。对于三年级儿童而言，Run Fraction 能够有效降低数学焦虑感，提高数学学习动机和自我效能感。但对于四五年级学生而言，Run Fraction 对于在课外数学学习活动中的儿童主体性体验成果的优化作用是不明显的、有限的，但与常规做题方式相比，游戏化学习有助于保持学习动机和情绪状态。对于主体性体验成果的优化作用的有限性可能与较短的游戏干预时间有关，在短期内，游戏所引发的游戏化学习动机可能无法转化为数学学习动机；同时，这也可能意味着游戏化学习对一定年龄阶段的儿童更具吸引力。

在情感投入方面，Run Fraction 充分调动了学习者的情绪，虽然学习者的情绪状态有不同类型，但他们都在游戏中有丰富的情感投入。依据人工智能表情识别的分析结果，根据学习者在游戏过程中的六种表情数据进行 K-means 方法进行聚类，发现学习者的表情状态类型可分为三种：快乐学习型、愤怒紧张型和小心谨慎型。快乐学习型儿童的积极表情较多，负面情绪表情较少；愤怒紧张型儿童表现出了较多的愤怒和恐惧情绪；小心谨慎型儿童表现出较多的难过和厌恶表情，经常出现抿嘴、皱眉等反映认真思考的表情。通过建立表情数据、成绩数据、问卷数据、后台数据的对话，发现快乐学习型和小心谨慎型儿童的分数成绩的标准分数提高，愤怒紧张型儿童的标准分数降低，但愤怒紧张型儿童的主体性体验的优化程度高于其他两种表情类型儿童。对不同情绪类型儿童的游戏行为后台数据的挖掘发现，愤怒紧张型儿童的关卡正确率有所提升，反映决策效率的加速操作增加。就技术形式对于学习投入的促进作用而言，与视频学习相比，儿童在游戏过程中有更多的难过表情，更少的快乐表情，这反映出儿童在游戏化学习中有更多的情绪参与，他们更能在游戏中进行专注的思考，头动频率的比较也反映儿童在游戏中更加专注。此外，本研究发现女生比男生有更多的愤怒表情，这可能意味着女生在游戏中感受到更多的压力。与之相关的是认知水平较低儿童也在游戏中有更多的愤怒表情。

因此，总体来看，Run Fraction 能够提高学习者的认知水平，有助于提高学习动机、自我效能感、降低学习焦虑。同时在游戏过程中能够调动学习者情绪，逐步实现游戏中的知识获得，增加学习者的学习投入。这款游戏可以成为课堂教学的补充，在正式的学校教育中使用，也可以成为课外学习的优质的游戏化学习资源进行使用。

二、教育游戏的设计原则

在上述总结的基础上，本研究希望总结出一套教育游戏设计流程和设计原则，为日后教育游戏的设计提供参考。前文总结了数学游戏 Run Fraction 的应用效果，总体来说这款游戏较好地平衡了教育游戏的教育性和游戏性，是一款既科学、有效又有趣的数学游戏。这款游戏的设计开发过程以及多维度的效果评估也能够为教育游戏的设计开发提供参考。因此，如图 7-3 所示，基于本研究在理论研究、游戏设计、游戏效果评估等方面的探索，笔者试图对教育游戏的设计原则进行归纳。

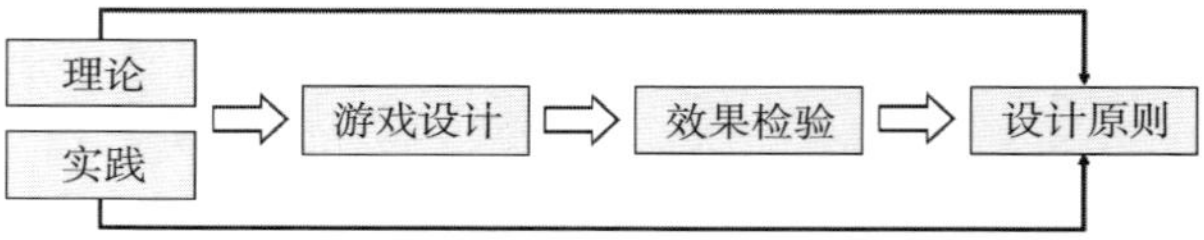

图 7-3　游戏设计原则推导过程

（一）设计流程

梳理教育游戏的设计流程是归纳教育游戏设计原则的前提。为了寻找游戏设计的理论依据和研究参考，本研究首先对游戏化学习的相关理论进行系统调研，并对学习科学领域与分数学习有关的研究发现进行梳理讨论。在理论研究的基础上，接下来针对教育游戏的目标知识，开展学习现状和教学现状的调研。接下来结合理论、课程标准、学习现状，进行游戏的认知内容设计和游戏化元素设计。教育游戏的设计流程梳理如图 7-4 所示。

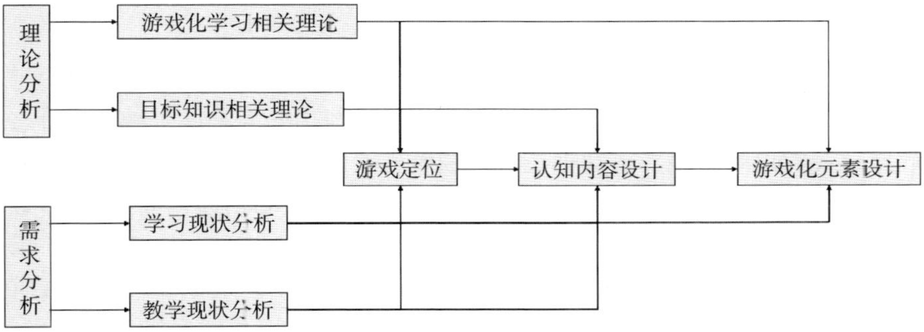

图 7-4　教育游戏设计流程

教育游戏设计的前期工作是理论分析和需求分析，这是教育游戏设计的基础。理论分析包含游戏化学习相关理论研究和目标知识领域的相关理论研究。为了把繁杂的游戏化学习相关理论进行体系化建构，本研究以学习体验为视角，依据理论建构了游戏化学习体验框架，以基于情境的认知体验、基于动机的主体性体验和基于协作的社会性体验展开理论论述，游戏设计、游戏效果评估都围绕此框架展开。学习科学的跨学科视角为综述目标知识领域的相关理论提供了线索，本研究在分数学习领域从教育学视角分析了分数能力发展过程，从心理学视角分析了分数学习困难成因，从认知神经科学视角分析了分数的认知机制。

需求分析包括学习现状分析和教学现状分析，以便更好地确定游戏内容的切入点。在需求分析方面，本研究分析了小学生的分数学习现状，同时借助学习科学的跨学科视角，对小学数学教材进行分析，以调研教学现状。结合理论分析和需求分析，最终确定了游戏的内容定位和使用定位。

在确定游戏定位后，首先应当确定游戏的认知内容和核心的认知辅助方式，认知内容的设计主要来源于目标知识领域的相关理论，学习现状和教学现状的分析为内容设计提供参考。以 Run Fraction 的设计为例，首先确定游戏是补充教材内容、侧重于分数数值理解的概念性知识学习的练习型游戏，继续依据分数学习领域的相关理论进行认知内容设计。同时考虑到游戏与教材知识点的匹配，参考教材分析结果，确定了分数表征的呈现和比例。

教育游戏的游戏化元素应当服务于游戏的认知内容设计，即游戏的娱乐性服务于游戏的教育性。游戏化元素的设计可以依据游戏化学习领域的相关理论进行，如动机理论、心流理论等，与此同时，由于学习者的年龄因素也会影响到游戏的娱乐性效果，因此游戏化元素设计还应当考虑到学习者的娱乐需求和教育需求。

（二）整体设计原则

1. 整体设计原则一："有据可依"原则

扎根游戏化学习相关理论，游戏设计才能"有据可依"。对游戏化学习相关理论进行系统调研有三个方面的功能。第一，理论研究有助于游戏设计者理解教育游戏的功能，例如认知神经科学领域有关游戏与大脑可塑性的研究有助于设计者理解教育游戏对于认知能力发展的作用机制（尚俊杰 等，2017）；心流理论的理解与讨论有助于设计者理解游戏过程中的沉浸状态产生的条件（Csikszentmihalyi，2008）；马斯洛的人的需求层次理论有助于设计者理解儿童喜爱、甚至沉迷游戏的原因（马斯洛，1987）。因此，只有深入对教育学、心理学、认知神经科学领域的与游戏化学习相关的理论进行探讨，才能够多重视角理解教育游戏的功能。理解游戏的教育价值是进行游戏设计的前提。第二，理论研究有助于设计者进行游戏定位。在本研究中，笔者首先依据理论，对游戏化学习中的学习体验进行框架构建，即学习体验包含三种类型：基于情境的认知体验、基于动机的主体性体验和基于协作的社会性体验。依据此框架，分数游戏 Run Fraction 主要聚焦于基于情境的认知体验和基于动机的主体性体验进行设计定位，因此主要从认知辅助和游戏化元素两个维度进行游戏的设计开发。目前也有一些针对探究学习、体验学习设计的大型教育游戏，这类游戏注重学习者的知识体验与协作参与，主要强调基于协作的社会性体验和基于动机的主体性体验。在对游戏进行明确定位后，再依据相关理论进行游戏内容的设计开发。第三，理论研究有助于创新游戏化学习方式。以具身认知理论为例，设计者可以依据具身认知的核心原则，尽可能地在游戏中设置具身认知元素。分数游戏 Run Fraction 主要通过保持玩家与游戏化身的身体方位的一致，以及左右键操作来支持游戏中的具身体验。目前，虚拟现实、可穿戴技术已经创造近似身临其境的游戏体验，具身认知理论的探讨有助于为具身体验的游戏设计提供理论支持。

2. 整体设计原则二："有的放矢"原则

明确学科体系和目标知识体系，才能"有的放矢"。教育性是教育游戏的核心特征，立足于学科体系和目标知识体系进行内容设计的教育游戏才有可能有良好的应用效果。教育游戏在设计前期的内容定位方面，宏观上必须关注学科整体的认知体系，微观上需要分析目标知识的内涵体系，最终落脚于实践层面的学习者的学习需求。以分数学习为例，首先必须明确分数学习对于儿童数学发展的作用和价值，分数是整数学习过渡到有理数学习的关键，分数的计算能力直接影响着儿童有理数计算能力的发展。简而言之，即分数在数学学习过程中起到承前启后的作用。在确定分数与数学学科学习的关系后，再针对分数知识的内部体系进行剖析。分数知识主要分为概念性知识和程序性知识，概念性知识是程序性知识学习的前提。在分数概念性知识内部，分数主要有两种重要的概念解释方式，一种是部分与整体，另一种是强调数值理解的测量解释。为了进一步确定游戏的内容定位，必须从实践层面调研学习者需求。本研究从学习现状和教学现状两个维度进行调研，发现儿童在强调分数数值理解的测量解释知识方面的成绩表现不佳，教材内容也没有涵盖此类知识的教学。因此，从宏观上基于分数学习的重要性，微观上参考分数概念性知识体系以及数值理解的重要性，结合教学实践中的学习者需求，确定分数游戏 Run Fraction 主要聚焦于分数概念性知识中的测量解释知识，并兼顾部分与整体知识的学习。

3. 整体设计原则三："认知中心"原则

教育游戏兼具教育性和娱乐性，教育游戏设计最大的挑战即是如何将教育性与娱乐性进行有机整合。由于教育性是教育游戏的根本属性，娱乐性是教育游戏区别于其他学习方式的特征属性，因此教育游戏的游戏化元素设计必须服务并配合认知内容的设计，即娱乐性服务于教育性。对认知内容和认知辅助工具进行深入理解是进行游戏化元素设计的前提，情境设计、交互方式、奖励方式都应当围绕游戏核心的认知内容展开。以分数游戏 Run Fraction 为例，在确定游戏认知内容是以数轴作为主要认知辅助工具后，笔者考虑到数轴的方向性和精准性，在游戏情境方面确定了空间感较强的 3D 虚拟场景，在交互方式方面确定了以游戏化身与数轴墙撞击为主的交互方式，同时游戏化身的肢体方向需要与学习者保持一致，以促进对数轴方向的理解。认知中心原则是确保教育性与娱乐性互动整合的关键原则。

（三）认知内容设计原则

1. 认知内容设计原则一："瞻前顾后"原则

"瞻前顾后"原则是指教育游戏在认知内容设计方面，应当宏观考虑目标知识所属的学科体系，在新知识认知的过程中，注重新旧知识的关联。由于教育游戏通常针对某一具体知识模块进行内容设计，而往往忽视新旧知识的连贯性，因此"瞻前顾后"原则的提出有两个目的，第一，建立新旧知识系统的有机整合，进而实现认知内容过渡；第二，降低游戏初始模块的认知难度系数，注重培养儿童完成学习任务的自信心，从而培养学习动机。

在理论依据方面，体验学习理论和生成性学习理论都强调了建立新旧知识关联的重要性（Morgan，2008；Wittrock，1989）。其中，体验学习理论认为学习是以经验为基础的持续过程，在新知识学习的过程中，要关注学习者已经习得的先前知识，以此促进学习者知识系统的整合；生成性学习理论认为先前知识与新知识关联的建立是知识生成的核心过程，学习成功却决于学习者在知识生成过程中所付出的努力。在新知识学习的初始阶段进行旧知识的回顾，不但有助于促进认知过程，还与培养学习者的学习动机有关。ARCS动机模型认为影响动机的因素包括注意、相关、信心和满足感，因此在游戏化学习的初始阶段，应当注重建立儿童对于完成学习任务的信心，体验到完成学习任务的满足感和成就感。在目标知识领域，数字发展的整合理论认为有理数的认知应当具有一致性，分数认知与整数认知一脉相承。

就分数游戏 Run Fraction 的设计而言，基于以上理论以及小学阶段有理数认知的学习序列，本研究在游戏的初始阶段，设置了整数数值理解的部分关卡，主要目的是让儿童借助已经掌握的整数知识，理解有理数数值的方向性，建立数轴概念，为分数数值的理解打好基础。这不但能够帮助儿童基于已有知识建立数值概念、了解游戏玩法，还有助于培养儿童对于游戏的胜任感，建立自信心。在初始关卡之后，游戏的认知内容难度梯度上升。

在实证研究证据方面，基于对游戏后台数据的关卡正确率的挖掘，发现在游戏的第一模块和第二模块，即整数数值理解模块，学习者的关卡正确率较高。无论是认知水平较高的学习者，还是认知水平较低的学习者，都能够在游戏的初始关卡获得较高的分数。随后随着模块内容的难度提高，正确率大体呈下降状态，但随后在第五模块正确率稳步提升。

2. 认知内容设计原则二："意义建构"原则

"意义建构"原则是指教育游戏应当为学习者提供进行意义理解、知识建构的学习情境，提供高质量的认知体验。此原则的提出有两大目的，第一，为学习者提供进行知识建构的虚拟情境是游戏化学习的魅力之一，借助游戏体验进而加深对知识的理解，是游戏化学习促进教育教学的核心功能；第二，教育游戏非常容易被设计成机械式、重复性的电子化练习，对意义建构的关注能够驱使设计者深入思考认知内容与游戏交互的内在关联。

在理论依据方面，从杜威最早提倡"做中学"开始，到认知学徒制、情境主义、建构主义的理念倡导，具体到真实学习环境理论、体验学习理论、生成性学习理论都强调了在学习情境中进行知识建构的重要性，知识来源于学习者与学习环境的交互过程。以数学意义建构为核心，德国曾发起 Mathe 2000 数学教学改革，力图革新注重机械化操作和练习的数学教育方式，将数学当成一种进行意义建构的活动让学生进行体验。荷兰在20世纪60、70年代曾进行现实数学教育（RME）改革，其核心是使用恰当的真实情境对数学概念与策略进行建构，学习者应当进行积极建构过程，告别机械式或是“死记硬背”的数学教育。从马克思主义哲学观到学习理论，再到历史上的数学教育改革，意义建构都是人类进行深度知识理解的必要过程。

在游戏设计方面，本研究以数轴为认知辅助工具，打造了进行数值理解的虚拟场景。儿童通过与虚拟环境的交互，逐步理解数量的方向感，建构分数的数值知识。当前小学数学课堂进行分数比较大小的教学，主要是要求学生记忆口诀“分子相同看分母，分母越大分数越小；分母相同看分子，分子越大分数越大”。相比于死记硬背的学习方式，注重意义建构的游戏化学习环境更有助于儿童通过知识建构，进行分数知识的深入理解。

在实证研究证据方面，本研究发现无论是与课堂教学进行整合，还是在课外学习中使用，分数游戏 Run Fraction 都能显著提高儿童在分数数值理解方面的学业表现，尤其是分数比较大小。这表明注重意义建构的游戏化学习环境有助于加深儿童对分数概念性知识的理解。

3. 认知内容设计原则三：“和而不同”原则

“和而不同”原则是指教育游戏在内容模块安排上应尽量保持与教材一致，同时，在认知理解深度方面，应当适当超越教材。“和”的目的是确保教育游戏能够应用于课堂教学或课外学习，教育游戏内容设计与教材、课标的匹配度决定了游戏的使用范围。“不同”的目的是确保教育游戏认知内容不仅仅是对课堂授课内容的巩固，更是对教材内容的补充，增加内容理解的深度。基于学习科学领域的跨学科视角的研究发现，进行“高于教材”的认知内容设计。

在理论依据方面，教育学通常以宏观的视角，分析儿童的认知发展过程。以分数学习为例，教育学强调了概念性知识对程序性知识学习的重要价值，认为分数测量解释的数值含义是分数概念性知识学习的关键。心理学以分数表征的微观视角，探究了整数学习对分数学习的干扰，即整数偏见。认知神经科学则进一步依据神经活动证据，说明大脑以数值的方式进行分数数字加工。综合多领域的研究发现，本研究确定了在匹配教材课标知识点的同时，注重丰富儿童的分数数值理解知识，与教材形成补充，加深儿童对分数概念性知识的理解。

在 Run Fraction 的设计过程中，参考小学数学教材“数与代数”的有理数知识学习序列，明确了分数游戏的认知内容边界，即涉及一部分整数知识和比例知识，但无须涉及小数和分数的计算知识。游戏的认知模块与教材进度尽可能保持一致，同时评估儿童完成每一关卡的大致时间，估计在每一个知识点、每一课时可能应用的游戏关卡数，以此保证游戏化学习能够匹配课堂教学的进度。最后，在认知表征内容上，教育游戏的内容比例尽量与教材相匹配。例如分数游戏 Run Fraction 中的分数表征比例的设计也参考了教材的分数表征比例。

在实证研究证据方面，由于 Run Fraction 的知识点与教材匹配，并在深度上超越教材内容，因此可以将游戏化分数学习与课堂教学进行整合，第四章研究发现三年级游戏班儿童不但实现了与常规做题班同样的学习效果，在教学时间一定的情况下，游戏班的数值理解能力显著优于教具班和常规做题班。

4. 认知内容设计原则四："差异辅助"原则

"差异辅助"原则是指教育游戏应当为不同认知水平的学习者，提供不同层次的认知辅助。由于游戏化学习是以学生自主探究为主，教师辅导因素较少，因此对儿童的学习能力、元认知能力以及自我调节能力提出了更高的要求。对认知辅助的差异性设计是保障个性化学习质量的重要手段。

在理论依据方面，依据元认知理论，儿童元认知能力的差异会导致他们有不同的反思能力和反思策略（Winne et al.，2014）。反映在游戏化学习过程中，即儿童对待游戏提示有不同程度的依赖。元认知能力较强的儿童，在初次犯错后，会迅速进行策略调整和反思，优化游戏策略；而元认知能力较弱的儿童，则对提示有较强的依赖，他们需要明确的提示才能取得游戏的成功。对不同认知水平儿童进行差异性的认知辅助也符合心流理论对于挑战与技能平衡的观点。当学习者的技能程度不同时，设置不同层次的认知辅助有助于构建不同水平的挑战，进而有助于实现不同层次的挑战与技能的平衡状态，并将对自我效能感的提升产生积极影响。

以分数游戏 Run Fraction 的设计为例，笔者设计了多层次的游戏反馈机制。在游戏的核心模块，当儿童第一次出错时，只给予错误反馈，即游戏化身遭遇猛烈撞击，能量值减少，不给予提示。元认知能力较强的儿童已经能够基于简单反馈进行反思，迅速调整行为。当第二次出错时，游戏给出提示箭头，只指示左右移动方向，其目的是提示学习者目标数轴点与已选择的数轴点的相对位置。在第三次出错时，游戏以提示箭头的形式，直接标出正确的数轴点。对于认知水平较差、元认知能力有限的儿童，直接提示的方式是必要的。

在实证研究证据方面，本研究第六章"三、游戏化学习过程中的学习投入状态分析"发现基于对游戏后台数据的学习者关卡正确率的挖掘，发现认知水平较低的儿童在游戏中的正确率逐步提高，在游戏的最后模块，正确率甚至能够超过认知水平较高的儿童，因此不同认知能力的儿童都能在游戏中发展分数认知能力。

（四）游戏化元素设计原则

本研究依据游戏化学习的相关理论，进行了游戏化元素的设计，包含奖惩机制、游戏化身、情境设计、声音设计等方面，如图 7－5 所示。基于本研究的准实验研究结果、人工智能表情分析结果、学习者游戏动机反馈，发现分数游戏 Run Fraction 是一款有助于激发儿童学习兴趣、优化学习情绪的有趣的教育游戏。因此，本研究尝试结合相关理论、游戏设计、实证依据进行游戏化元素设计原则的归纳。

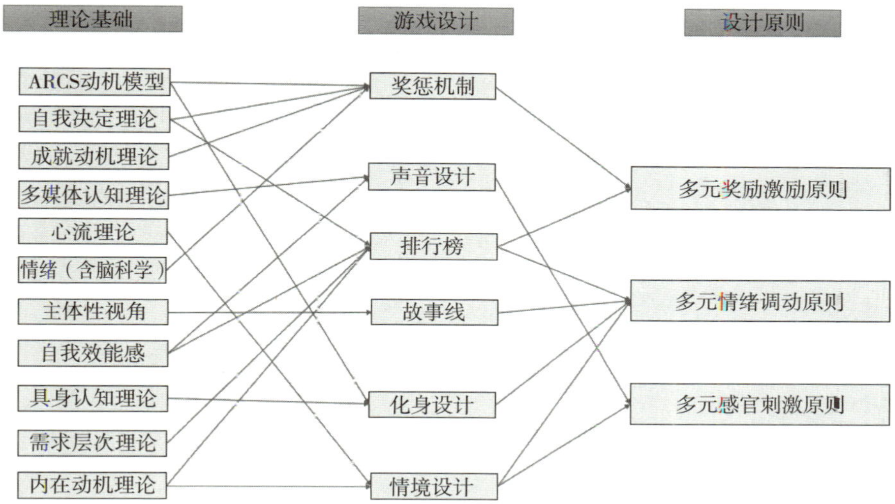

图 7－5　教育游戏游戏化元素设计理论依据、游戏设计与原则生成的互动关系

在判断游戏趣味性的实证依据方面，原则归纳主要有四类证据来源。第一类证据来源是关于儿童在游戏中的主体性体验转化成果，在本研究第四章中，发现 Run Fraction 能够有效降低三年级儿童的数学焦虑感、提高数学学习的内在动机和自我效能感；相比做题方式引发的动机水平和自我效能感下降，第五章研究发现 Run Fraction 能够在提高四、五年级儿童的分数成绩的同时，保持动机水平。综合来看，主体性体验的迁移结果意味着儿童在游戏中获得了愉悦的学习体验，引发了一定的学习兴趣。第二类证据来源是第六章中有关学习者在游戏过程中的情绪状态分析，Run Fraction 充分调动了学习者的情绪状态，以游戏的技术形式增加了学习者的学习投入。第三类来源是第六章有关游戏后台数据挖掘的研究发现，可以发现不同认知水平的学习者在游戏中的正确率都有上升趋势。第四类证据来源是学习者对于 Run Fraction 的评价，基于游戏动机量表，本研究统计了儿童对 Run Fraction 的态度评价（$N=196$），结

果如下图 7－6 所示，绝大部分学习者认为在游戏中很享受、觉得有趣、游戏激发了好奇心。

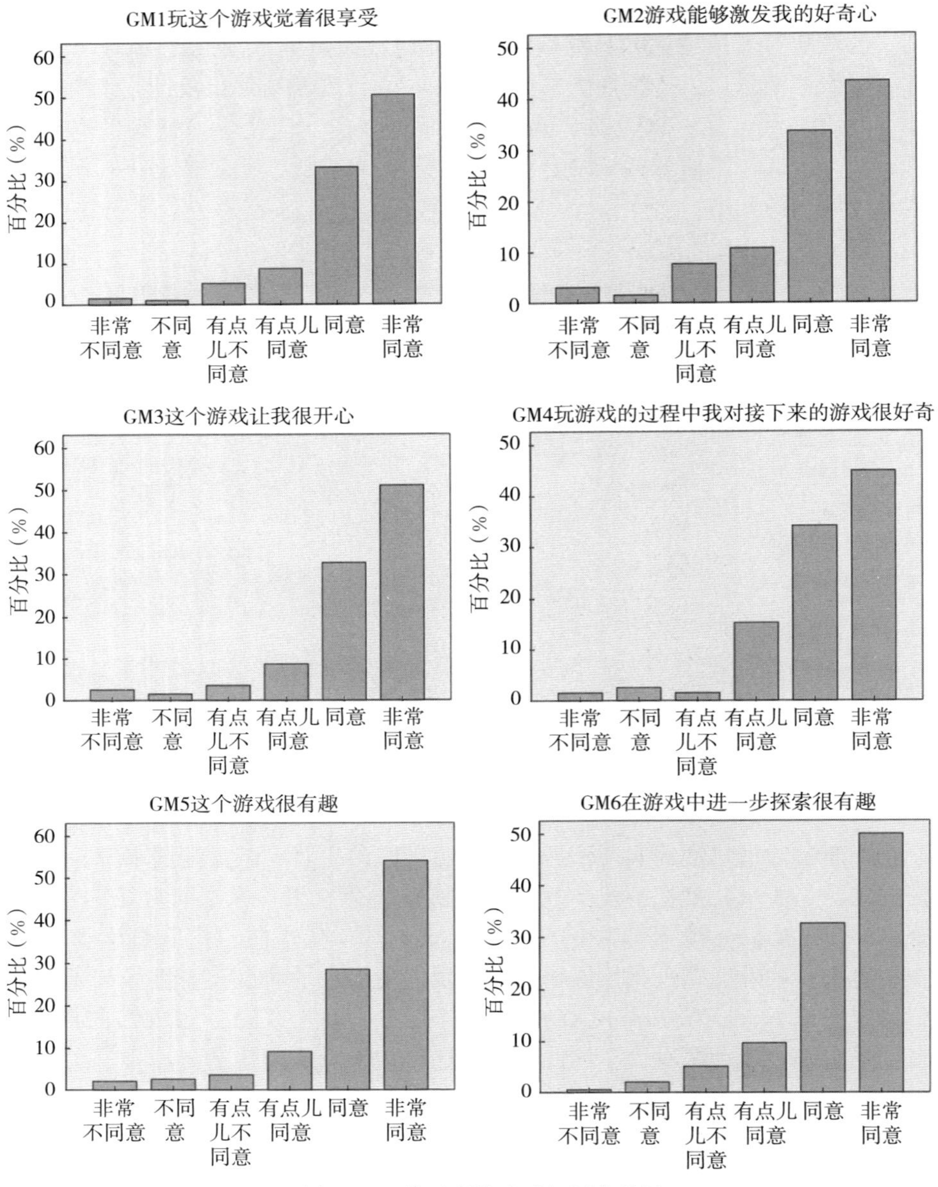

图 7－6　学习者游戏动机评价统计

1. 游戏化元素设计原则一：多元奖励原则

多元奖励原则是指教育游戏应当为学习者提供多元的奖励系统，奖励系统应包括与努力和成就相关的奖励通道，也包括与“运气”相关的额外奖励通道。与努力和成就相关的奖励通道是指学习者所获得的积分奖励依赖于通过努力而达成的游戏成就，例如闯关成功所获得的加分，此通道主要目的是鼓励学习者在游戏中有持续的认知投入；与运气相关的额外奖励通道是指在常规奖励的基础上，为了增加游戏的不确定性、趣味性，同时也为了鼓励认知水平较低的学习者，在游戏中设置额外、随机的奖励。

奖励元素的设计与动机激发密切相关。ARCS动机模型强调学习环境应当有助于建立学习者的信心，并最终让学习者体验到满足感和成就感。自我决定理论认为外部的奖励和惩罚能够对个体行为产生影响，借助外部调节等状态，外部动机最终能够转化为内部动机。因此对认知努力、成就达成进行奖励有助于提高学习者的动机。同时，“运气”通道奖励系统则是以充分调动学习者情绪为核心目的。认知神经科学领域的研究发现当人脑感受到额外奖励时，纹状体会释放出内源性多巴胺，对大脑前额叶等脑区的神经元活性具有重要影响（李澄宇 等，2016）。此外，针对认知水平有限的学习者，当他们在游戏初始阶段无法依靠闯关成功而获得奖励时，依靠运气的奖励有助于提高自我效能感。

因此，“成就”通道与“运气”通道共同构建了游戏的奖励系统。“成就”通道可以由多元因素构成，如关卡用时、能量值消耗、正确率等。“运气”通道可以通过随机金币等方式出现。在Run Fraction的设计中，随机奖励以多种形式出现在游戏化身撞击数轴墙的道路过程中。此外，学习者最终的积分绝大部分来源于“成就”通道，“运气”通道积分的比重较少，以此确保游戏的公平性，鼓励学习者进行持续的认知投入。

2. 游戏化元素设计原则二：多元感官刺激原则

多元感官刺激原则是指，为了提升游戏化学习过程中的沉浸感，促进学习投入，教育游戏的设计者不仅应当关注视觉通道的信息呈现，也应当注重听觉通道的感官刺激。声音也是游戏传递信息，调动学习者情绪的重要游戏元素。良好的游戏设计应当充分重视视听的融合设计，调动多元感官的认知参与。

依据梅耶提出的多媒体认知理论，记忆可以通过视觉编码和言语编码的联结实现强化，双通道的信息加工有助于提高工作记忆容量，提高学习效果。游戏中声音信息的呈现有助于强化学习者在特定瞬间的记忆过程。同时，声音也是调动学习者情绪，优化学习体验的重要游戏元素。游戏成功或失败所引发的声音刺激可能会引发特定情绪的延伸。视听融合程度较好的教育游戏能够带给学习者沉浸式的学习体验，调动学习者情绪。

Run Fraction在设计过程中，高度重视视觉、听觉的双重刺激，尤其关注了声音对于临场感的塑造能力。较为典型的体现是当游戏化身成功撞击数轴墙时，需要匹配的声音为爆发性强、清脆的玻璃撞击声，伴随玻璃的散落，还会有碎片声出现，声音的刺激有助于提高学习者的成就感。此外，游戏化身、奖励积分、排行榜等游戏元素也需要声音的配合，例如音乐节奏需要与游戏化身的行进步伐匹配，奖励排名的背景音乐也需要与学习者的情绪状态相吻合。随着虚拟现实、可穿戴技术的日益成熟，教育游戏有望能够为学习者提供更加多元的感官刺激体验。

3. 游戏化元素设计原则三：多元情绪调动原则

多元情绪调动原则是指游戏应当充分调动儿童的情感投入，激发儿童的同理心，进而增加学习投入。多元情感调动的首要目标是建立儿童与游戏内容的“情感交互”，让游戏能够触发学习者的情绪变化，深层次实现游戏情境与学习者内心世界的联结。例如以游戏化身为中介，儿童会因游戏化身所受到的身体伤害而感到痛心，也会因游戏化身的精彩表现而感到喜悦；借助排行榜元素，放大儿童的愉悦情绪。

马斯洛的需求层次理论强调了人的尊重需要和自我实现的需要，其中尊重的需要是对自尊、自重和来自他人的尊重的需要，是人获得自信的重要来源；自我实现的需要是个体对于自我发挥和自我完善的欲望，是实现自身潜力的需要（马斯洛，1987）。班杜拉的社会认知理论的主体性视角非常重视学习者个体的意向、自我反应和个人反思，强调自我满足感、感受自我价值的重要性（Bandura，2001）。学校教育常常忽视学习者的情绪状态，而教育游戏可以在情感满足方面，成为学校教育的补充。

就教育游戏的具体设计而言，可以通过两种途径进行多元情感的刺激。第一，利用成果可视化的方式，放大与学习成就相关的学习者情绪。例如 Run Fraction 设置了积分排行榜，排名靠前的学习者可以获得他人的尊重，获得自信与满足感。排行榜的设置也是对排名落后的学习者的激励。第二，激发儿童的同理心，增加情感投入。以分数游戏 Run Fraction 的设计为例，三年级儿童已经有一定的共情能力，当通过努力使游戏化身顺利通关时，儿童会感到喜悦；当由于自身的失误，而使游戏化身遭到猛烈撞击、受到伤害时，儿童也会感到心疼。因此，无论是喜悦激发、成就感受，还是失落痛苦、伤心沮丧，游戏应当对儿童的情感进行多元调动，建立学习者与游戏情境的深层次互动。

总体来看，本研究综合了游戏化学习、分数学习相关理论，结合学习需求，进行分数游戏的设计开发。在理论的基础上，结合游戏化学习效果的多维评价结果，对教育游戏的设计原则进行归纳。围绕以学习者为中心的主旨，从总体设计上看，教育游戏的设计应当“有据可依”“有的放矢”，秉承“认知中心”的原则。在认知内容设计的范畴中，以“差异辅助”原则保障游戏化学习过程的个性化，以“意义建构”原则发挥技术辅助教学的优势，以“瞻前顾后”原则确保游戏内容与目标知识体系的匹配，以“和而不同”原则处理游戏化学习与学校教育的关联。在游戏化元素设计的范畴内，秉承“多元奖励激励”原则，建构“努力相关”和“运气相关”的双通道奖励系统，实现对学习者充分的奖励与激励；借助“多元感官刺激”原则，凸显声音、图像、肢体的认知参与功能，提升学习过程的沉浸感；坚持“多元情感调动”原则，放大愤怒、悲伤、喜悦、惊讶等情绪状态，增加学习者的情感投入与认知投入。综上，本研究基于相关理论、结合游戏设计、参考研究结果，总结了教育游戏的设计原则，如图 7－7 所示。

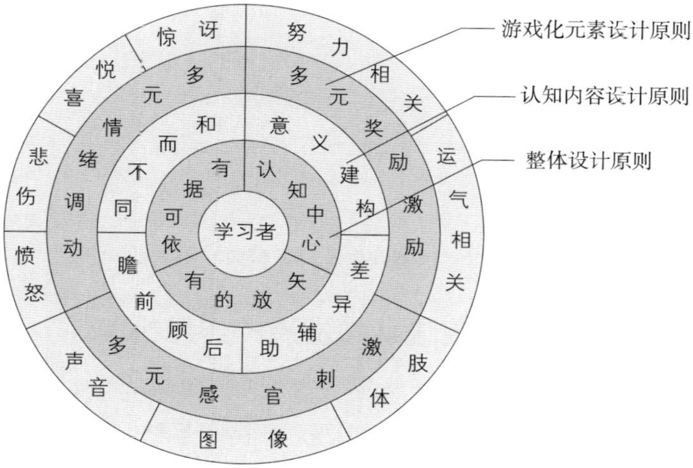

图 7－7　教育游戏设计原则

三、游戏化学习对促进认知发展、优化学习体验的内在机制

本研究首先基于游戏化学习的相关理论建构了游戏化学习体验框架，整体研究基于此框架展开，围绕基于情境的认知体验和基于动机的主体性体验这两类学习体验进行游戏设计和游戏应用效果检验。参考本研究所开展的一系列游戏化学习实践，基于量化研究结果，结合游戏化学习的相关理论基础，本研究试图对游戏化学习促进认知发展、优化主体性体验的内在机制进行理论建构。

首先，需要确定游戏化学习过程中，三类学习体验的重要性等级和互动关系。如图 7－8 所示，排除基于协作的社会性体验外，游戏化学习体验的主要范畴为基于情境的认知体验和基于动机的主体性体验。强调认知发展、提高认知水平的认知体验是游戏化学习体验的主阵地，是实现游戏的教育目的的基础；优化主体性体验是游戏化学习方式区别于其他学习方式的主要特征，主要服务于游戏化学习的娱乐目的，良好的主体性体验也有助于优化认知体验。基于动机的主体性体验和基于协作的社会性体验都能够为基于情境的认知体验提供支持。

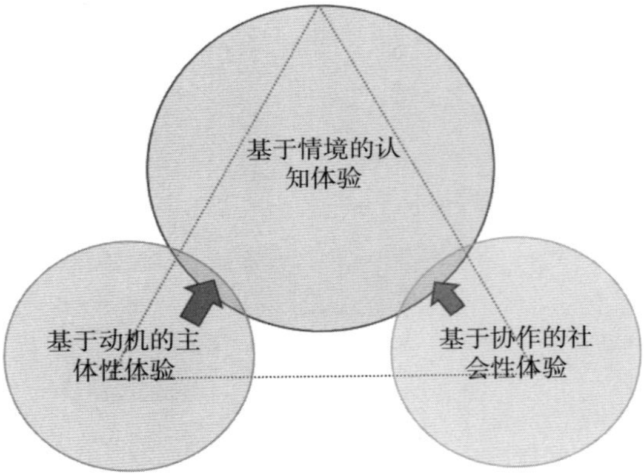

图 7－8　三种游戏化学习体验的互动关系

（一）游戏化学习对促进认知发展的作用机制

基于游戏化学习的探索实践，本研究认为在认知体验范畴内，教育游戏能否提高儿童的学习成绩和认知水平主要取决于游戏能否提供科学的认知内容和认知支持。

在认知内容方面，教育游戏的设计关键在于知识体系的建构和认知辅助方式的提供。首先，游戏的认知内容设计需要依据学习科学领域在相关问题方面的研究发现进行内容设计，还需要参考国家课程标准对知识内容、教材内容设置、课时要求等信息，调研目标知识的学习需求。以分数游戏 Run Fraction 的设计为例，在内容设计之初，本研究首先对儿童的数字发展过程进行宏观视角的理解，确定分数认知在有理数学习、数学发展过程中的重要性，并对分数学习与其他数学知识的关联性进行分析，以此确定游戏的主要认知内容。在确定游戏的认知内容后，以跨学科的视角调研了学习科学领域相关学科（教育学、心理学、认知神经科学）在数学认知、分数认知方面的研究成果，为游戏的内容设计提供依据，最终确定以数轴作为核心认知辅助工具；同时，对教材内容、课程标准、学习现状进行分析，确定了游戏的目标和定位。以上一系列的前期理论研究、教材分析、学习需求分析，以及以跨学科视角对学习科学领域相关研究成果的系统梳理，保障了游戏内容的科学性、合理性、实用性，这是游戏化学习促进认知发展的核心基础。

在为儿童提供优质的认知内容外，游戏化学习在促进认知发展方面的另一大优势是为认知过程提供有效的认知支持。首先，借助关卡、闯关的游戏化元素，教育游戏可以为学习者提供不同难度梯队的学习内容，为不同认知水平的学习者提供难度适当的学习内容是保障个性化学习的前提。认知水平较高的学习者可以快速通关，自主探究获取知识；认知水平较低的学习者也可以在游戏中低成本地反复试错，不断尝试。与此同时，电子游戏可以依据学习者的游戏行为，提供有效的即时反馈和恰当的学习支架。在没有教师参与的游戏化学习中，儿童判断游戏行为“对与错”主要依据是游戏的即时反馈，给予学习者反馈的目的是激发行为调整，而行为调整的保障则是学习支架的支持。以分数游戏 Run Fraction 为例，如果儿童成果将分数与数轴点匹配成功，那么数轴墙自动被击碎；如果匹配失败，游戏化身将会被数轴墙猛烈弹回，同时能量值减少，所以儿童能够迅速获取学习行为的反馈，并结合学习支架进行行为调整。

就“认知内容”功能要素方面的研究证据而言，无论与正式的课堂教育进行整合，还是应用于课外数学学习（如第二课堂自主探究），Run Fraction 都能够显著提高儿童的分数概念性知识认知水平（本研究第四章、第五章）。三年级游戏班学生在同等的课堂时间内，不但在分数“部分与整体”这类知识的学习上实现了和教具班和常规做题班一致的认知成果，还在分数“测量解释”这类知识的学习上取得了显著进步，提高了分数的数值理解能力。在“认知支持”功能要素方面，学习者游戏通关所用时间的差异可以反映出不同能力的学习者都能够在游戏中有不同步速的学习进度。在实验过程中，学习者通关所用时间的范围在 3～5 天不等。此外，游戏中的学习支架和即时反馈有助于满足不同认知水平学习者的学习需求，较为典型的证据是基于对后台数据的挖掘，发现认知水平有限的学习者的游戏正确率逐步提升，甚至超越认知水平较高的学习者。表 7-1 总结了游戏化学习促进认知发展的作用机制及研究证据。

表 7-1　游戏化学习促进认知发展的作用机制及研究证据

功能要素	游戏元素	标准基础	研究证据
认知内容	知识体系 认知辅助	学习科学相关理论基础；匹配教材和课程标准；匹配学习需求	Run Fraction 在课内学习和课外学习中能够提高儿童分数概念性知识认知水平
认知支持	个性化学习	内容难度梯队上升	游戏通关所用时间的差异
	学习支架 即时反馈	考虑不同认知水平学习者的认知需求	认知水平有限的学习者的游戏正确率的提升与超越

只有为学习者提供科学的认知内容和有效的认知支持，才能确保学习者在

游戏中有持续的认知投入。依据本研究第六章的研究结果，发现相较于在线视频学习，儿童在游戏中更加专注和投入。此外，随着体感技术的进步，学习者与游戏的互动方式发生了深刻变革，身体可以参与到认知过程中，具身认知的学习方式得以实现。虚拟现实、增强现实等技术的进步极大地提升了游戏的沉浸感，更能吸引并保持学习者的注意力，增加儿童在游戏化学习过程中的认知投入。

（二）游戏化学习对优化主体性体验的作用机制

在游戏化学习优化学习者主体性体验的功能方面，本研究认为教育游戏的娱乐性特征和情绪塑造能力有助于优化学习者的主体性体验。在游戏化学习的娱乐性特征功能方面，第一，从媒介形式所引发的视听体验的角度看，精心设计的教育游戏能够带给学习者全新的视觉、听觉体验，虚拟的学习情境更有可能引发学习者的感官好奇，进而在学习过程中进入一种沉浸状态。游戏所创造的良好的视听体验是传统的学习形式无法实现的。随着游戏技术的进步，目前教育游戏也可以基于3D虚拟环境进行设计，为学习者带来更加精彩、愉悦的视听体验。第二，从游戏中的自我激励机制角度看，学习者在游戏中的行为结果将会引发相应的奖励或是惩罚的结果，即成功有奖励，失败有惩罚。而常规学习中的反馈大多无法引发能够激发学习者情绪变化的结果，例如学生在做常规练习题时，做对和做错似乎都很难引发学习者的情绪调动。以分数学习为例，儿童在玩分数游戏 Run Fraction 的过程中，错误的决策不但能够引发能量值的减少，还会让游戏化身由于自己的决策失误而遭受到猛烈撞击。儿童在同理心的驱使下，会尽量努力调整自己的游戏策略，减少由于自己的失误所造成的对游戏化身的伤害。第三，游戏中的竞争机制带给儿童更多自我实现的机会。在游戏中，每个学习者都是平等的，每个儿童都可以通过自身的努力来获得积分的提高、排名的提高，因此相较于传统的学习方式，会有更多的儿童能够在游戏化学习中获得成就感、满足感，甚至找到宝贵的自我认可。教育实践者和研究者必须意识到，目前很多儿童无法在正式的学校教育中获得成就感和自信心，游戏化学习也许可以成为满足儿童心理诉求的一种学习路径，以此平衡儿童在学校教育中所缺失的“正能量”。

在优化主体性体验方面，游戏化学习的另一大优势在于对学习者情绪的塑造功能。第一，在游戏化的虚拟情境中，区别于相对严肃的正式学习课堂教育，学习者的试错成本大大降低，在娱乐性的学习情境中，学习者的学习焦虑程度会大大下降。以数学学习为例，儿童在游戏化学习中，更有可能降低数学学习焦虑，对内容学习保持全神贯注的状态，进而实现更好的学习效果。第二，虽然在游戏化学习过程中，儿童会有更加积极的情绪状态，但游戏化学习的最终目的是将游戏所引发的积极情绪迁移到正式的学习中，即由游戏动机迁移到学习动机。本研究对儿童在游戏化学习结束后的学习动机进行直接测量，以此判断游戏动机的迁移程度，发现三年级游戏班儿童在游戏化学习项目结束后，数学学习的内在动机显著提高。第三，积极情绪塑造另一个重要方面是自我效能感的发展。小学阶段是儿童培养学习兴趣、发展自我效能感的关键时期，游戏化学习可以成为帮助儿童提高自我效能感的学习方式。

在“娱乐性特征”功能要素方面的研究证据有两大来源，其一是第六章基于人工智能表情识别的方法，对学习者的面部表情进行自动、客观的分析，发现 Run Fraction 充分调动了学习者的情绪；其二是基于学习者自我报告形式的游戏评价问卷，学习者对 Run Fraction 的娱乐性功能持满意态度。在“情绪塑造”功能要素方面的主要研究证据来源于本研究第四章、第五章关于 Run Fraction 对于主体性体验成果的优化作用，发现 Run Fraction 能够有助于降低或保持数学焦虑程度，同时有助于提高或保持内在动机和自我效能感水平。表 7-2 总结了游戏化学习促进主体性体验的作用机制及研究证据。

表 7-2 游戏化学习促进主体性体验的作用机制及研究证据

功能要素	游戏元素	标准基础	研究证据
娱乐性特征	沉浸式环境	愉悦的视听体验	基于表情分析，游戏充分调动了学习者情绪；游戏评价问卷
	奖励机制	让行为产生结果	
	竞争机制	满足儿童心理诉求，激发挑战动机	
情绪塑造	降低焦虑	降低试错成本	数学焦虑、内在动机、自我效能感量表的分析结果
	激发动机	注重游戏动机向学习动机的迁移	
	自信获得	逐步提高儿童的自我效能感	

教育游戏的娱乐性特征和情绪塑造功能是促进学习者情感投入的保障。第六章基于表情分析，发现相较于视频学习，游戏化学习引发了学习者更多严肃、认真的“难过”表情，增加了学习者的情感投入。与此同时，教育实践者和研究者也需要意识到学习者积极情绪的塑造是一个长期的过程，如学习焦虑感的下降、学习动机和自我效能感的提高。本研究所开展的针对游戏化课外学

习的准实验研究也发现较短时间的游戏化学习干预并不能实现游戏积极情绪的转化，例如内在学习动机的提高。游戏化学习对于积极情绪的塑造功能也与学习者的年龄有关，在本研究中，相较于四、五年级儿童的游戏化学习效果，分数游戏 Run Fraction 似乎更能优化三年级儿童的主体性体验。

（三）游戏化学习的认知体验与主体性体验的互动关系

基于本研究第四章、第五章关于主体性体验成果与认知体验成果的相关分析与回归分析，可以发现认知成果与主体性体验存在一定的相关性，同时主体性体验的部分构成要素能够对认知成果有预测效应。这说明儿童在学习过程中的良好的主体性体验是认知过程的支持与保障，愉悦、有趣的学习体验有助于提高儿童的认知成果。图 7－9 总结了游戏化学习对于优化儿童学习体验的作用机制。归纳来讲，教育游戏通过为学习者提供科学的认知内容和有效的认知支持，有助于增加学习者的认知投入，提高儿童的认知能力和认知水平；同时，教育游戏的娱乐性特征和情绪塑造功能有助于优化学习者学习过程中的主体性体验，增加情感投入，并最终促进学习者的认知发展。

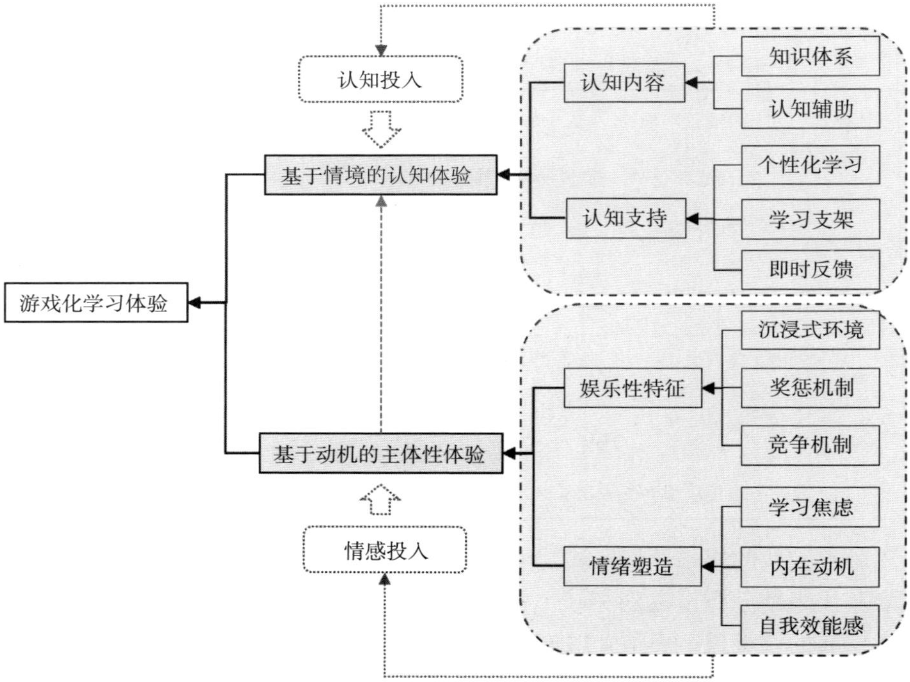

图 7－9　游戏化学习对于优化学习体验的作用机制

四、游戏化学习的潜力探究与局限分析

（一）游戏化学习与课堂教学整合的潜力探究

在第四章中，本研究将游戏化分数学习与课堂教学进行整合，在分数概念性知识单元的讲授过程中使用分数游戏，并开展了准实验研究。准实验研究主要对比了常规课堂练习班、教具使用班，以及游戏化学习班在分数概念性知识认知水平以及主体性体验方面的差异，以此探究分数游戏 Run Fraction 与课堂教育整合的使用效果。数据结果表明在分数概念性知识的课堂教学中添加分数游戏的体验环节，不但有助于帮助儿童充分掌握课标要求的"部分与整体"知识，还能够显著提高体现儿童数值理解能力的测量解释知识。在课堂学习时间相同的情况下，游戏班在分数概念性知识方面的认知成果显著优于教具班和练习班。此外，与课堂教学相结合的游戏化分数学习还优化了儿童分数学习的主体性体验，降低了儿童的数学焦虑感，提高了数学学习动机和自我效能感。那么在课堂教育中开展游戏化分数学习到底有哪些方面的优势？

第一，游戏化分数学习有助于补充课堂教学内容，发展分数概念性知识能力。在第三章中，本研究调研了小学生分数概念性知识的学习现状，发现三年级小学生在正式学习分数之前，已经能够基于生活体验，掌握一定的分数部分与整体方面的知识，且正确率较高，但体现数值理解能力的测量解释知识的正确率却非常低。教材分析发现部分与整体是教材教学内容的绝对主体，但教材几乎没有涉及"测量解释"知识。因此，本研究发现在分数教学方面的一个问题即是对学生可能已经在一定程度上掌握的知识进行了充分教学，但在儿童正确率较低且较为重要的数值知识学习方面，几乎没有开展教学活动。因此，本研究开发的分数游戏 Run Fraction 可以成为已有课堂教学内容的补充。

在内容上，游戏不但考虑到对于部分与整体知识的练习，还主要侧重于对教材中没有涉及的测量解释知识的学习。Run Fraction 可以作为多媒体学习资源被用于课堂教学中以作为课堂授课内容的拓展。本研究的准实验数据表明游戏班虽然在学习部分与整体知识的时间少于常规练习班，但却实现了和练习班同样的学习成果；同时，在总课时一定的情况下，游戏班在分数数值理解知识的认知成果显著优于常规练习班和教具班。这表明分数游戏 Run Fraction 不但可以丰富课堂教学内容，还可以有效地提高分数概念性知识的学习效率，丰富课堂分数学习的认知成果。儿童在游戏中获得的分数的数值知识有助于深入理解分数的符号含义，并对未来学习分数的估算与计算产生积极影响。

第二，创新学习方式，激发学生学习动机。在信息技术深入影响教育教学的时代背景下，创新学习媒介成为激发学生学习动机的潜在手段。在分数概念性知识单元，教师通常使用画图、涂色的方式进行部分与整体知识的讲授。为了帮助儿童获得分数含义理解的认知体验，教具经常被用于这一单元的教学中，学生可以亲自动手对图形进行剪纸、涂色，以此更加深入的理解分数的概念性含义。本研究发现在主体性体验方面，游戏班和教具班的数学焦虑感下降，练习班无显著变化，后测协方差分析发现练习班的数学焦虑程度显著高于游戏班和教具班。这表明在分数的课堂教学中引入新颖的学习方式、学习媒介，如教具的使用、游戏化学习，都能够丰富课堂中的学习体验，对降低数学焦虑感有积极影响。但在数学学习的内在动机方面，只有游戏化学习引发的学习兴趣最终转化为对于数学学习本身的内在动机，教具的使用未能引发数学学习动机的显著变化，这表明在学习媒介的选择上，基于电子游戏的学习不但能够引发儿童对于学习方式、内容的兴趣，还有助于提高儿童对于数学学习的胜任感、兴趣感，提升学习动机。由游戏化学习引发的数学学习动机的提升将有助于支撑儿童顺利完成数学重难点知识的学习，扎实的分数概念性知识是分数程序性知识学习的基础。因此在这一单元引入一些能够支撑学习动机、保持学习兴趣的学习方式是必要的，良好的学习动机有助于儿童保持持续的认知投入。基于分数游戏 Run Fraction 的游戏化分数学习不但在分数概念性知识的学习方面发挥了教育技术对于优化儿童学习体验的重要作用，引发的数学内在学习动机的提升还将有助于儿童未来的数学知识的学习。

第三，教育游戏有助于提高实践操作的效率。在数学课堂中开展学生的动手实践活动是较为普遍的，依据本研究第三章的教材分析结果，发现人教版和北师大版教材都有一定比例的分数表征符号，具有可操作性。同时，教材也提供了一些可供学生进行操作的图形。但课堂教学的时间是有限的，教具操作需要花费一定的时间，并对教师的课堂组织能力提出一定的要求。因此考虑到课堂教学的效率，教师通常不会在课堂上组织大规模的动手操作的实践活动。但电子游戏在辅助儿童进行知识的动手操作方面，具有一定的高效率、易组织的优势。在效率方面，学生可以在游戏创建的虚拟环境中，进行高效率的试错探索，在单位时间内获得更多的实践体验；在教师的课堂活动组织方面，学生无须准备剪刀、画笔等可能会影响课堂效率的工具，同时游戏的即时反馈机制有助于儿童的自主探索，降低教学活动对教师工作量的要求，提高教师的课堂教学效率；在学习内容方面，教育游戏可以适当地补充课堂教学内容，也为不同水平的学习者提供不同梯度的学习内容。

（二）游戏化课外数学学习的潜力探究

为了探究游戏化学习在课外数学学习场景中的应用效果，本研究在第五章中针对四年级和五年级小学生开展了游戏化学习准实验研究。准实验研究主要对比了游戏班、练习班和控制班的分数概念性认知水平以及主体性体验方面的差异，以此分析分数游戏 Run Fraction 在课外数学学习场景中的使用效果。研究数据表明分数游戏 Run Fraction 能够在为期 5 天，每天 20 分钟，共 100 分钟的干预周期内，显著提高儿童的分数概念性知识水平。同时，本研究还发现做题的方式容易引发儿童数学学习动机的下降，不利于提高认知水平。那么在课外数学学习中开展游戏化学习有哪些方面的优势呢？

第一，通过对认知内容进行科学化设计，游戏化学习有助于提高认知水平。随着学习科学领域研究的深入开展，有关回答“人是如何学习的”这一问题的研究成果层出不穷，越来越多的学者以跨学科研究视角审视学习的发生与支持机制。学习科学领域的研究发现也为教育游戏的认知内容设计与游戏化设计提供了基础与参考。以分数认知为例，教育学对儿童分数能力发展过程进行界定与分析，心理学对分数的符号表征做深入探讨，认知神经科学对大脑的分数加工方式进行科学的影响呈现。基于学习科学的跨学科的视角，借助设计研究方法，教育游戏研究者可以依据诸多前沿的研究成果进行认知内容的设计。而优质的认知内容与认知辅助方式的设计是游戏化学习促进认知发展的动力源。

课外学习是对课堂学习的补充，对于不满足课堂学习的儿童来说，教育游戏可以为这类儿童提供更加丰富的认知体验，帮助儿童在课外学习场景中，拓展知识体系，丰富知识积累。而对于在课堂学习中遇到困难的儿童来说，教育游戏也可以为他们提供科学的认知方式，巩固课内知识，获得更多知识体验与探索的机会。以分数游戏 Run Fraction 为例，这款游戏结合教育学、心理学、认知神经科学等领域在分数认知方面的相关研究成果进行内容设计，以数轴作为核心认知辅助工具，帮助儿童全方位地理解分数概念性知识。对于已经在学习教育中充分掌握部分与整体知识的儿童，这款游戏能够继续拓展其在分数数值理解方面的知识；对于尚未充分掌握部分与整体知识的儿童，他们也能够在游戏中对分数部分与整体的含义进行更多的体验与探索，数轴的引入也能够更加科学地辅助儿童进行分数概念性知识的学习。

此外，依然需要注意的是，虽然教育游戏具有一定的教育功能，但是并不意味着教育游戏能够取代课堂教学和教师教学，课堂教学与师生互动的优势是游戏化学习无法替代的。游戏化学习可以成为课堂教学的支持与补充，教师可以借助游戏化学习资源的优势，让学生获得更多的认知体验。以分数学习为例，目前我国小学数学教材尚未引入数轴。鉴于分数数值理解的重要性，教师可以借助分数游戏 Run Fraction 在课外学习中提高儿童的分数概念性知识认知水平。

第二，游戏化学习有助于创新学习方式，全面支持个性化学习。相较于标准化的正式学校教育的课内学习，课外学习对个性化学习的要求更高。个性化学习的基本要求即是满足不同认知水平的学习者的学习需求，这是保障学习效率的前提。在游戏化学习中，教育游戏可以为学习者提供不同难度梯度的认知通道，不同水平的学习者都可以获得与自身能力匹配的认知内容。例如，认知水平较高、基础较好的儿童可以从难度较高的关卡开始，自主决定闯关的步调，知识获得的效率不受教师因素和同伴因素的影响；认知水平较低、基础薄弱的儿童可以从难度较低的关卡开始，这类儿童更需要低成本的试错与探索的机会，在游戏中儿童的试错与思考时间不受限制，基于游戏提供的认知支架，儿童可以不断调整自己的认知策略，最终逐步提高认知水平。

在保障个性化学习的基础上，游戏的即时反馈是提高学习效率、确保学习质量的支持。在课堂教育中，由于教师需要兼顾公平与效率，可能无法为每一个学习者个体提供及时的学习反馈；包括在自主做题的过程中，学习者也很难得到学习行为的即时反馈。而游戏的即时反馈的功能可以让学习者在第一时间获取自身学习行为、学习策略的正误反馈，并在游戏奖惩机制的影响下，迅速调整行为与策略。在分数游戏 Run Fraction 中，学习者可以在沉浸式的虚拟环境中进行持续的分数概念性知识体验，如果儿童无法正确地找到分数数字在数轴上对应的点，错误行为将导致能量值的减少，同时游戏会给予儿童一定的提示，以促进正确的策略行为的产生。

从技术使用的角度看，在移动设备日益普及的时代背景下，儿童能够方便地在家庭、课余活动中进行游戏化学习体验。设计精良的教育游戏可以让学习者不受时间和空间的限制，获得科学的、系统的、优质的课外学习资源。

第三，游戏化学习有助于促进自主探究，培养学习能力。“授之以鱼，不如授之以渔”。在丰富儿童课外知识体验的同时，游戏化学习的突出优势是通过鼓励儿童进行自主探究，进而提高儿童的学习能力。在针对四年级、五年级小学生的课外游戏化学习的准实验研究中，教师和研究者并没有给予任何教学性指导，全部的知识获得都源于儿童在游戏中的自主探究。数据结果显示，在没有教学指导的前提下，两个年级的游戏班儿童的分数概念性知识水平都有显著提高。

在游戏中，儿童能够获得一定的独立学习和思考的虚拟空间，受外界的干扰和影响较小。所有的认知策略的调整都基于自身的反思，在不断地试错中优化行为与策略。在此过程中，儿童的元认知能力会得到提升。Bavelier 等人

（2012b）将游戏促进学习的机制理解为游戏能够增强人的学习能力，即学会学习的能力。小学阶段是养成良好学习习惯、培养学习内容的关键时期，在此阶段适当进行游戏化学习体验，有助于培养儿童自主探究和独立学习的能力。

第四，游戏化学习有助于优化主体性体验，促进学习投入。在本研究针对四年级和五年级儿童的课外分数游戏化学习的准实验中，发现主体性体验与认知成果具有一定关联性，儿童的自我效能感能够预测分数概念性知识水平。游戏化学习的方式优化了儿童课外学习的主体性体验，进而有助于分数知识的获得。课外学习也是儿童培养学习兴趣、提升学习动机的重要场所。儿童在寓教于乐的游戏化学习环境中，不但能够获得知识，还能够获得更多的积极情绪。在本次研究中，也发现四年级、五年级的做题班学生并没有在做题的过程中获得愉悦的体验，动机和自我效能感水平下降，成绩也有所下降。这提示教育工作者在课外学习方式选择的过程中，需要关注学习方式所引发的儿童心理态度的变化，避免在课外学习的过程中产生消极情绪。

本研究第六章运用人工智能表情识别的方法研究学习者在学习过程中的学习投入状态。统计结果表明区别于视频学习，儿童在游戏化学习的过程中有更多的情感投入。课外学习不但能够在认知内容方面对学校教育进行补充，还应该在情感、态度等主体性体验方面，成为正式学校教育的补充。倘若儿童在正式的学习教育中感受到较大的学习压力，引发学习动机的下降，数学焦虑感的提高，游戏化学习可以在课外学习中，以愉悦的学习体验，帮助儿童重塑学习兴趣，增加学习投入。

（三）游戏化学习的局限

以上，本研究分析了游戏化学习在与课堂教学整合，以及在课外数学学习中开展游戏化学习的优势和潜力。与此同时，在进行本研究的过程中，笔者也发现游戏化学习在内容设计、应用效果以及技术需求方面具有一定的局限性。

第一，教育游戏的有效性主要取决于游戏所提供的认知内容的科学性，这对游戏内容的设计提出了较高的要求。为了确保游戏认知内容的科学性，教育游戏设计者需要对课程标准、教材设计、学习者认知水平有充分的调研，更为重要的是需要以学习科学的跨学科视角，分析教育学、心理学、认知神经科学领域在某一方面的相关成果，如分数认知、空间认知。以分数游戏 Run Fraction 的设计为例，在理论方面，笔者首先对游戏化学习的相关理论进行系统调研，建构了游戏化学习体验框架，为游戏的设计提供框架依据；与此同时，对学习科学领域的各学科在分数认知方面的研究成果进行梳理，这是游戏内容设计的基础。理论层面和研究成果层面的系统性分析是确保游戏认知内容科学性的前提。在实践方面，为了开发一款适合中国小学生分数学习能力的游戏，笔者对小学生分数学习和教学情况进行了调研，对数学教材中的每一个分数表征进行分析，以此确保分数游戏内容的适切性。因此，教育游戏的内容设计需要游戏设计师在理论基础、研究进展、教学实践等方面有扎实的积累和大量的工作开展，选择优质的教育游戏是保障游戏化学习成果的前提。

第二，游戏化学习的应用效果具有一定的局限。本研究针对分数游戏 Run Fraction 开展了一系列准实验研究，发现游戏化学习对于优化学习者的主体性体验具有一定的作用，尤其是针对三年级的与课堂教学整合的游戏化分数学习，游戏化学习对于降低儿童的数学焦虑感、发展数学学习兴趣、培养自信心都有一定的作用。与此同时，也需要意识到儿童在游戏化学习过程中的积极情绪向正式学习的积极情绪转化需要一个过程，尤其是游戏动机向学习动机的转化。在本研究中，四、五年级儿童在课外游戏化学习中的动机迁移效果并不是很理想，这可能与较短的游戏化学习干预时间有关。

第三，在游戏化学习的组织与开展方面，与课堂教学进行整合的游戏化学习对技术设备、教学设计以及教师的课堂组织能力都提出了一定的要求，教室需要配备移动设备，教师需要基于教学目标进行与游戏化学习整合的教学设计。与之相比，课外游戏化学习更易开展，儿童可以在课余时间进行游戏化学习体验。同时，随着移动设备的普及，儿童在课外的非正式学习中，有更多接触、使用技术的机会。当前，虽然“寓教于乐”的理念逐步得到认可，但在课外学习中广泛应用游戏化学习依然需要得到家长、教师的认可。

五、研究的创新点

在教育游戏的产品设计方面，本研究较为突出的创新点在于尝试以跨学科的视角，将认知神经科学领域的研究成果转化为教学实践中可用的教育技术产品，即以技术设计的方式，架起沟通基础研究与教学实践的桥梁。并进而提出“和而不同”的教育游戏认知内容设计原则，以此处理学习研究与课程教材的互动关系，这有助于将教育科学领域的研究成果与真实的教学实践需求融合在一起。

在游戏化学习的理论探讨方面，本研究对游戏化学习相关理论进行了系统化理论梳理和建构，提出了游戏化学习体验框架，这不但为教育游戏的设计与评估奠定了基于理论的框架基础，也为理解教育游戏的功能和局限提供了线索。以此框架为基础，本研究提出了一套教育游戏的设计原则，并分析了游戏化学习促进教育教学的作用机制。

在游戏化学习评价方面，本研究尝试搭建从过程到结果，从认知到主体性的多维游戏化学习评估框架。横向以时间为轴，包含过程中的学习投入和过程后的学习成果，纵向以学习体验类型为单位，包括基于情境的认知体验和基于动机的主体性体验，这有助于对游戏化学习进行全方位的效果评估。此外，在效果评价工具方面，本研究在开展准实验研究的基础上，将在技术上非常成熟的人工智能表情识别技术应用于游戏化学习的研究中，为获取丰富的学习过程性信息提供了可能。

六、研究局限与未来研究

（一）研究局限

由于时间和现实条件的限制，本研究在如下几个方面还有一定的提升和改进空间：

第一，Run Fraction 在设计过程中考虑到在课堂中应用的便利性以及有限的技术水平，因此没有采用自适应性技术。在游戏后期的迭代中，可以运用自适应性游戏技术，以便更好地满足个性化学习需求。

第二，在游戏的后台数据挖掘方面，由于游戏服务器提供的带宽有限，因此未能实现以秒为时间轴单位的学习者游戏行为记录。因此本研究对游戏后台数据库的挖掘只局限于学习者在每一个关卡的正确率和游戏操作行为的频率数据。在游戏后期的迭代中，应当关注游戏后台数据库的进一步优化。

第三，由于本研究针对三年级的游戏化学习与课堂教学整合的准实验研究在常规教室中开展，所以无法对每位学习者进行表情状态记录。因此本研究第六章所用的表情分析数据主要来源于四、五年级。

（二）未来研究

在未来研究方面，本研究可以在以下三个方面开展进一步研究工作：

第一，由于实验伦理的考虑，本研究充分尊重实验学校的教学安排，因此目前尚未进一步开展游戏迭代的实验研究。本研究将依据实验学校的分数教学的实际安排，组织相应的多轮准实验研究，通过不断的迭代，设计出更加科学、有趣、有效的教育游戏。

第二，本研究所设计分数游戏参考了认知神经科学在分数认知方面的研究成果。在游戏效果评估方面，本研究还未应用脑电、磁共振扫描来检验游戏可能引发的神经机制变化。未来，在条件允许的情况下，本研究希望能够使用脑科学的研究方法，对游戏化学习行为做进一步研究。

第三，本研究基于理论研究、游戏设计、量化结果归纳总结了教育游戏的设计原则。但由于游戏设计的整体性，因此很难将各原则进行拆分、证伪，未来研究可以就具体设计原则进行进一步研究论证，对教育游戏的设计原则做进一步分析挖掘。以多元感官刺激原则为例，未来研究可针对游戏的声音设计，比较不同声音背景下的学习成果和学习者反馈。

参考文献

鲍雪莹，赵宇翔，2015. 游戏化学习的研究进展及展望．电化教育研究（8）：45-52.

北京教育科学研究院基础教育教学研究中心，2017. 学科能力标准与教学指南：小学数学．北京：北京师范大学出版社．

柴亚军，2017. ARCS 动机模型在课堂教学中的应用研究．中国教育技术装备（23）：6-8.

陈俊翰，郑燕林，2013. ARCS 模型视角下小学单词教学游戏的设计研究．现代教育技术，23（10）：92-96.

邓鹏，2006. 心流：体验生命的潜能和乐趣．远程教育杂志（3）：74-78.

段金菊，余胜泉，2013. 学习科学视域下的 e-Learning 深度学习研究．远程教育杂志，31（4）：43-51.

凡妙然，2018. 国内教育游戏研究现状的可视化分析：热点与趋势．现代远距离教育（2）：27-34.

黄荣怀，郑兰琴，2007. 隐性知识论．长沙：湖南师范大学出版社．

孔凡哲，史宁中，2017. 中国学生发展的数学核心素养概念界定及养成途径．教育科学研究（6）：5-11.

李澄宇，杨天明，顾勇，等，2016. 脑认知的神经基础术．中国科学院院刊，31（7）：755-764.

李海峰，王炜，2015. 基于具身认知理论的教育游戏设计研究——从 EGEC 框架构建到“环卫斗士”游戏的开发与应用．中国电化教育（5）：50-57.

李艳琴，宋乃庆，2016. 小学低段数学符号意识的含义及其表现形式，36（3）：92-97.

梁文鑫，余胜泉，2006. 基于设计的研究的过程与特征．电化教育研究（7）：19-21.

刘丽虹，李爱梅，2010. 动机的自我决定理论及其应用．科技管理研究（4）：53-59.

刘晓琳，黄荣怀，2016. 从知识走向智慧：真实学习视域中的智慧教育．中国电化教育（3）：14-20.

刘颖，刘儒德，高婷，等，2016. 学生分数加工模式及其对教学的启示//周新林. 教育神经科学视野中的数学教育创新．北京：教育科学出版社，279-288.

马斯洛，1987. 动机与人格：第 1 版．北京：华夏出版社．

马云鹏，2012. 数与代数内容的理解与把握——《义务教育数学课程标准（2011 年版）》解析之五．小学数学教育（Z2）：15-17.

裴蕾丝，尚俊杰，2019. 学习科学视野下的数学教育游戏设计、开发与应用研究——以小学一年级数学“20 以内数的认识和加减法”为例 . 中国电化教育（1）：94-105.

人民教育出版社课程教材研究所小学数学课程教材研究开发中心，2012. 义务教育教科书教师教学用书 • 数学：三年级上册 . 北京：人民教育出版社 .

山丹，2013. 小学数学分数教学策略研究 . 呼和浩特：内蒙古师范大学 .

尚俊杰，裴蕾丝，2015. 重塑学习方式：游戏的核心教育价值及应用前景 . 中国电化教育（5）：41-49.

尚俊杰，裴蕾丝，2018. 发展学习科学若干重要问题的思考 . 现代教育技术（1）：12-18.

尚俊杰，裴蕾丝，吴善超，2018. 学习科学的历史溯源、研究热点及未来发展 . 教育研究（3）：136-145.

尚俊杰，肖海明，贾楠，2014. 国际教育游戏实证研究综述：2008 年—2012 年 . 电化教育研究（1）：71-78.

尚俊杰，张露，2017. 基于认知神经科学的游戏化学习研究综述 . 电化教育研究（2）：104-111.

尚俊杰，庄绍勇，陈高伟，2015. 学习科学：推动教育的深层变革 . 中国电化教育（1）：6-13.

索耶，2010. 剑桥学习科学手册 . 北京：教育科学出版社 .

田铁杰，2018. 数字技术引领下的教育创新——基于对 OECD《教育创新：数字技术和技能的力量》报告的分析 . 教育科学，34（4）：24-29.

王靖，陈卫东，2012. 具身认知理论及其对教学设计与技术的应用启示 . 远程教育杂志（3）：88-93.

王梅艳，2008. 基于 Malone 内在动机理论的小学课堂教育游戏软件的设计与开发 . 陕西师范大学 .

王美，廖媛，黄璐，等，2018. 数字时代重思学习：赋予学习科学重要使命——第 13 届学习科学国际大会综述 . 开放教育研究，24（5）：108-120.

王文静，2010. 基于设计的研究：教育研究范式的创新 . 教育理论与实践，30（22）：3-6.

王永固，张婷，李玮，等，2014. 基于心流理论的教育游戏设计框架要素研究——以特殊儿童言语学习游戏为案例 . 远程教育杂志（3）：97-104.

韦宏霞，2010. 浅谈“第二代认知科学”的认知观 . 科技传播（7）：82-83.

闻曙明，2006. 隐性知识显性化问题研究 . 苏州：苏州大学 .

吴明隆，2016. 问卷统计分析事务——SPSS 操作与应用 . 重庆：重庆大学出版社 .

辛自强，夏庆，刘春晖，等，2016. 儿童对分数概念的理解//周新林 . 教育神经科学视野中的数学教育创新 . 北京：教育科学出版社，253-277.

辛自强，张皖，2012. 儿童的分数概念理解的结构及其测量 . 心理研究，5（1）：13-20.

徐杰，杨文正，李美林，等，2018. 国际游戏化学习研究热点透视及对我国的启示与借鉴——基于 Computers&Education（2013-2017）载文分析 . 远程教育杂志，36（6）：73-83.

叶新东，陈卫东，2011. 多屏显示创建教学的心流空间 . 电化教育研究（10）：55-60.

余青兰，王美倩，2015. 动机设计模型 ARCS 研究的新进展及其在外语教学中的应用. 现代教育技术（5）：103-109.

恽如伟，李艺，2008. 面向实用的电子教育游戏界定及特征研究. 远程教育杂志（5）：75-78.

张丹，刘坚，孔企平，2013. 义务教育教科书教师教学用书·数学：三年级下册. 北京：北京师范大学出版社.

张露，尚俊杰，2018. 基于学习体验视角的游戏化学习理论研究. 电化教育研究，39（6）：11-20.

张露，朱秋庭，2016. 美国 Quest to Learn 学校——以游戏化学习培养真正的系统思考者与设计者. 上海教育·环球教育资讯（35）：38-41.

张文兰，刘俊生，2007. 基于设计的研究——教育技术学研究的一种新范式. 电化教育研究（10）：13-17.

中华人民共和国教育部，2012. 义务教育数学课程标准（2011 年版）. 北京：北京师范大学出版社.

周伯华，曲玮婷，2011. 国内教育游戏存在的问题及对策研究. 中国电化教育（7）：92-94.

周加仙，2016. 教育神经科学与信息技术的跨学科整合研究——访英国著名教育神经科学家保罗·霍华德·琼斯教授. 开放教育研究（6）：4-10.

周涛，陆惠玲，2012. 数据挖掘中聚类算法研究进展. 计算机工程与应用，48（12），100-111.

朱立明，马云鹏，2018. 义务教育阶段学生数学符号意识发展水平的实证研究. 课程·教材·教法（3）：87-94.

祝智庭，2008. 设计研究作为教育技术的创新研究范式. 电化教育研究（10）：30-31

AbdulJabbar A I，Felicia P，2015. Gameplay Engagement and Learning in Game-Based Learning. Review of Educational Research，85（4）：740-779.

Alibali M W，Sidney P G，2015. Variability in the natural number bias：Who，when，how，and why. Learning and Instruction，37：56-61.

Alsawaier R S，2018. The effect of gamification on motivation and engagement. The International Journal of Information and Learning Technology，35（1）：56-79.

Annetta L A，Minogue J，Holmes S Y，et al.，2009. Investigating the impact of video games on high school students' engagement and learning about genetics. Computers & Education，53（1）：74-85.

Antonenko P D，van Gog T，Paas F，2014. Implications of Neuroimaging for Educational Research//Spector J M，Merrill M D，Elen J，et al（Eds.）. Handbook of Research on Educational Communications and Technology：Springer，51-63.

Arriaga O，Valdenegro-Toro M，Plöger P，2017. Real-time Convolutional Neural Networks for Emotion and Gender Classification. arXiv：1710-07557.

Ashcraft M H，Moore A M，2009. Mathematics Anxiety and the Affective Drop in Performance. Journal of Psychoeducational Assessment，27（3）：197-205.

Asthana A, Zafeiriou S, Cheng S, et al., 2014. Incremental Face Alignment in the Wild. Paper presented at the The IEEE Conference on Computer Vision and Pattern Recognition (CVPR).

Bailey D H, Hoard M K, Nugent L, et al., 2012. Competence with fractions predicts gains in mathematics achievement. Journal of Experimental Child Psychology, 113 (3): 447-455.

Baker J M, Martin T, Aghababyan A, et al., 2015. Cortical Activations During a Computer-Based Fraction Learning Game: Preliminary Results from a Pilot Study. Technology, Knowledge and Learning, 20 (3): 339-355.

Ball D L, 1990. Prospective Elementary and Secondary Teachers' Understanding of Division. Journal for Research in Mathematics Education, 21 (2): 132-144.

Bandura A, 2001. Social cognitive theory: An agentic perspective. Annual Review of Psychology, 52 (1): 1-26.

Barab S, Pettyjohn P, Gresalfi M, et al., 2012. Game-based curriculum and transformational play: Designing to meaningfully positioning person, content, and context. Computers & Education, 58 (1): 518-533.

Barth H C, Paladino A M, 2011. The development of numerical estimation: evidence against a representational shift. Developmental Science, 14 (1): 125-135.

Bavelier D, Achtman R L, Mani M, et al., 2012. Neural bases of selective attention in action video game players. Vision Research, 61: 132-143.

Bavelier D, Green C S, Pouget A, et al., 2012. Brain Plasticity Through the Life Span: Learning to Learn and Action Video Games. Annual Review of Neuroscience, 35: 391-416.

Bebis G, Egbert D, Shah M, 2003. Review of computer vision education. IEEE Transactions on Education, 46 (1): 2-21.

Benz U C, Hofmann P, Willhauck G, et al., 2004. Multi-resolution, object-oriented fuzzy analysis of remote sensing data for GIS-ready information. ISPRS Journal of Photogrammetry and Remote Sensing, 58 (3-4): 239-258.

Bonato M, Fabbri S, Umiltà C, et al., 2007. The mental representation of numerical fractions: Real or integer? Journal of Experimental Psychology: Human Perception and Performance, 33 (6): 1410-1419.

Booth J L, Newton K J, 2012. Fractions: Could they really be the gatekeeper's doorman? Contemporary Educational Psychology, 37 (4): 247-253.

Booth J L, Siegler R S, 2006. Developmental and individual differences in pure numerical estimation. Developmental Psychology, 42 (1): 189-201.

Bossavit B, Parsons S, 2018. Outcomes for design and learning when teenagers with autism codesign a serious game: A pilot study. Journal of Computer Assisted Learning, 34 (3): 293-305.

Brem S，Bach S，Kucian K，et al.，2010. Brain sensitivity to print emerges when children learn letter—speech sound correspondences. Proceedings of the National Academy of Sciences of the United States of America，107（17）：7939-7944.

Brown G，Quinn R J，2007. Fraction proficiency and success in algebra. Australian Mathematics Teacher，63（3）：23-30.

Bruer J T，2008. Building bridges in neuroeducation//Battro A M，Fischer K W，Lena P J（Eds.）. The Educated Brain：Essays in Neuroeducation. Cambridge：Cambridge University Press：43-58.

Butterworth B，Kovas Y，2013. Understanding neurocognitive developmental disorders can improve education for all. Science，340（6130）：300-305.

Butterworth B，Laurillard D，2010. Low numeracy and dyscalculia：identification and intervention. Mathematics Education，42（6）：527-539.

Byrnes J P，1991. Role of Conceptual Knowledge in Mathematical Procedural Learning. Developmental Psychology，27（5）：777-786.

Byun J，Loh C S，2015. Audial engagement：Effects of game sound on learner engagement in digital game-based learning environments. Computers in Human Behavior，46：129-138.

Carey E，Hill F，Devine A，et al.，2017. The Modified Abbreviated Math Anxiety Scale：A Valid and Reliable Instrument for Use with Children. Frontiers in Psychology，8.

Carpenter T P，Corbitt M K，Henry S，et al.，1980. Results of the second NAEP mathematics assessment：Secondary school. Mathematics Teacher，73（5）：329-338.

Chang C，Hwang G，2018. Trends in smartphone-supported medical education：A review of journal publications from 2007 to 2016. Knowledge Management & E-Learning，10（4）：389-407.

Chapman B L，2008. Tools for Design and Development of Online Instruction//Spector J M，Merrill M D，van Merriënboer J，et al.，（Eds.）. Handbook of Research on Educational Communications and Technology（Third Edition）Routledge：671-684.

Charalambous C Y，Pitta-Pantazi D，2007. Drawing on a Theoretical Model to Study Students′ Understandings of Fractions. Educational Studies in Mathematics，64（3）：293-316.

Chochon F，Cohen L，van de Moortele P F，et al.，1999. Differential contributions of the left and right inferior parietal lobules to number processing. J Cogn Neurosci，11（6）：617-630.

Chu H，Hung C，2015. Effects of the Digital Game-Development Approach on Elementary School Students' Learning Motivation，Problem Solving，and Learning Achievement. International Journal of Distance Education Technologies，13（1）：87-102.

Chung L，Chang R，2017. The effect of Gender on Motivation and Student Achievement in Digital Game-based Learning：A Case Study of a Contented-Based Classroom. EURASIA

Journal of Mathematics Science and Technology Education, 13 (6), 2309-2327.

Clark D B, Tanner-Smith E E, Killingsworth S S, 2016. Digital Games, Design, and Learning: A Systematic Review and Meta-Analysis. Review of Educational Research, 86 (1): 79-122.

Csikszentmihalyi M, 2008. Flow: the Psychology of Optimal Experience. New York: Harper Perennial.

Dawley L, Dede C, 2014. Situated Learning in Virtual Worlds and Immersive Simulations// Spector J N, Merrill M D, Elen J et al. (Eds.). Handbook of Research on Educational Communications and Technology (Fourth Edition). New York: Springer Science + Business Media: 723-734.

de Koning-Veenstra B, Steenbeek H W, van Dijk M W G, et al., 2014. Learning through movement: A comparison of learning fraction skills on a digital playful learning environment with a sedentary computer-task. Learning and Individual Differences, 36: 101-109.

Deci E L, Ryan R M, 2000. The"What"and"Why"of Goal Pursuits: Human Needs and the Self-Determination of Behavior. Psychological Inquiry, 11 (4): 227-268.

Dehaene S, 1992. Varieties of Numerical Abilities. Cognition, 44 (1): 1-42.

Dehaene S, Dupoux E, Mehler J, 1990. Is numerical comparison digital? Analogical and symbolic effects in two-digit number comparison. J Exp Psychol Hum Percept Perform, 16 (3): 626-641.

Denham A R, Guyotte K W, 2018. Cultivating critical game makers in digital game-based learning: learning from the arts. Learning, Media and Technology, 43 (1): 31-41.

de Wolf M, Chiang J N, Bassok M, et al., 2016. Neural representations of magnitude for natural and rational numbers. NeuroImage, 141: 304-312.

D′Mello S, Dieterle E, Duckworth A, 2017. Advanced, Analytic, Automated (AAA) Measurement of Engagement During Learning. Educ Psychol, 52 (2): 104-123.

Eger E, Sterzer P, Russ M O, et al., 2003. A supramodal number representation in human intraparietal cortex. Neuron, 37 (4): 719-725.

Emblen-Perry K, 2018. Enhancing student engagement in business sustainability through games. International Journal of Sustainability in Higher Education, 19 (5): 858-876.

Fazio L K, Kennedy C A, Siegler R S, 2016. Improving Children' s Knowledge of Fraction Magnitudes. PLOS ONE, 11 (10): e165243.

Feiertag J, Berge Z L, 2008. Trainin Generation N: how educators should approach the Net generation. Education + Training, 50 (6): 457-464.

Fredricks J A, Blumenfeld P C, Paris A H, 2004. School Engagement: Potential of the Concept, State of the Evidence. Review of Educational Research, 74 (1): 59-109.

Fuchs L S, Schumacher R F, Long J, et al, 2013. Improving at-risk learners′understanding of fractions. Journal of Educational Psychology, 105 (3): 683-700.

Fuchs L S，Schumacher R F，Sterba S K，et al，2014. Does working memory moderate the effects of fraction intervention? An aptitude – treatment interaction. Journal of Educational Psychology，106 (2)：499-514.

Gabriel F C，Szucs D，Content A，2013. The development of the mental representations of the magnitude of fractions. PLoS One，8 (11)：e80016.

Ge Z，2018. The impact of a forfeit-or-prize gamified teaching on e-learners′ learning performance. Computers & Education，126：143-152.

Geary D C，Boykin A W，Embretson S，et al，2008. Report of the Task Group on Learning Processes. Washington，DC：U. S. Department of Education.

Gee J P，2003. What video games have to teach us about learning and literacy. New York：Palgrave MacMillan.

Goswami U，2004. Neuroscience and education. British Journal of Educational Psychology，31 (4)：1-14.

Graf S，2008. Technologies Linking Learning，Cognition，and Instruction//Spector J M，Merrill M D，van Merriënboer J et al. (Eds.) . Handbook of Research on Educational Communications and Technology (Third Edition) . Routledge：305-315.

Handelsman M M，Briggs W L，Sullivan N，et al.，2005. A Measure of College Student Course Engagement. The Journal of Educational Research，98 (3)：184-191.

Hannagan T，Amedi A，Cohen L，et al.，2015. Origins of the specialization for letters and numbers in ventral occipitotemporal cortex. Trends in Cognitive Sciences，19 (7)：374-382.

Hansen N，Jordan N C，Fernandez E，et al，2015. General and math-specific predictors of sixth-graders' knowledge of fractions. Cognitive Development，35：34-49.

Hansen N，Jordan N C，Rodrigues J，2015. Identifying learning difficulties with fractions：A longitudinal study of student growth from third through sixth grade. Contemporary Educational Psychology.

Hawlitschek A，Joeckel S，2017. Increasing the effectiveness of digital educational games：The effects of a learning instruction on students' learning，motivation and cognitive load. Computers in Human Behavior，72：79-86.

Hech S A，1998. Toward an Information-Processing Account of Individual Differences in Fraction Skills. Journal of Educational Psychology，90 (3)：545-559.

Hecht S A，Close L，Santisi M，2003. Sources of individual differences in fraction skills. Journal of Experimental Child Psychology，86 (4)：277-302.

Hecht S A，Vagi K J，2010. Sources of group and individual differences in emerging fraction skills. Journal of Educational Psychology，102 (4)：843-859.

Herrington J，Reeves，T C，Oliver R，2014. Authentic Learning Environments//Spector J M，Merrill M D，Elen J et al. (Eds.) . Handbook of Research on Educational Communications and Technology (Fourth Edition) . New York：Springer Science +

Business Media：401-412.

Hidi S，Renninger K A，2006. The Four-Phase Model of Interest Development. Educational Psychologist，41（2）：111-127.

Huen J M，Lai E S，Shum A K，et al，2016. Evaluation of a Digital Game-Based Learning Program for Enhancing Youth Mental Health：A Structural Equation Modeling of the Program Effectiveness. JMIR Ment Health，3（4）：e46.

Hughes J N，Luo W，Kwok O，et al.，2008. Teacher-student support，effortful engagement，and achievement：A 3-year longitudinal study. Journal of Educational Psychology，100（1）：1-14.

Hung C，Sun J C，Yu P，2015. The benefits of a challenge：student motivation and flow experience in tablet-PC-game-based learning. Interactive Learning Environments，23（2）：172-190.

Ischebeck A，Schocke M，Delazer M，2009. The processing and representation of fractions within the brain An fMRI investigation. NeuroImage，47（1）：403-413.

Ischebeck A，Zamarian L，Siedentopf C，et al.，2006. How specifically do we learn? Imaging the learning of multiplication and subtraction. NeuroImage，30（4）：1365-1375.

Isen A M，Reeve J，2005. The Influence of Positive Affect on Intrinsic and Extrinsic Motivation：Facilitating Enjoyment of Play，Responsible Work Behavior，and Self-Control. Motivation and Emotion，29（4）：295-323.

Islas Sedano C，Leendertz V，Vinni M，et al.，2014. Hypercontextualized Learning Games：Fantasy，Motivation，and Engagement in Reality. Simulation & Gaming，44（6）：821-845.

Izsák A，Tillema E，Tunç-Pekkan Z，2008. Teaching and Learning Fraction Addition on Number Lines. Journal for Research in Mathematics Education，39（1）：33-62.

Jacob S N，Nieder A，2009. Notation-Independent Representation of Fractions in the Human Parietal Cortex. Journal of Neuroscience，29（14）：4652-4657.

Jean P，Brnel I，1958. The growth of logical thinking from childhood to adolescence：An essay on the construction of formal operational structures. New York：Basic Books.

Jigyel K，Afamasaga-Fuata′ I K，2007. Students′ concepions of models of fractions and equivalence. Australian Mathematics Teacher，63（4）：17-25.

Jordan N C.，Hansen N，Fuchs L S，et al.，2013. Developmental predictors of fraction concepts and procedures. Journal of Experimental Child Psychology，116（1）：45-58.

Kaplan D S，Peck B M，Kaplan H B，1997. Decomposing the Academic Failure-Dropout Relationship：A Longitudinal Analysis. The Journal of Educational Research，90（6）：331-343.

Kaufmann L，Koppelstaetter F，Delazer M，et al，2005. Neural correlates of distance and congruity effects in a numerical Stroop task：an event-related fMRI study. NeuroImage，25（3）：888-898.

Kazemi V, Sullivan J, 2014. One Millisecond Face Alignment with an Ensemble of Regression Trees. Paper presented at the The IEEE Conference on Computer Vision and Pattern Recognition (CVPR).

Ke F, Xie K, Xie Y, 2016. Game-based learning engagement: A theory- and data-driven exploration. British Journal of Educational Technology, 47 (6): 1183-1201.

Khan A, Ahmad F H, Malik M M, 2017. Use of digital game based learning and gamification in secondary school science: The effect on student engagement, learning and gender difference. Education and Information Technologies, 22 (6): 2767-2804.

Kim C, Hwang J, 2002. Fast and automatic video object segmentation and tracking for content-based applications. IEEE Transactions on Circuits and Systems for Video Technology, 12 (2): 122-129.

Kim C, Pekrun, R, 2014. Emotions and Motivation in Learning and Performance//Spector J M, Merrill M D, Elen J, et al. (Eds.). Handbook of Research on Educational Communications and Technology (Fourth Edition). New York: Springer Science + Business Media, 65-74.

Kim J T, Lee W, 2015. Dynamical model for gamification of learning (DMGL). Multimedia Tools and Applications, 74 (19): 8483-8493.

Koepp M J, Gunn R N, Lawrence A D, et al, 1998. Evidence for striatal dopamine release during a video game. Nature, 393 (6682): 266-268.

Kolb D A, 2014. Experiential Leanring: Experience as the Source of Learning and Development (Second Edition): Pearson FT Press.

Kuh G D, 2009. The national survey of student engagement: Conceptual and empirical foundations. New Directions for Institutional Research (141): 5-20.

Kuh G D, Cruce T M, Shoup R, et al., 2008. Unmasking the effects of student engagement on first-year college grades and persistence. The Journal of Higher Education, 79 (5): 540-563.

Kuhn S, Gleich T, Lorenz R C, et al., 2014. Playing Super Mario induces structural brain plasticity: gray matter changes resulting from training with a commercial video game. Mol Psychiatry, 19 (2): 265-271.

Lakoff G, Johnson M, 1999. Philosophy in the Flesh: The Embodied Mind and its Challenge to Western Thought. New York: Basic Books.

Lee H W, Lim K Y, Grabowski B L, 2008. Generative Learning: Principles and Implications for Making Meaning//Spector J M, Merrill M D, van Merriënboer J, et al. (Eds.), Handbook of Research on Educational Communications and Technology (Third Edition): Routledge, 111-124.

Li Y, Huang R, 2008. Chinese elementary mathematics teachers' knowledge in mathematics and pedagogy for teaching: the case of fraction division. ZDM, 40 (5): 845-859.

Liao C C Y, Chang W, Chan T, 2018. The effects of participation, performance, and interest in a game-based writing environment. Journal of Computer Assisted Learning, 34 (3): 211-222.

Liu C, 2017. Using a video game to teach supply chain and logistics management. Interactive Learning Environments, 25 (8): 1009-1024.

Liu F, 2018. Mental representation of fractions: It all depends on whether they are common or uncommon. Quarterly Journal of Experimental Psychology, 71 (9): 1873-1886.

Lohr L L, Gall J E, 2008. Representation Strategies. In J. M. Spector, M. D. Merrill, J. van Merriënboer & M. P. Driscoll (Eds.), Handbook of Research on Educational Communications and Technology (Third Edition): Routledge, 85-96.

Lortie-Forgues H, Tian J, Siegler R S, 2015. Why is learning fraction and decimal arithmetic so difficult? Developmental Review, 38: 201-221.

Malone T W, Lepper M R, 1987. Making Learning Fun: A Taxonomy of Intrinsic Motivations for Learning. In R. E. Snow & M. J. Farr (Eds.), Authentic Learning Environments: Routledge, 223-253.

Martin T, Smith C P, Forsgren N, et al., 2015. Learning Fractions by Splitting: Using Learning Analytics to Illuminate the Development of Mathematical Understanding. Journal of the Learning Sciences, 24 (4): 593-637.

Mayer R E, 2014a. Multimedia Instruction//Spector J M, Merrill M D, Elen J, et al., (Eds.), Handbook of Research on Educational Communications and Technology (Fourth Edition). New York: Springer Science+Business Media, 385-399.

Mayer R E, 2014b. Computer Games for Learning: An Evidence-based Approach. Cambridge: MIT Press.

Mazzocco M M M, Devlin K T, 2008. Parts and 'holes': gaps in rational number sense among children with vs. without mathematical learning disabilities. Developmental Science, 11 (5): 681-691.

McCandliss B D, 2010. Educational neuroscience: The early years. Proceedings of the National Academy of Sciences of the United States of America, 107 (18): 8049-8050.

McCrink K, Wynn K, 2007. Ratio abstraction by 6-month-old infants. Psychol Sci, 18 (8): 740-745.

Meert G L, Grégoire J, No L M, 2009. Rational numbers: Componential versus holistic representation of fractions in a magnitude comparison task., 62 (8): 1598-1616.

Miner J B, 2007. From David Mcclelland's Achievement Motivation Theory to Achievement/Power-Motivation Trainning and Competence Assessment. In Organizational Behavior 4: From Theory to Practice. Routledge: ProQuest Ebook Central, 36-46.

Miner J B, 2011. Achievement Motivation Theory//Organizational Behavior 6: Integrated Theory Development and the Role of the Unconscious. Routeledge: ProQuest Ebook Central: 23-30.

Mix K S, 1999. Similarity and Numerical Equivalence: Appearances Count. Cognitive

Development，14（2）：269-297.

Mix K S，Levine S C，Huttenlocher J，1999. Early Fraction Calculation Ability. Developmental Psychology，35（5）：164-174.

Morgan K，2008. Experiential Perspectives//Spector J M，Merrill M D，van Merriënboer J et al. （Eds.），Handbook of Research on Educational Communications and Technology (Third Edition)：Routledge，33-37.

Mourgues C，Tan M，Hein S，et al，2016. Paired associate learning tasks and their contribution to reading skills. Learning and Individual Differences，46，54-63.

Moyer R，Laudauer T，1967. Time required for judgements of numerical inequality. Nature，215（5109）：1519-1520.

Narciss S，2008. Feedback Strategies for Interactive Learning Tasks//Spector J M，Merrill M D，van Merriënboer J，et al.，（Eds.），Handbook of Research on Educational Communications and Technology (Third Edition)：Routledge，125-143.

Ni Y，Zhou Y，2005. Teaching and Learning Fraction and Rational Numbers：The Origins and Implications of Whole Number Bias. Educational Psychologist (40：1)：27-52.

Nieder A，2005. Counting on neurons：the neurobiology of numerical competence. Nature Reviews Neuroscience，6（3）：177-190.

Ninaus M，Kiili K，McMullen J，et al.，2017. Assessing fraction knowledge by a digital game. Computers in Human Behavior，70：197-206.

NMAP，2008. Foundations for success：The Final Report of the National Mathematics Advisory Panel. Washington DC：Department of Education.

Núñez Castellar E，VanLooy J，Szmalec A，et al.，2014. Improving arithmetic skills through gameplay：Assessment of the effectiveness of an educational game in terms of cognitive and affective learning outcomes. Information Sciences，264：19-31.

OECD，2007. Understanding the Brain：The Birth of a Learning Science.

Oh S，So H，Gaydos M，2018. Hybrid Augmented Reality for Participatory Learning：The Hidden Efficacy of Multi-User Game-Based Simulation. IEEE Transactions on Learning Technologies，11（1）：115-127.

Peng M Y，Wang R，Liu F，et al.，2017. Multi-engagement，Learning Approach and Student Learning Outcomes：Evidence from Taiwanese Private University. Universal Journal of Educational Research，5（7）：1137-1144.

Piazza M，Pinel P，Le Bihan D，et al.，2007. A magnitude code common to numerosities and number symbols in human intraparietal cortex. Neuron，53（2）：293-305.

Pietarinen J，Soini T，Pyhältö K，2014. Students'emotional and cognitive engagement as the determinants of well-being and achievement in school. International Journal of Educational Research，67：40-51.

Pike G R，Smart J C，Ethington C A，2012. The Mediating Effects of Student Engagement on the Relationships Between Academic Disciplines and Learning Outcomes：An Extension of Holland's Theory. Research in Higher Education, 53 (5): 550-575.

Pinel P, Dehaene S, Rivière D, et al., 2001. Modulation of Parietal Activation by Semantic Distance in a Number Comparison Task. NeuroImage, 14 (5): 1013-1026.

Plass J L, Homer B D, Kinzer C K, 2016. Foundations of Game-Based Learning. Educational Psychologist, 50 (4): 258-283.

Plodowski A, Swainson R, Jackson G M, et al, 2003. Mental Representation of Number in Different Numerical Forms. Current Biology, 13 (23): 2045-2050.

Prato G D, Feijóo C, Simon J, 2014. Innovations in the Video Game Industry: Changing Global Markets. Communications & Strategies (94): 17.

Räsänen P, Salminen J, Wilson A J, et al., 2009. Computer-assisted intervention for children with low numeracy skills. Cognitive Development, 24 (4): 450-472.

Restle F, 1970. Speed of adding and comparing numbers. Journal of Experimental Psychology, 83 (2): 274-278.

Riconscente M M, 2013. Results From a Controlled Study of the iPad Fractions Game Motion Math. Games and Culture, 8 (4): 186-214.

Rittle-Johnson B, Siegler R S, Alibali M W, 2001. Developing conceptual understanding and procedural skill in mathematics: An iterative process. Journal of Educational Psychology, 93 (2): 346-362.

Romero M, Usart M, Ott M, 2015. Can Serious Games Contribute to Developing and Sustaining 21st Century Skills? Games and Culture, 10 (2): 148-177.

Ronimus M, Kujala J, Tolvanen A, et al., 2014. Children's engagement during digital game-based learning of reading: The effects of time, rewards, and challenge. Computers & Education, 71: 237-246.

Ryan A M, 2000. Peer Groups as a Context for the Socialization of Adolescents' Motivation, Engagement, and Achievement in School. Educational Psychologist, 35 (2): 101-111.

Ryan R M, Deci E L, 2000. Self-determination theory and the facilitation of intrinsic motivation, social development, and well-being. Am Psychol, 55 (1): 68-78.

Schmithorst V J, Brown R D, 2004. Empirical validation of the triple-code model of numerical processing for complex math operations using functional MRI and group Independent Component Analysis of the mental addition and subtraction of fractions. NeuroImage, 22 (3): 1414-1420.

Seel N M, 2008. Empirical Perspectives on Memory and Motivation//Spector J M. Merrill M D, van Merriënboer J, et al. (Eds.). Handbook of Research on Educational Communications and Technology (Third Edition). Routledge: 39-54.

Sepehr S, Head M, 2018. Understanding the role of competition in video gameplay satisfaction. Information & Management, 55 (4): 407-421.

Shute V J, Kim Y J, 2014. Formative and Stealth Assessment//Spector J M, Merrill M D, Elen J, et al. (Eds.), Handbook of Research on Educational Communications and

Technology (Fourth Edition). New York: Springer Science+Business Media, 311-320.

Siegler R S, Duncan G J, Davis-Kean P E, et al, 2012. Early Predictors of High School Mathematics Achievement. Psychological Science, 23 (7): 691-697.

Siegler R S, Fazio L K, Bailey D H, et al., 2013. Fractions: the new frontier for theories of numerical development. Trends in Cognitive Sciences, 17 (1): 13-19.

Siegler R S, Lortie-Forgues H, 2014. An Integrative Theory of Numerical Development. Child Development Perspectives, 8 (3): 144-150.

Siegler R S, Pyke A A, 2013. Developmental and individual differences in understanding of fractions. Developmental Psychology, 49 (10): 1994-2004.

Siegler R S, Thompson C A, Schneider M, 2011. An integrated theory of whole number and fractions development. Cognitive Psychology, 62 (4): 273-296.

Singaravelu G, 2008. Video game based learning in English grammar. Journal of Educational Technology, 5 (3): 49-53.

Skagenholt M, Träff U, Västfjäll D, et al., 2018. Examining the Triple Code Model in numerical cognition: An fMRI study. PLOS ONE, 13 (6): e199247.

Skinner E A, Belmont M J, 1993. Motivation in the Classroom: Reciprocal Effects of Teacher Behavior and Student Engagement Across the School Year. Journal of Educational Psychology, 85 (4): 571-581.

Soukupova T, Cech J, 2016. Real-Time Eye Blink Detection using Facial Landmarks. Paper presented at the 21st Computer Vision Winter Workshop.

Spence I, Feng J, 2010. Video games and spatial cognition. Review of General Psychology, 14 (2): 92-104.

Stafylidou S, Vosniadou S, 2004. The development of students' understanding of the numerical value of fractions. Learning and Instruction, 14 (5): 503-518.

Stanescu-Cosson R, Pinel P, van de Moortele P, et al, 2000. Understanding dissociations in dyscalculia, a brain imaging study of the impact of number size on the cerebral networks for exact and approximate calculation. Brain, 123 (11): 2240-2255.

Steinkuehler C, Squire K, 2014. Videogames and Learning. In R. K. Sawyer (Ed.), The Cambridge Handbook of The Learning Sciences. New York: Cambridge University Press.

Stolz S A, 2015. Embodied Learning. Educational Philosophy and Theory, 47 (5): 474-487.

Supekar K, Iuculano T, Chen L, et al., 2015. Remediation of Childhood Math Anxiety and Associated Neural Circuits through Cognitive Tutoring. Journal of Neuroscience, 35 (36): 12574-12583.

Tecce J J, 2007. Psychophysiology: Human Behavior and Physiological Response. International Journal of Psychophysiology, 65 (2): 174-175.

Tobias S, Fletcher J D, Wind A P, 2014. Game-Based Learning. In J. M. Spector, M. D. Merrill, J. Elen & E. J. Bishop (Eds.), Handbook of Research on Educational Communications and Technology (Fourth Edition) (pp. 485-503. New York: Springer

Science+Business Media.

Tsai F, 2017. An Investigation of Gender Differences in a Game-based Learning Environment with Different Game Modes. EURASIA Journal of Mathematics, Science and Technology Education: 13.

Tyndale E, Ramsoomair F, 2016. Keys to Successful Interactive Storytelling: A Study of the Booming "Choose-Your-Own-Adventure" Video Game Industry. i-Manager′s Journal of Educational Technology, 13 (3): 28.

Vallentin D, Nieder A, 2008. Behavioral and Prefrontal Representation of Spatial Proportions in the Monkey. Current Biology, 18 (18): 1420-1425.

Verkijika S F, De Wet L, 2015. Using a brain-computer interface (BCI) in reducing math anxiety: Evidence from South Africa. Computers & Education, 81: 113-122.

Vos N, van der Meijden H, Denessen E, 2011. Effects of constructing versus playing an educational game on student motivation and deep learning strategy use. Computers & Education, 56 (1): 127-137.

Vukovic R K, Fuchs L S, Geary D C, et al., 2014. Sources of Individual Differences in Children' s Understanding of Fractions. Child Development, 85 (4): 1461-1476.

Wang M, Eccles J S, 2012. Adolescent Behavioral, Emotional, and Cognitive Engagement Trajectories in School and Their Differential Relations to Educational Success. Journal of Research on Adolescence, 22 (1): 31-39.

Wiebe E N, Lamb A, Hardy M, et al., 2014. Measuring engagement in video game-based environments: Investigation of the User Engagement Scale. Computers in Human Behavior, 32: 123-132.

Wilson A J, Dehaene S, Dubois O, et al., 2009. Effects of an Adaptive Game Intervention on Accessing Number Sense in Low-Socioeconomic-Status Kindergarten Children. Ming Brain and Education, 3 (4): 224-234.

Wilson A J, Dehaene S, Pinel P, et al., 2006. Principles underlying the design of "The Number Race", an adaptive computer game for remediation of dyscalculia. Behavioral and Brain Functions, 2 (1): 14.

Wilson A J, Revkin S K, Cohen D, et al., 2006. An open trial assessment of "The Number Race", an adaptive computer game for remediation of dyscalculia. Behavioral and Brain Functions, 2 (1): 20.

Wilson M, 2000. Six Views of Embodied Cognition. Psychonomic Bulletin & Review, 9 (4): 625-636.

Winne P H, Azevedo R, 2014. Metacognition//R. K. Sawyer (Ed.), The Cambridge Handbook of The Learning Sciences (Second Edition). New York: Cambridge University Press: 63-87.

Wittrock M C, 1989. Generative Processes of Comprehension. Educational Psychologist, 24 (4): 345-376.

Wittrock M C，1992. Generative Learning Processes of the Brain. Educational Psychologist，27（4）：531-541.

Wu J，Hughes J N，Kwok O，2010. Teacher - student relationship quality type in elementary grades：Effects on trajectories for achievement and engagement. Journal of School Psychology，48（5）：357-387.

Wu S，Cheng C K，Feng J，et al.，2012. Playing a First-person Shooter Video Game Induces Neuroplastic Change. Journal of Cognitive Neuroscience，24（6）：1286-1293.

You X，Peng Q，Yuan Y，et al.，2011. Segmentation of retinal blood vessels using the radial projection and semi-supervised approach. Pattern Recognition，44（10-11）：2314-2324.

Zhang L，Xin Z，Li F，et al.，2012. An ERP study on the processing of common fractions. Experimental Brain Research，217（1）：25-34.

Zhou Z，Peverly S T，Xin，T，2006. Knowing and teaching fractions：A cross-cultural study of American and Chinese mathematics teachers. Contemporary Educational Psychology，31（4）：438-457.

附录 A　分数概念性知识测试代表性测试题目

第一类题目："分数与图形"代表性测试题目

1. 下面哪两个图形代表的分数相同（　　）

A. 1 和 2　　B. 1 和 4　　C. 2 和 3　　D. 3 和 4

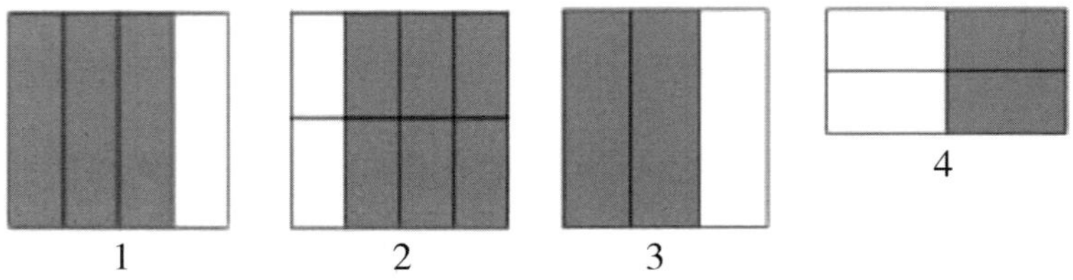

2. 阴影部分的面积是整个正方形面积的几分之几？（　　）

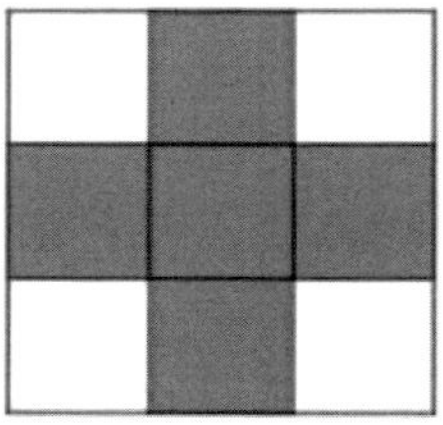

A. $\frac{5}{4}$　　B. $\frac{4}{5}$　　C. $\frac{6}{9}$　　D. $\frac{5}{9}$

3. 此圆阴影部分代表的分数的大概范围是多少？（　　）

A. $0-\frac{1}{4}$　　B. $\frac{1}{4}-\frac{1}{2}$　　C. $\frac{1}{2}-\frac{3}{4}$　　D. $\frac{3}{4}-1$

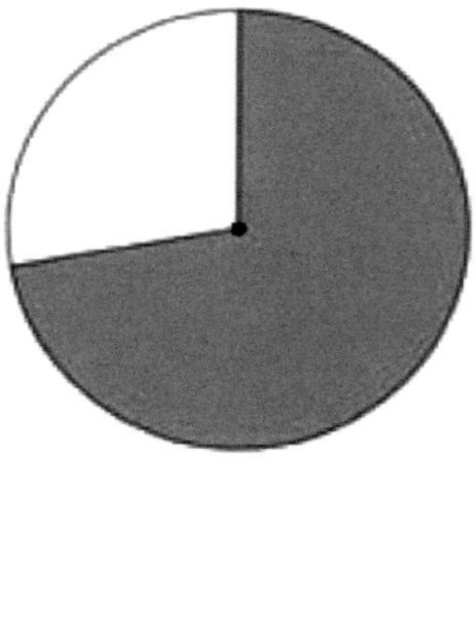

第二类题目：“分数与数轴”代表性测试题目

1. 数轴上P点所代表的分数是多少？（　　）

A. $\frac{1}{8}$　　B. $\frac{1}{5}$　　C. $\frac{3}{4}$　　D. $\frac{7}{8}$

2. 在数轴上，$\frac{2}{3}$ 位于哪两个点之间？（　　）

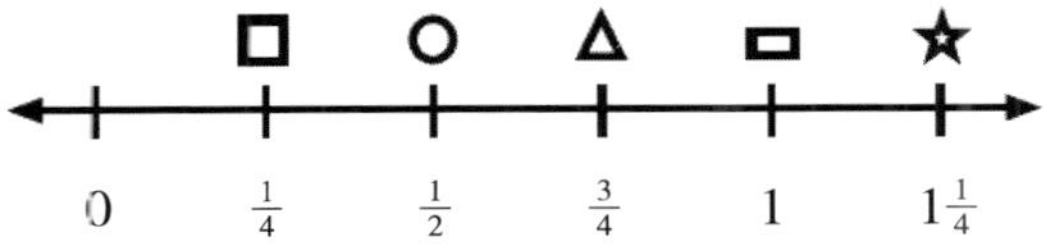

A. 在□和○中间　　B. 在○和△中间

C. 在△和▭中间　　D. 在▭和☆中间

3. $\frac{1}{3}$ 可以对应到数轴上哪个点？（　　）

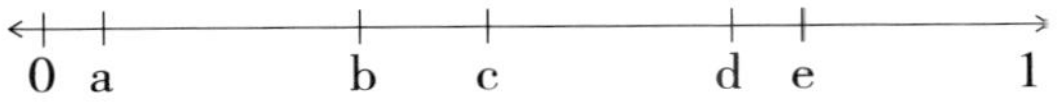

A. a　　B. b　　C. c　　D. d　　E. e

第三类题目：“分数比较大小”代表性测试题目

1. 以下哪个分数比 $\frac{1}{2}$ 大？（　　）

A. $\frac{3}{5}$　　B. $\frac{3}{6}$　　C. $\frac{3}{8}$　　D. $\frac{3}{10}$

2. 下面哪个数最接近 $\frac{1}{2}$ ？（　　）

A. $\frac{5}{8}$　　B. $\frac{1}{6}$　　C. $\frac{2}{2}$　　D. $\frac{1}{5}$

3. 同学们在讨论为什么 $\frac{4}{5}$ 比 $\frac{2}{3}$ 大，下面哪个理由最对？

A. 因为4比2大　　B. 因为5比3大

C. 因为 $\frac{4}{5}$ 比 $\frac{2}{3}$ 更接近 1　　D. 因为 4+5 比 2+3 大

4. 请将以下分数从小到大排列

例如：$\frac{1}{2}$，$\frac{3}{4}$，$\frac{1}{6}$　　$\frac{1}{6}<\frac{1}{2}<\frac{3}{4}$

1）$\frac{2}{5}$，$\frac{1}{6}$，$\frac{5}{6}$　　____<____<____

2）$\frac{4}{8}$，$\frac{4}{6}$，$\frac{2}{10}$　　____<____<____

附录B　三年级教具班使用的教具示例

请小朋友们将阴影部分剪下，并写出阴影部分所表示的分数

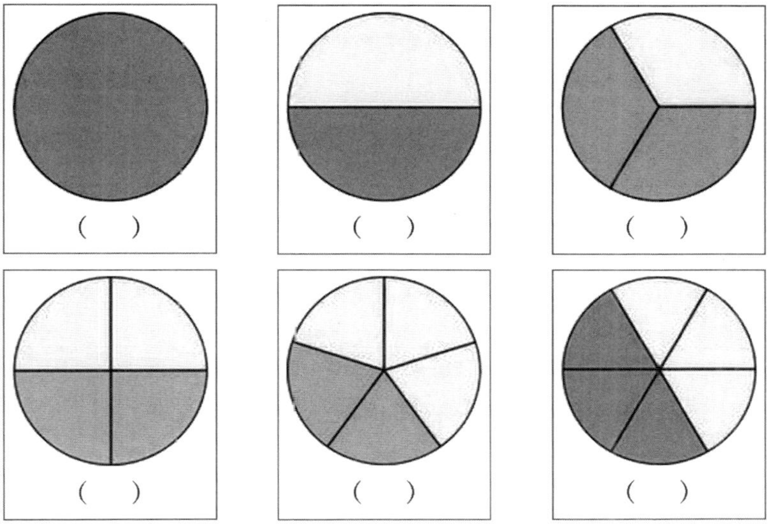

请小朋友们选择自己喜欢的颜色填充，并写出图形所表示的分数

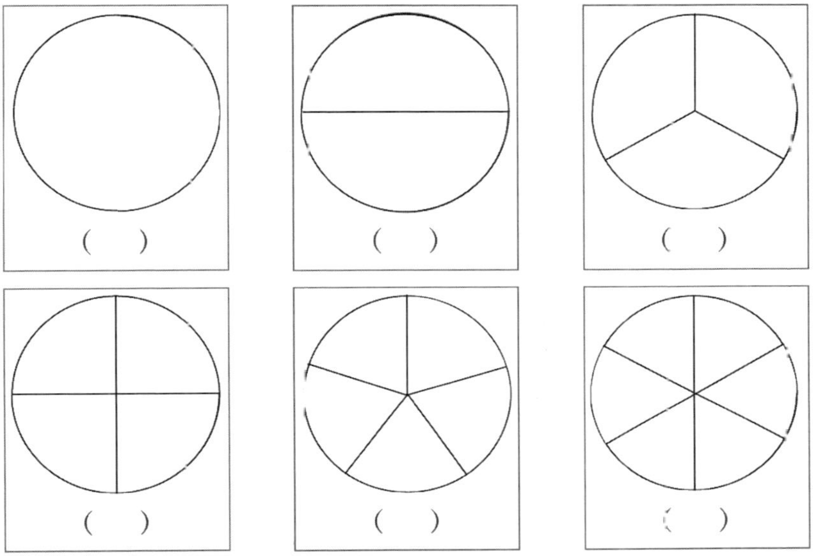

附录 C　本研究所使用的问卷量表

量表	维度	问卷题目
数学焦虑	测评	数学考试的前一天想到数学考试
		数学考试时
		第二天要交数学作业，但数学作业非常难
		当上数学课时，老师突然说要来个测验
	学习	看老师在黑板上讲解数学题
		老师讲数学知识，讲了很长时间
		听同学讲解数学问题
		学新的数学知识时
数学学习内在动机	胜任	我认为我可以学好数学
		我认为我和别人相比，我非常能学好数学
		我对我的数学表现非常满意
		我认为我有很好的数学能力
		我认为我数学学得很好
	兴趣	我认为学习数学我很享受
		我认为数学学习很有趣
		我认为数学学习很好玩
		当我学数学的时候，我经常想：我多么享受学数学
自我效能感		学期末你对掌握所有的数学课内容有多自信
		你对期末数学考试成绩在 80 分以上，有多自信
		你对期末数学考试成绩在 90 分以上，有多自信
游戏动机		玩这个游戏觉着很享受
		游戏能够激发我的好奇心
		玩这个游戏让我很开心
		玩游戏的过程中，我对接下来的游戏很好奇
		这个游戏很有趣
		在游戏中进一步探索很有趣

附录 D 相关统计数据结果

附表 D-1 三年级前测各项成绩及总成绩方差齐性分析

检测类别	*Levene* 统计量	*df*1	*df*2	显著性
第一类前测	3.800	2	206	0.024
第二类前测	2.875	2	206	0.059
第三类前测	1.100	2	206	0.335
前测总分	1.727	2	206	0.180

附表 D-2 三年级分数概念性知识第一类后测的主体间效应检验

源	Ⅲ型平方和	*df*	均方	*F*	*Sig.*
校正模型	89.560[a]	3	29.853	10.065	0
截距	4 924.933	1	4 924.933	1 660.649	0
组别编号	5.094	2	2.547	0.859	0.425
第一类前测	86.795	1	86.795	29.267	0
误差	607.962	205	2.966		
总计	29 195.700	209			
校正的总计	697.522	208			

注：[a]$R^2=0.128$（调整 $R^2=0.16$）。

附表 D-3 三年级分数概念性知识第二类后测的成对比较

(I) 组别编号	(J) 组别编号	均值差值 (I-J)	标准误	*Sig.* b
游戏	教具	1.419*	0.462	0.002
	练习	1.391*	0.444	0.002
教具	游戏	−1.419*	0.462	0.002
	练习	−0.029	0.451	0.949
练习	游戏	−1.391*	0.444	0.002
	教具	0.029	0.451	0.949

注：基于估算边际均值，* 均值差值在 0.05 级别上较显著；b 对多个比较的调整：最不显著差别（相当于未做调整）。

附表 D-4　三年级分数概念性知识第三类后测的成对比较

(I) 组别编号	(J) 组别编号	均值差值 (I-J)	标准误	*Sig*. b
游戏	教具	2.403*	0.533	0
	练习	2.564*	0.502	0
教具	游戏	−2.403*	0.533	0
	练习	0.161	0.510	0.753
练习	游戏	−2.564*	0.502	0
	教具	−0.161	0.510	0.753

注：基于估算边际均值，* 均值差值在 0.05 级别上较显著；b 对多个比较的调整：最不显著差别（相当于未做调整）。

附表 D-5　三年级分数概念性知识后测总分的主体间效应检验

源	Ⅲ型平方和	*df*	均方	*F*	*Sig*.
校正模型	1 687.284[a]	3	562.428	20.684	0
截距	10 882.820	1	10 882.820	400.227	0
组别编号	950.441	2	475.221	17.477	0
前测三类总分	1 084.854	1	1 084.854	39.897	0
误差	5 574.279	205	27.192		
总计	120 239.800	209			
校正的总计	7 261.563	208			

注：[a] $R^2=0.232$（调整 $R^2=0.221$）。

附表 D-6　三年级分数概念性知识后测总分的成对比较

(I) 组别编号	(J) 组别编号	均值差值 (I-J)	标准误	*Sig*. b
游戏	教具	4.914*	0.935	0
	练习	4.389*	0.879	0
教具	游戏	−4.914*	0.935	0
	练习	−0.524	0.903	0.562
练习	游戏	−4.389*	0.879	0
	教具	0.524	0.903	0.562

注：基于估算边际均值，* 均值差值在 0.05 级别上较显著；b 对多个比较的调整：最不显著差别（相当于未做调整）。

附表 D-7 三年级各班数学焦虑量表前测方差齐性检验结果

项目	*Levene* 统计量	*df*1	*df*2	显著性
MA-测评-pre	0.578	2	206	0.562
MA-学习-pre	0.637	2	206	0.530
MA-pre	0.047	2	206	0.955

附表 D-8 三年级各班数学焦虑量表前测单因素方差分析

项目	范围	平方和	*df*	均方	*F*	显著性
MA-测评-pre	组间	5.636	2	2.818	2.279	0.105
	组内	254.699	206	1.236		
	总数	260.336	208			
MA-学习-pre	组间	1.036	2	0.518	0.545	0.581
	组内	195.852	206	0.951		
	总数	196.888	208			
MA-pre	组间	2.862	2	1.431	1.721	0.181
	组内	171.296	206	0.832		
	总数	174.158	208			

附表 D-9 三年级数学焦虑量表数学测评焦虑后测的成对比较

(I) 组别	(J) 组别	均值差值 (I-J)	标准误	*Sig*.b
教具	练习	−0.344*	0.137	0.013
	游戏	0.139	0.140	0.321
练习	教具	0.344*	0.137	0.013
	游戏	0.483*	0.138	0.001
游戏	教具	−0.139	0.140	0.321
	练习	−0.483*	0.138	0.001

注：基于估算边际均值；*均值差值在0.05级别上较显著；b对多个比较的调整：最不显著差别(相当于未做调整)。

附表 D-10 三年级数学焦虑量表数学学习焦虑后测的成对比较

(I) 组别	(J) 组别	均值差值 (I-J)	标准误	*Sig*.b
教具	练习	−0.328*	0.120	0.007
	游戏	−0.125	0.122	0.308
练习	教具	0.328*	0.120	0.007

（续）

（I）组别	（J）组别	均值差值（I-J）	标准误	*Sig*.b
游戏	游戏	0.203	0.120	0.091
	教具	0.125	0.122	0.308
	练习	−0.203	0.120	0.091

注：基于估算边际均值；* 均值差值在0.05级别上较显著；b对多个比较的调整：最不显著差别（相当于未做调整）。

附表D-11　三年级数学焦虑量表后测总体的成对比较

（I）组别	（J）组别	均值差值（I-J）	标准误	*Sig*.b
教具	练习	−0.343*	0.108	0.002
	游戏	0.019	0.110	0.862
练习	教具	0.343*	0.108	0.002
	游戏	0.362*	0.108	0.001
游戏	教具	−0.019	0.110	0.862
	练习	−0.362*	0.108	0.001

注：基于估算边际均值；* 均值差值在0.05级别上较显著；b对多个比较的调整：最不显著差别（相当于未做调整）。

附表D-12　三年级数学学习动机量表前测方差齐性检验结果

项目	*Levene* 统计量	*df*1	*df*2	显著性
IMIpre-胜任	1.547	2	206	0.215
IMIpre-兴趣	0.918	2	206	0.401
IMIpre	0.325	2	206	0.723

附表D-13　三年级数学学习动机量表胜任维度后测的主体间效应检验

源	Ⅲ型平方和	*df*	均方	*F*	*Sig*.
校正模型	33.564[a]	3	11.188	26.314	0
截距	43.946	1	43.946	103.359	0
组别编号	1.339	2	0.670	1.575	0.21
IMIpre-胜任	32.788	1	32.788	77.116	0
误差	87.162	205	0.425		
总计	3 073.680	209			
校正的总计	120.726	208			

注：[a] $R^2=0.278$（调整 $R^2=0.267$）。

附表 D-14 三年级数学学习动机量表兴趣维度后测的主体间效应检验

源	Ⅲ型平方和	*df*	均方	*F*	*Sig.*
校正模型	22.378[a]	3	7.459	14.554	0
截距	54.394	1	54.394	106.131	0
组别编号	0.788	2	0.394	0.769	0.465
IMIpre-兴趣	22.293	1	22.293	43.498	0
误差	105.066	205	0.513		
总计	3 715.750	209			
校正的总计	127.444	208			

注：[a] $R^2=0.176$（调整 $R^2=0.164$）。

附表 D-15 三年级数学学习动机量表总体后测的主体间效应检验

源	Ⅲ型平方和	*df*	均方	*F*	*Sig.*
校正模型	25.963[a]	3	8.656	26.582	0
截距	31.736	1	31.736	97.457	0
组别编号	1.373	2	0.689	2.116	0.123
IMIpre	25.663	1	25.663	78.808	0
误差	66.756	205	0.326		
总计	3 320.420	209			
校正的总计	92.724	208			

注：[a] $R^2=0.280$（调整 $R^2=0.270$）。

附表 D-16 三年级数学学习动机量表总体后测的成对比较

(I) 组别编号	(J) 组别编号	均值差值（I-J）	标准误	*Sig.* b
游戏	教具	0.103	0.099	0.302
	练习	0.200*	0.097	0.041
教具	游戏	−0.103	0.099	0.302
	练习	0.097	0.097	0.315
练习	游戏	−0.200*	0.097	0.041
	教具	−0.097	0.097	0.315

注：基于估算边际均值；* 均值差值在 0.05 级别上较显著；b 对多个比较的调整：最不显著差别（相当于未做调整）。

附表 D-17　三年级自我效能感量表前测单因素方差分析

范围	平方和	df	均方	F	显著性
组间	7.862	2	3.931	2.069	0.129
组内	391.298	206	1.900		
总数	399.159	208			

附表 D-18　三年级自我效能感量表后测的主体间效应检验

源	Ⅲ型平方和	df	均方	F	*Sig.*
校正模型	68.533[a]	3	22.844	19.936	0
截距	145.852	1	145.852	127.283	0
组别编号	2.641	2	1.320	1.152	0.318
SEpre	68.252	1	68.252	59.563	0
误差	234.906	205	1.146		
总计	4 728.333	209			
校正的总计	303.440	208			

注：[a] $R^2=0.226$（调整 $R^2=0.215$）。

附表 D-19　四年级各班前测各类成绩及总成绩的方差齐性检验

检测类别	*Levene* 统计量	$df1$	$df2$	显著性
第一类前测	0.661	2	97	0.519
第二类前测	1.923	2	97	0.152
第三类前测	0.022	2	97	0.978
前测总分	1.949	2	97	0.148

附表 D-20　四年级各班前测各类成绩及总成绩的单因素方差分析结果

检测类别	范围	平方和	df	均方	F	显著性
第一类前测	组间	0.415	2	0.208	0.041	0.96
	组内	496.486	97	5.118		
	总数	496.901	99			
第二类前测	组间	14.423	2	7.211	0.661	0.519
	组内	1 058.225	97	10.91		
	总数	1 072.647	99			

（续）

检测类别	范围	平方和	df	均方	F	显著性
第三类前测	组间	25.249	2	12.624	1.029	0.361
	组内	1 190.186	97	12.270		
	总数	1 215.435	99			
前测总分	组间	37.135	2	18.567	0.339	0.713
	组内	5 306.243	97	54.704		
	总数	5 343.378	99			

附表 D－21　四年级各班后测第一类成绩的成对比较

(I) 组别	(J) 组别	均值差值 (I-J)	标准误	$Sig.$ b
4A	4B	2.369*	0.641	0
	4D	1.929*	0.632	0.003
4B	4A	−2.369*	0.641	0
	4D	−0.440	0.626	0.484
4D	4A	−1.929*	0.632	0.003
	4B	0.440	0.626	0.434

注：基于估算边际均值；* 均值差值在 0.05 级别上较显著；b 对多个比较的调整：最不显著差别（相当于未做调整）。

附表 D－22　四年级各班后测第二类成绩的成对比较

(I) 组别	(J) 组别	均值差值 (I-J)	标准误	$Sig.$ b
4A	4B	2.926*	0.646	0
	4D	3.069*	0.637	0
4B	4A	−2.926*	0.646	0
	4D	0.144	0.629	0.32
4D	4A	−3.069*	0.637	0
	4B	−0.144	0.629	0.82

注：基于估算边际均值；* 均值差值在 0.05 级别上较显著；b 对多个比较的调整：最不显著差别（相当于未做调整）。

附表 D－23　四年级各班后测第三类成绩的成对比较

(I) 组别	(J) 组别	均值差值 (I-J)	标准误	$Sig.$ b
4A	4B	2.882*	0.630	0

（续）

（I）组别	（J）组别	均值差值（I-J）	标准误	*Sig*. b
	4D	4.431*	0.621	0
4B	4A	−2.882*	0.630	0
	4D	1.549*	0.621	0.014
4D	4A	−4.431*	0.621	0
	4B	−1.549*	0.621	0.014

注：基于估算边际均值；* 均值差值在 0.05 级别上较显著；b 对多个比较的调整：最不显著差别（相当于未做调整）。

附表 D-24　四年级各班后测总成绩的成对比较

（I）组别	（J）组别	均值差值（I-J）	标准误	*Sig*. b
4A	4B	8.034*	1.239	0
	4D	9.307*	1.218	0
4B	4A	−8.034*	1.239	0
	4D	1.273	1.211	0.296
4D	4A	−9.307*	1.218	0
	4B	−1.273	1.211	0.296

注：基于估算边际均值；* 均值差值在 0.05 级别上较显著；b 对多个比较的调整：最不显著差别（相当于未做调整）。

附表 D-25　四年级各班前测各类量表维度及量表总体的方差齐性检验

项目	*Levene* 统计量	*df*1	*df*2	显著性
MA-测评-pre	0.465	2	97	0.630
MA-学习-pre	2.922	2	97	0.059
MA-pre	0.465	2	97	0.630
IMI-胜任-pre	0.394	2	97	0.675
IMI-兴趣-pre	5.713	2	97	0.005
IMI-pre	0.394	2	97	0.675
SE-pre	3.660	2	97	0.029

附表 D-26　四年级数学焦虑量表数学测评焦虑维度后测协方差主体间效应检验

源	Ⅲ型平方和	*df*	均方	*F*	*Sig*.
校正模型	30.876[a]	3	10.292	12.884	0

（续）

源	Ⅲ型平方和	df	均方	F	$Sig.$
截距	32.351	1	32.351	40.500	0
组别	0.756	2	0.378	0.473	0.624
MA-测评-pre	23.854	1	23.854	29.862	0
误差	76.684	96	0.799		
总计	799.250	100			
校正的总计	107.560	99			

注：[a] R^2=0.287（调整 R^2=0.265）。

附表 D-27 四年级数学焦虑量表数学学习焦虑维度后测协方差主体间效应检验

源	Ⅲ型平方和	df	均方	F	$Sig.$
校正模型	18.205[a]	3	6.068	13.042	0
截距	22.805	1	22.805	49.011	0
组别	0.882	2	0.441	0.948	0.391
MA-学习-pre	17.505	1	17.505	37.621	0
误差	44.670	96	0.465		
总计	503.875	100			
校正的总计	62.875	99			

注：[a] R^2=0.290（调整 R^2=0.267）。

附表 D-28 四年级数学焦虑量表总体后测协方差主体间效应检验

源	Ⅲ型平方和	df	均方	F	$Sig.$
校正模型	19.733[a]	3	6.578	13.362	0
截距	22.971	1	22.971	46.664	0
组别	0.784	2	0.392	0.797	0.454
MA-pre	16.738	1	16.738	34.002	0
误差	47.257	96	0.492		
总计	626.313	100			
校正的总计	66.990	99			

注：[a] R^2=0.295（调整 R^2=0.273）。

附表 D-29　四年级内在动机量表胜任维度后测协方差分析成对比较

(I) 组别编号	(J) 组别编号	均值差值 (I-J)	标准误	*Sig*. b
A 班	B 班	0.320	0.198	0.109
	D 班	0.590*	0.189	0.002
B 班	A 班	−0.320	0.198	0.109
	D 班	0.270	0.182	0.141
D 班	A 班	−0.590*	0.189	0.002
	B 班	−0.270	0.182	0.141

注：基于估算边际均值；* 均值差值在 0.05 级别上较显著；b 对多个比较的调整：最不显著差别（相当于未做调整）。

附表 D-30　四年级内在动机量表兴趣维度后测协方差分析成对比较

(I) 组别编号	(J) 组别编号	均值差值 (I-J)	标准误	*Sig*. b
A 班	B 班	0.167	0.246	0.498
	D 班	0.543*	0.224	0.017
B 班	A 班	−0.167	0.246	0.498
	D 班	0.376	0.229	0.105
D 班	A 班	−0.543*	0.224	0.017
	B 班	−0.376	0.229	0.105

注：基于估算边际均值；* 均值差值在 0.05 级别上较显著；b 对多个比较的调整：最不显著差别（相当于未做调整）。

附表 D-31　四年级内在动机量表总体后测协方差分析成对比较

(I) 组别编号	(J) 组别编号	均值差值 (I-J)	标准误	*Sig*. b
A 班	B 班	0.256	0.198	0.199
	D 班	0.559*	0.182	0.003
B 班	A 班	−0.256	0.198	0.199
	D 班	0.303	0.180	0.095
D 班	A 班	−0.559*	0.182	0.003
	B 班	−0.303	0.180	0.095

注：基于估算边际均值；* 均值差值在 0.05 级别上较显著；b 对多个比较的调整：最不显著差别（相当于未做调整）。

附表 D-32 四年级自我效能感量表后测协方差分析成对比较

(I) 组别	(J) 组别	均值差值 (I-J)	标准 误差	*Sig*. b
4A	4B	0.641*	0.278	0.023
	4D	0.882*	0.285	0.003
4B	4A	−0.641*	0.278	0.023
	4D	0.240	0.263	0.362
4D	4A	−0.882*	0.285	0.003
	4B	−0.240	0.263	0.362

注：基于估算边际均值；* 均值差值在 0.05 级别上较显著；b 对多个比较的调整：最不显著差别（相当于未做调整）。

附表 D-33 五年级各班前测各类成绩及总成绩的单因素方差分析

检验项目		平方和	*df*	均方	*F*	显著性
第一类前测	组间	25.738	2	12.869	2.624	0.078
	组内	456.102	93	4.904		
	总数	481.840	95			
第二类前测	组间	52.304	2	26.152	2.647	0.076
	组内	918.886	93	9.880		
	总数	971.190	95			
第三类前测	组间	14.621	2	7.310	0.408	0.666
	组内	1 668.282	93	17.939		
	总数	1 682.903	95			
前测总分	组间	162.147	2	81.073	1.293	0.279
	组内	5 833.452	93	62.725		
	总数	5 995.599	95			

附表 D-34 五年级第一类题目后测协方差分析主体间效应检验

源	Ⅲ型平方和	*df*	均方	*F*	*Sig.*
校正模型	184.553[a]	3	61.518	21.057	0
截距	65.574	1	65.574	22.445	0
组别	9.528	2	4.764	1.631	0.201
第一类前测	178.559	1	178.559	61.118	0
误差	268.780	92	2.922		
总计	15 654	96			
校正的总计	453.333	95			

注：[a] $R^2=0.407$（调整 $R^2=0.388$）。

附表 D-35　五年级第二类题目后测协方差分析成对比较

(I) 组别	(J) 组别	均值差值 (I-J)	标准误	*Sig*. b
5A	5B	1.483	0.847	0.083
	5D	3.118*	0.850	0
5B	5A	−1.483	0.847	0.083
	5D	1.635	0.843	0.055
5D	5A	−3.118*	0.850	0
	5B	−1.635	0.843	0.055

注：基于估算边际均值；* 均值差值在 0.05 级别上较显著；b 对多个比较的调整：最不显著差别（相当于未做调整）。

附表 D-36　五年级第三类题目后测协方差分析成对比较

(I) 组别	(J) 组别	均值差值 (I-J)	标准误	*Sig*. b
5A	5B	2.304*	0.714	0.002
	5D	2.514*	0.708	0.001
5B	5A	−2.304*	0.714	0.002
	5D	0.210	0.717	0.770
5D	5A	−2.514*	0.708	0.001
	5B	−0.210	0.717	0.770

注：基于估算边际均值；* 均值差值在 0.05 级别上较显著；b 对多个比较的调整：最不显著差别（相当于未做调整）。

附表 D-37　五年级后测总分协方差分析成对比较

(I) 组别	(J) 组别	均值差值 (I-J)	标准误	*Sig*. b
5A	5B	4.984*	1.379	0
	5D	6.170*	1.359	0
5B	5A	−4.984*	1.379	0
	5D	1.186	1.373	0.39
5D	5A	−6.170*	1.359	0
	5B	−1.186	1.373	0.39

注：基于估算边际均值；* 均值差值在 0.05 级别上较显著；b 对多个比较的调整：最不显著差别（相当于未做调整）。

附表 D-38 五年级各班三体性体验各类量表前测的方差齐性检验

项目	*Levene* 统计量	*df*1	*df*2	显著性
MA-测评-pre	1.227	2	93	0.298
MA-学习-pre	0.079	2	93	0.925
MA-pre	1.227	2	93	0.298
IMI-胜任-pre	4.298	2	93	0.016
IMI-兴趣-pre	3.435	2	93	0.036
IMI-pre	4.298	2	93	0.016
SE-pre	0.438	2	93	0.646

附表 D-39 五年级后测数学焦虑量表数学测评焦虑维度协方差分析主体间效应检验

源	Ⅲ型平方和	*df*	均方	*F*	*Sig.*
校正模型	61.524[a]	3	20.508	34.457	0
截距	7.710	1	7.710	12.954	0.001
组别	3.541	2	1.770	2.975	0.056
MA-测评-pre	40.918	1	40.918	68.749	0
误差	54.756	92	0.595		
总计	707.563	96			
校正的总计	116.281	95			

注：[a] $R^2=0.529$（调整 $R^2=0.514$）。

附表 D-40 五年级后测数学焦虑量表数学学习焦虑维度协方差分析主体间效应检验

源	Ⅲ型平方和	*df*	均方	*F*	*Sig.*
校正模型	21.760[a]	3	7.253	15.527	0
截距	11.030	1	11.030	23.611	0
组别	0.897	2	0.448	0.960	0.387
MA-学习-pre	14.871	1	14.871	31.833	0
误差	42.979	92	0.467		
总计	444.750	96			
校正的总计	64.740	95			

注：[a] $R^2=0.336$（调整 $R^2=0.314$）。

附表 D-41　五年级后测数学焦虑量表总体协方差分析主体间效应检验

源	Ⅲ型平方和	*df*	均方	*F*	*Sig.*
校正模型	36.485[a]	3	12.162	29.316	0
截距	7.251	1	7.251	17.477	0
组别	1.773	2	0.886	2.136	0.124
MA-pre	23.661	1	23.661	57.035	0
误差	38.167	92	0.415		
总计	554.484	96			
校正的总计	74.652	95			

注：[a] $R^2=0.489$（调整 $R^2=0.472$）。

附表 D-42　五年级后测内在动机量表胜任维度协方差分析主体间效应检验

源	Ⅲ型平方和	*df*	均方	*F*	*Sig.*
校正模型	20.354[a]	3	6.785	12.666	0
截距	14.618	1	14.618	27.289	0
组别	0.871	2	0.436	0.813	0.447
IMI-胜任-pre	18.923	1	18.923	35.327	0
误差	49.280	92	0.536		
总计	1 465.721	96			
校正的总计	69.634	95			

注：[a] $R^2=0.292$（调整 $R^2=0.269$）。

附表 D-43　五年级后测内在动机量表兴趣维度协方差分析主体间效应检验

源	Ⅲ型平方和	*df*	均方	*F*	*Sig.*
校正模型	10.658[a]	3	3.553	3.489	0.019
截距	29.378	1	29.378	28.855	0
组别	2.532	2	1.266	1.244	0.293
IMI-兴趣-pre	9.733	1	9.733	9.560	0.003
误差	93.668	92	1.018		
总计	1 502.943	96			
校正的总计	104.326	95			

注：[a] $R^2=0.102$（调整 $R^2=0.073$）。

附表 D-44　五年级后测内在动机量表协方差分析主体间效应检验

源	Ⅲ型平方和	*df*	均方	*F*	*Sig.*
校正模型	15.324[a]	3	5.108	9.276	0
截距	14.943	1	14.943	27.136	0
组别	1.757	2	0.878	1.595	0.208
IMI-pre	14.294	1	14.294	25.957	0
误差	50.663	92	0.551		
总计	1 463.198	96			
校正的总计	65.987	95			

注：[a] $R^2=0.232$（调整 $R^2=0.207$）。

致谢

本书在写作过程中，得蒙诸多师友的教诲与帮助，一路走来，心存感激。

最要感谢的是我的恩师尚俊杰老师！尚老师是我的学术引路人，带领我走进学术研究的世界，鼓励我在研究中体验学术的快乐与价值。这份对学术研究的热爱与追求一直是我努力前行的动力！

特别感谢北大教育技术系的老师们！在本研究的研究和写作过程中，先后得到了汪琼老师、吴筱萌老师、王爱华老师、贾积有老师、郭文革老师、缪蓉老师、赵国栋老师和吴峰老师的悉心指导，老师们帮我理清研究思路，指出研究中出现的问题，一直鼓励我探索前行。感谢老师们给我的指导和帮助！

更要感谢北京大学学习科学实验室的胡若楠、曾嘉灵同学在分数游戏技术开发方面的大力支持，从最初的想法到最终的游戏呈现，感谢你们的辛苦付出！感谢在实验开展过程中胡若楠、孙金钢、李少鹏的辛苦付出！感谢参与本次实验的老师们和同学们，在实验过程中，我们得到了许多帮助，收获了很多感动！感谢彭勤牧博士在表情数据分析中提供的技术支持，让我感受了人工智能的魅力！

最后感谢爱人、父母、家人、朋友们在本书写作期间给予我的支持！